让知识成为每个人的力量

刘擎西方现代思想讲义

LECTURES on
MODERN
WESTERN THOUGHT

刘擎 / 著

来一场观念的探险

新星出版社　NEW STAR PRESS

目录

前言　打开一本书，开始一次思想探索之旅　　/ 001

导论

01　思想有什么现实意义　　/ 008

02　什么是现代和现代性　　/ 014

03　古今之变：古代和现代到底哪里不一样　　/ 019

第一章　现代思想的成年

04　路标：韦伯与现代思想的成年　　/ 030

05　韦伯 I：为什么说"祛魅"是人类的梦醒时分　　/ 036

06　韦伯 II：现代的"诸神之争"是怎么发生的　　/ 042

07　韦伯 III：工具理性会带来什么问题　　/ 048

08　韦伯 IV："现代的铁笼"是怎么铸就的　　/ 054

第二章　现代人的精神危机

09　路标：现代人的"精神危机"　　/ 060

10 尼采 I："上帝死了"究竟是什么意思　　/ 066

11 尼采 II："超人"究竟是什么人　　/ 072

12 尼采 III：我们还有共同的真相吗　　/ 078

13 弗洛伊德 I：为什么说他宣告了"理性人"的死亡　　/ 084

14 弗洛伊德 II：精神分析学说真的是科学吗　　/ 090

15 萨特 I：为什么如此特立独行　　/ 095

16 萨特 II：为什么可以从"虚无"推出"自由"　　/ 100

17 萨特 III：为什么自由是一种沉重的负担　　/ 106

第三章　20 世纪的教训

18 路标：20 世纪的灾难为什么不可思议　　/ 114

19 鲍曼：大屠杀是因为疯狂吗　　/ 120

20 阿伦特 I：大屠杀真的是"平庸之恶"吗　　/ 126

21 阿伦特 II：怎么才能不变成坏人　　/ 132

22 波普尔 I：科学是怎么被重新定义的　　/ 138

23 波普尔 II：为什么人类不能创造出完美社会　　/ 144

24 哈耶克 I：没有设计规划，能够形成秩序吗　　／150

25 哈耶克 II："理性的自负"为什么很危险　　／155

26 伯林 I：是"狐狸"还是"刺猬"　　／161

27 伯林 II：价值一元论错在了哪里　　／166

28 伯林 III：你想要的是哪种"自由"　　／173

29 马尔库塞 I："舒适的"不自由是怎么一回事　　／179

30 马尔库塞 II：我们是"单面人"吗　　／185

31 马尔库塞 III："实质性的变革"是有可能的吗　　／191

第四章　自由主义及其批判者

32 路标：自由主义为什么会不断遭到挑战　　／198

33 罗尔斯：怎么才能实现社会正义　　／206

34 诺齐克：最自由的国家是什么样子　　／213

35 德沃金：什么样的平等才合理　　／221

36 桑德尔：当代人需要为历史事件负责吗　　／227

37 沃尔泽："原子化的个人"是怎么诞生的　　／234

38 泰勒：如何"成为你自己" / 242

39 哈贝马斯：为什么"交谈"是一件非比寻常的事 / 250

尾声　后冷战时代的争论

40 路标：后冷战时代的世界秩序 / 260

41 福山："历史终结论"究竟在说什么 / 266

42 亨廷顿："文明的冲突"是不可避免的吗 / 275

43 结语：现在是新的历史转折点吗 / 282

补充讲解 / 289

答学友问 / 317

推荐阅读书单 / 349

后记：感想与致谢 / 350

参考文献 / 356

人名索引 / 365

前言：打开一本书，开始一次思想探索之旅

想事儿的人：20 世纪西方思想家

人类区别于其他物种的独特性在于，既能"做事儿"，又会"想事儿"。古今中外都有一些特别擅长想事儿的人，他们的思考与言说，既是对社会现实的认识和理解，又会产生一种无形的力量，能够改变实践活动的逻辑和进程。这些人被称作"思想家"。

这是一本讲解 20 世纪西方思想家的入门读物，源自我在"得到"App 开设的课程《西方现代思想 40 讲》，是在课程稿的基础上扩展修订而成。书中出场的主要人物有：韦伯、尼采、弗洛伊德、萨特、鲍曼、阿伦特、波普尔、哈耶克、伯林、马尔库塞、罗尔斯、诺齐克、德沃金、桑德尔、沃尔泽、泰勒、哈贝马斯、福山和亨廷顿。

这 19 位学者来自英、美、德、法等不同国家，分属哲学、社会学、心理学、思想史和政治学等多个学术领域。他们的学说论述深刻地介入了现代生活的重要议题，获得了超越特定地域和具体学科的巨大影响。

这本书力图以通俗晓畅的方式讲解这些思想家的成就，探讨他们关切的问题，并阐述他们的思想对于我们理解和反思现代生活的启发意义。阅读这本书将会是一次思想探索的旅行，而这篇前言会为你做一个行前准备，主要

回答两个问题:"是什么"和"为什么"。

我想先为你展示一张"旅行路线图"和沿路的重要景点,简单回答"我们将要学习什么"的问题。然后,我会说明邀请你参加这次旅行的理由,告诉你会有哪些收获,以及旅行的意义何在。

现代思想路线图

本书的篇章结构是以问题为核心,以人物为线索来编排组织的,同时大致考虑了由远及近的年代时序。

我们讲解的思想人物,都面对着一个共同的核心问题,那就是"现代性问题"。人类从古代到现代发生了重要的历史转变,这种转变首先发生在 17 世纪的西方。现代社会在取得巨大成就的同时,也带来了严峻的问题。这些问题逐渐被察觉和认识;其后,解决这些问题的任务也变得明确和紧迫。

本书对现代思想的探索,主要着眼于"晚期现代思想"。早期与晚期有一个明显的区别,就是进入 20 世纪,越来越多思想家不再抱有 18 世纪启蒙时代对"进步"的乐观主义态度,而是在现代化过程及其后果中看到了许多问题、提出了不少疑问,他们更多地以反思和批判的眼光来审视现代性。"现代性"这个词继而经常与"问题""困境"和"危机"联系起来。我们经常听到的术语也是"现代性问题""现代性困境"或者"现代性危机"。关注现代思想中的反思性和批判性特征,是本书的核心视角。

在前言之后的导论中,我们会解释"现代"的概念,阐述古代到现代的转变特征,让你对"现代性问题"的基本轮廓能有初步的把握。

之后,我们开始进入第一章,核心人物是马克斯·韦伯。我们的旅行以韦伯为起点，因为他透彻地阐明了现代世界的基本特征——"理性化"。同时，韦伯敏锐地指出，理性化的现代世界将会瓦解传统社会的原则与规范，这对个体的人生信仰以及公共的社会政治秩序都形成了严峻挑战。由此，你会更为清晰地看到现代性问题的面貌，理解这一问题所包含的相互交织的两个维度：人生难题与社会困境。此后的三章沿着这两个维度分别展开。

第二章以尼采、弗洛伊德与萨特的思想为主线，从人生难题的维度，探讨了"现代人的精神危机"的来由和应对这种危机可能有的困难。

第三章转向社会困境的主题，讲解鲍曼、波普尔、哈耶克、伯林、阿伦特和马尔库塞这六位思想家，从多个方面考察体现为社会政治灾难的现代性危机，反思"20世纪的教训"为我们带来的启示意义。

第四章仍然着眼于社会政治领域，阐述了罗尔斯、诺齐克、德沃金、沃尔泽、桑德尔、泰勒和哈贝马斯这七位思想家的理论要义。他们主要针对20世纪后期的社会秩序问题，在同时面对多元化、平等和自由这三种现代诉求的压力下，探讨作为西方主流思想的自由主义的回应方案，以及由此引发的批评争论。

最后在"尾声"一章中，我们进入了当代的"后冷战时期"，通过了解亨廷顿和福山这两位思想家的主要论述，思考全球化时代的挑战与希望。

以上是这次思想之旅的基本路线。这张旅行路线图或许仍显粗略，我会在每一章的开头设立一个"路标"，为你提供更清晰的局部指南。

需要补充说明的是，20世纪的一些重要学者在本书中将缺席。这是因为我们的特定人选标准，就是对社会和公共领域有直接而重要的影响。所以，有些大哲学家，比如维特根斯坦或者海德格尔，没有在本书中出现。

启程的意义

在回答了"学什么"的问题之后,我再来说"为什么学"的问题。

"西方现代思想"这个主题听上去有点高冷,会有什么吸引力值得你上路呢?我的邀请可以有许多理由,如果只讲一个,我想应该是,学习现代思想能够帮助你学习怎么做一个"清醒的现代人"。

什么叫清醒的现代人?有三个标准,明白自己是谁、自己在做什么,以及为什么会这么做。你可能会疑惑:我就是一个现代人,难道我还不熟悉我自己吗?实际上,熟悉只是知其然,而明白是知其所以然。海洋里的鱼最熟悉自己,但只有海洋学家,才真正明白鱼的生活。

从 19 世纪末到 21 世纪初的一百多年中,人类世界发生了翻天覆地的变化,思想观念也发生了急剧的变化。从前理所当然的事情,对现代人来说,就变成了需要重新思考的问题。

举一个和个人生活有关的例子:在整个古代,你要和谁结婚,首要条件就是门当户对。到了 20 世纪,两情相悦变成了理所当然,要先有感情,再谈婚姻。近几年,天经地义的标准又松动了,许多年轻人开始疑惑:结婚真的好吗?

为什么会有这些变化?其实亲密关系模式的变更,背后是人们观念的转变。但观念的变化从来都不是突然发生的,而是有其根源的。理解了观念变化背后的来龙去脉,你才能真正明白自己的处境,才能知其所以然。

个人生活领域是这样,社会生活也是如此。你在公司工作,想要升职,靠什么?你要有能力,也要做出一些成绩,对吧?这也是整个现代社会的通用标准。但在漫长的古代社会,一个人是什么地位,首先是看血统、看出身。"公平"这个观念,又是怎么成为现代社会理所当然的规则的呢?你同样需要理解背后现代思想的发展和演变。

除了个人生活、社会生活，还有心灵生活。谷歌有一个词频数据库，收录了海量的文本。从 1850 年以后，"alone"（独自一人）这个词出现的频率明显下降，但"lonely"（孤独）这个词出现的频率却显著上升。大数据给出的答案是，尽管现代人的交往越来越频繁，人却感到越来越孤独。为何如此，后续我会在书中给到你答案。

我举上述这些例子是想说明，我们在日常生活中都会受到现代思想观念的影响。了解这些思想，有助于我们真正认识自己、明白自己要如何与他人生活在一起。我想这是我们学习西方现代思想的第一个理由。

第二个理由可能更重要，就是在理解的基础上，建立起反思性的思维。

反思性是 20 世纪思想的一大特质。20 世纪是一个希望和失望交织的时代，是一个成就辉煌又灾难深重的时代。它让人类不得不反思。

我在上大学时，听过一位美国历史学家的讲座。他说，1900 年元旦的时候，西方人也很乐观，相信现代化的力量会带来光辉灿烂的前景。但没几年过去，第一次世界大战就爆发了，然后是第二次世界大战，紧接着核危机、冷战、反反复复的经济危机，各式各样的文化危机、精神危机随之而来，这些危机到今天也没有结束。

"现代化真的好吗？"我突然发现，自己过去从来没有想过这个问题！我甚至并不明白"现代"这个词的确切含义，也没有思考过现代化的进程会带来怎样的问题，更不要谈怎么样才能去改良它了。我就像一条生活在水里的鱼，却从来没有反思过我生活的这片水。

这次讲座对我造成的冲击，最终改变了我，让我走上了思想探索的道路，成为一名研究现代思想的专业学者。

现在已经是 21 世纪。眼下，社会对于反思的要求不但没有降低，反而越来越迫切了。反思性的思维不是学者专属，每一个生活在现代世界的人，都有责任对自己的生活和自己身处的世界做出反思。

你将在这本书中看到，20世纪第一流的头脑是如何反思和洞察这个时代的。我会带你了解思想家本人的故事，领略他们独特的思想，也思索他们可能的局限和未竟的难题。

对于这些人物名字，有的也许你很熟悉，有的你可能只是听过，还不太了解。确实，这些思想家很多都是著作等身，思考的内容也深刻而复杂。想要了解这些思想，不仅有语言上的障碍，还需要付出极高的时间成本。现在，借助这本书，你就可以对这些思想有一个系统性的初步认识。之后无论在什么场合，听到这些名字你都不会再陌生，也可以顺着我给你的线索继续深入学习。

我相信这是一趟奇妙有趣的旅程，但它可能不会很轻松。完成这次探索之后，你会登上一个新的思维高地，获得"现代人"的自觉，更加透彻地领悟自己的生活，更加清醒地理解我们身处的复杂世界。

导论

01
思想有什么现实意义

　　这本书的主题是"西方现代思想",其中的两个关键词:"现代"与"思想",我想先在导论部分对它们做一些阐述。了解这两个关键词的意涵以后,你会对接下来的学习历程有一个全局的认识。

　　这一节我们先来探讨"思想"这个关键词。

　　前面提到,"成为清醒的现代人",需要理解和反思我们生活在其中的这个现代世界。也许你会问:理解和反思我们生活的世界,为什么需要探讨"思想"呢?我们是不是可以通过学习其它学科的课程来达到理解和反思的目的呢?比如,经济学、政治学、社会学、历史学、人类学、心理学,当然还有现代哲学。这些学科有相当成熟的体系,学科边界也比较清楚,便于系统性的学习。与这些学科相比,学习西方现代思想对理解现代问题有什么优势呢?或者说,有什么不可替代的独到之处吗?

　　我想,这本介绍西方现代思想的讲义有一个突出的特点,就是格外关注思想观念对社会实践的塑造作用,强调思想与现实的内在关联。

　　看清思想与现实之间的关系,听上去挺简单,但可能远比你想象的困难,因为我们常常会陷入一些错误的认识。这一节我将着重澄清几个常见的误解,让你对思想与现实的关系获得一种新的认知。

思想内在于现实

最常见的误解，就是把思想和现实看成两种分离的东西。

我们常常听人说，"别给我谈玄妙的思想，我要谈现实的东西"，好像思想和现实是一对反义词。这种说法其实隐藏着这样一个前提：现实是实在的或实际的东西，是可以被感知的真实的东西；而思想呢，可能是脱离现实的、不切实际的，是抽象的、看不见摸不着的存在，甚至是虚无缥缈的东西。所以许多人对思想、理论或者观念相当抵触。

把思想和现实对立起来，看成两种分离的东西，虽然很流行，却是完全错误的。你可能会说，我知道"思想离不开现实"，但我要强调的观点比这还要深入一步，是说"现实离不开思想"。如果离开了思想，根本不存在"社会"现实，当然也谈不上去理解现实。

让我用一些具体的例子来解释。

购物行为是一种社会现实。比如说，你在网上或者实体商店购物，肯定要比价，在两件完全相同的商品中，你肯定会购买价格更低的那一件；而在两件价格相同的商品中，你就会选择质量更好的那一件。为什么呢？你的消费行为背后有一个思想逻辑，就是"性价比最优"。没有这个"性价比最优"的观念，上述选购商品的逻辑就不会存在，也完全不可理解。

你看，就算是经济学，好像很现实，不太关心思想，但最简单的经济学解释其实也无法脱离思想观念。实际上，要解释你为什么追求"性价比最优"，就需要提到主流经济学提出的一个基本假设——"经济理性人"模型，它假定作为消费者的经济主体具有两个特点：人是自利的，首要关切追求自己的利益；人是理性的，会理性计算成本与收益。这两个假设合起来，就是人会通过理性的计算，以最小的成本获取最大的收益，达到利益最大化。

这个"经济理性人"模型听上去非常现实，几乎完美地对应了我们的消费经验，但是，无论是"自利的"还是"理性的"，这本身都是一种思想观念。如果不能把握"自利"和"理性计算"这两种思想动机，就无法理解人们的现实消费行为。也就是说，思想观念是内在于社会现实的，观念是驱动实践行为的构成要素。

可是问题来了：如果经济学已经包含了思想观念的要素，那么我学习经济学不就足够了吗？何必还要学习"现代思想"呢？这对于理解现代世界的复杂性又有什么额外的帮助呢？我的回答是，经济学理论中对于思想观念的假定和处理往往是有局限的，是不充分的。它不能更深入地解释更广泛的社会实践行动，甚至不能解释有些经济行为。

利益并不是物质性的

让我们再来看一个例子——"名牌消费"现象。两种质量和外观都基本相同的商品，为什么有人会选择购买昂贵得多的名牌产品？根据简单的"性价比最优"原则，"名牌消费"是相当不理性的。

这时候，你就必须引入"品牌价值"的概念来解释。但为什么品牌会有价值？对消费者而言品牌有什么意义呢？是为了追逐时尚，还是为了炫耀？是为了显示自己的身份，还是为了虚荣心的满足？

所有这些动机都不能从狭隘的物质利益角度来理解，而必须放在一个文化意义的结构中来把握。也就是说，你必须深究其思想观念的根源，才能理解"名牌消费"现象。很显然，说人是"自利的"，这听上去很实在很正确，但我们追求的"利益"这个概念本身，并不是单纯物质性的，其实涉及行为的复杂动机结构。

注重现实的人大多强调现实利益，但是利益到底是什么呢？其实利益就是对你而言重要的东西。但"重要"是需要解释和判断的，必须依据一个思想观念的框架，你才能确定什么是重要的。

从小处说，假设你的男朋友或者女朋友偶然出轨了，从单纯"物质"的意义看，其实你毫发未损啊，怎么就会觉得自己的利益被损害了呢？因为这里有一个思想观念，"爱情必须有排他性的忠诚"。正是依据这个观念，你才会感到利益受到损害。

从大处说，在国际政治的讨论中常常听到一种煞有介事的说法：国际政治的最终秘诀无非就是一句话，"没有永远的朋友，只有永远的利益"。但是这句话不过是一句正确的废话。为什么这么说呢？

举个例子你就明白了。在一些领土争端中，争议的实际地区面积很小，无论是在经济上还是军事上都没有多大作用，维护它的成本要远远高过在这个地方能获取的收益。但是争议双方的国家对于这块小领土的归属权主张可能会非常强硬，甚至不惜为此发动战争。这是为什么呢？因为对于国家领土应该寸土必争，这是国家的核心利益。可是你想过没有，为什么领土就是核心利益，而为此付出的财政和军事成本，甚至战争导致的人员伤亡就不是核心利益呢？这当然也是思想观念决定的，如果离开对国家主权的某种特定理解，离开了这种思想观念，就无法解释这个核心利益。

人类行为的复杂动机结构

思想观念是人的社会实践行动的驱动要素，这在经济领域之外表现得更为复杂多样。比如，有人为爱情可以放弃许多物质利益，还有人为某种理想或信仰可以牺牲很多世俗的利益。这是简单的"自利"和"理性"概念无法解释的。

我们知道中国有位大艺术家叫李叔同，他写的"长亭外，古道边，芳草碧连天……"，脍炙人口。李叔同不只是音乐家，还是美术教育家、书法家、戏剧活动家。在 20 世纪初的中国文化界，他已经功成名就。但李叔同从 37 岁开始学佛，最后离开家庭，遁入佛门，成为高僧，后被人尊称为"弘一法师"。他说"一念放下，万般从容"。从世俗角度看，他舍弃了令人羡慕的功名利禄。他的选择是自利的吗？是理性的吗？

我们也可以说，遵循自己的信仰来生活是有价值的，是实现最大的利益。在这个意义上，离开了思想观念来讨论利益，就根本无从谈起。

你或许会说，弘一法师李叔同是出类拔萃之人，我们凡夫俗子的利益就简单得多，没这么复杂的思想观念。真是如此吗？

让我们再举一个例子。每年春节期间，中国都会发生令人惊叹的大规模的春运现象，许多人连夜排队购买车票，忍受拥挤不堪的艰苦旅途，为的是"回家过年"。如果我们对"回家过年"做一种"经济理性"的利益分析，就会发现，所谓"回家过年"无非就是与家人团聚、与亲朋好友见面，吃吃饭，娱乐娱乐。从"理性计算"的角度看，性价比实在太低了。难道不能避开春运高峰、以更低的成本来实现这些"利益"吗？不能，因为这失去了"过年"的意义。如果离开了春节对中国人的文化意义，离开了人们的孝敬与感恩等思想观念，你完全无从解释春运现象，解释其中的利益是什么，理性又是什么。

由此可见，把现实利益和思想观念截然分开，虽然是一种方便的思维模型，但它有很大的局限性。人对利益的认知有非常丰富的层次。生存与安全以及基本饮食居住保障，是基本的利益；人与人之间的交往，包括亲密、友爱和归属感也是对生活的重要需求，当然也是利益。人希望获得肯定、承认或者尊重，获得工作的成就感、创造的满足感，以及身份认同感等，这些都是人生重要的需求，因此构成了利益的要素。

如果把这个复杂的动机结构全部考虑在内,你就会发现,我们必须对利益做非常开阔的理解。如果看不到人们的认知、身份、道德和价值等观念(实际上就是所谓"现实利益"本身的构成要素),我们就会陷入一种低级的现实主义思维——表面上很务实,实际上却丧失了真正的现实感。

这里来总结一下以上讨论的要点。我们需要纠正一种将思想与现实对立起来的误解,阐明思想观念内在于社会现实,是社会实践行动的驱动要素。我们这本讨论西方现代思想的讲义,就是着眼于分析、诊断和反思,什么样的思想观念塑造了现代社会的行动逻辑,构成了现代世界的复杂性。

学习西方现代思想,实际上是一次综合性的跨学科探索,当然会涉及许多学科的知识,特别是哲学的知识。我们要介绍的许多思想家,他们本身就是哲学家或者政治理论家。而这本讲义的特点恰恰在于,它既不像哲学那样偏重纯粹的理论观念,也不像经济学那样关注狭义的利益和制度,而是着眼于思想与现实之间的内在关联,从而对现代世界复杂的社会实践,提出反思性的分析与理解。

我希望你在开始探索西方现代思想之前,先记住一件重要的事情:思想观念并不脱离于社会现实,而是内在于社会现实。如果离开了思想,我们根本无法真正理解现实。

思考题

我们在生活中做选择时,背后往往有一些观念在起作用,就像购物时的"性价比观念"那样。观念的作用影响力之大,让我们误以为自己做出的就是唯一"现实"的选择。你还能想到类似的例子吗?

02
什么是现代和现代性

导论的第二节,我要来解释讲义标题中"现代"这个关键词。这是一个概念梳理的工作,你会在过程中看到现代性问题的思想史缩略图。

我讲解"现代"的方式比较宏观,有点像是你在电影中看到的那种"大全景",从高处俯瞰,获得一个宏观的轮廓印象,虽然具体细节仍然朦胧不清,但你不用担心——在以后的章节中,我们还会用类似"中景""近景"和"特写"的方式讲解,让你可以深入脉络和细节。

"现代"是一个概念群,包括"现代""现代化""现代性""现代主义"等。这些概念之间有密切的关联,也有明显的相似性。但在学术上精细分析它们的异同却相当复杂,我们暂且可以这样说:这些概念有一种"家族相似"的特点,可以被归为一个概念群。

"现代"是一种新的时间意识

先来讲"现代"这个词。你大概经常听人说,我们生活在现代社会,我们是现代人。"现代"是我们用得很多,但想得很少的一个术语。倘若只是不假思索地使用,它的含义是不言自明的;但如果仔细追究起来,理解它并不容易,因为"现代"这个词有两层意思。

第一层是字面的含义。英语"modern"这个词的原意是"当下或此刻","现代"就是指"现在或者最近的这个时代"。可这么说来,历史上任何一个时期都有自己"当下的时代",那么每个时代都会习惯地自称为"现代"吗?当然不是。

"modern"这个词是什么时候出现的呢?其实并不古老,它要一直到16世纪才被创造出来,之后成为日常用词,越来越流行。也就是说,在16世纪之前的西方,"现代"这个词还没有出现。并且,很久以来人们不太关心"当下的时代",缺乏对当下的敏感度。

这就让我们进入这个词的第二层意思,在思想观念层面,"现代"意味着对当下新颖性的敏感,是指一种新的时间意识,或者说历史观。

在古代人的历史观念中,"当下的时代"不过是以往时代的延续和重复,没有什么新奇之处,也就不值得特别的关注。在古代世界,包括中国,人们感知到的时间是不断在循环的。许多直接的自然经验都和人们的这种感受相吻合,比如日复一日的太阳升起又落下,年复一年的春夏秋冬四季轮回,王朝的由兴而盛、盛极而衰的更替……这些都对应着循环的时间意识,它们在学术界被称为"循环历史观"。

但到了文艺复兴,特别是在启蒙时代和工业革命之后,西方社会发生了剧烈变动,上述的"循环历史观"被改变了。这在很大程度上是因为,人们对"当下的时代"表现出了越来越强的敏感。"当下的时代"不再是以往的延续和重复,而是前所未有的,是崭新的。因此,时间不再是循环往复的,而是线性展开的——从过去、到现在,然后通向未来,时间成为一个有方向的矢量概念。

这种新的时间观念非同小可,带来几个重要的变化。

第一，如果生活不是循环往复的，而是日新月异的，那么过去积累的经验就很可能是靠不住的，我们不能完全依靠传统习俗来引导生活。"当下的时代"，也就是"现代"，代表着一种对传统的否定甚至决裂的态度。

第二，时间观念的转变，推动我们从"厚古薄今"转向"厚今薄古"，认为当下以及未来要比过去重要。在这种时间坐标中，社会是从低到高、从野蛮向文明、从落后到先进发展的，具有不断进步的可能性。这就形成了所谓"线性进步的历史观"。

第三，和这种时间观念相呼应的是，"现代"意味着对人的创造性和主体性的肯定，人类从循环历史宿命的束缚中解放出来，成为自由的、有目的的创造者，成为主宰自己命运的主体。

现代是一种新的历史观念，人们开始怀疑并且挑战传统，自觉地面向未来、创造历史。马克思和恩格斯在《共产党宣言》中写过这样一句话，"一切固定的东西都烟消云散了，一切神圣的东西都被亵渎了"。这句话生动地表达了"现代"的含义：现代就意味着崭新的重大变革，也可以被称作"古今之变"。

"现代化"的过程与"现代性"的结果

如果现代意味着变革，那么你会很自然地追问这种变革的原因与结果，也就是两个问题：引发现代变革的动力是什么？"古今之变"带来了怎样的后果？

我们先来回答第一个问题。从历史的视角来看，现代的变革是西方中世纪之后一系列重要的历史事件导致的，最具有里程碑意义的事件包括：文艺复兴、宗教改革、科学革命、新大陆的发现、工业革命、启蒙运动、美国独立和法国大革命等。这些都是载入史册的社会实践运动，具有鲜明的变革特征。

推动这些变革出现的，有政治、经济和社会等多方面的因素。我们在上一小节强调，任何社会实践都与思想具有内在关联。从这个角度说，激发现代变革主要的思想动力是理性的观念，确切地说是"启蒙理性主义"。你先记住这个要点，我们在下一节还会展开解释它的含义。

社会现实的因素与思想观念的因素相互作用、彼此强化，导致了现代的转变。这个转变过程被称为"现代化"。所以，"现代化"的一个主要含义，就是指从古代到现代转变的历史过程。对西方现代化过程的时间起点，学者们有不同的看法，但他们大致都同意，文艺复兴之后出现了明显的现代化趋势，到18世纪中叶达到了高峰，现代化成为不可逆转的历史进程。

那么，现代化又造成了什么结果呢？这是刚才提到的第二个问题。

简单地说，现代化的结果是西方形成了现代社会，出现了现代人。也许你会觉得，这么问答不就是把同一句话换了种方式说了一遍吗，没有真正回答问题啊。其实我想和你强调的是，现代化的变革过程具有多个方面，涵括经济、政治、社会和文化。我们可以在总体上说，现代化带来了现代世界，形成了不同于传统社会的一些突出特点：在经济上，是现代工业、商业和城市的崛起；在政治上，是民族国家的形成以及现代民主与宪政的发展；在社会层面上，是人口大规模的流动，包括地域的流动和阶层的流动；在思想文化方面，是理性主义获得主导地位，还有自由、平等和个人权利意识的兴盛。

所有这些都是西方现代化的结果，也成为现代社会的特点，这些特点被称为"现代性"。而"现代主义"这个术语主要用于美学领域，出现在19世纪后半叶，指西方经过现代化之后，文学艺术等作品出现了新颖的形式和风格。可以说，现代主义是现代化的美学后果。

我们在这一节做了概念辨析的工作："现代"是一种新的时间意识，告别过去、开创未来是它最鲜明的特点。"现代化"这个术语主要是指现代历史变革的过程，启蒙理性主义是推动变革产生的关键思想因素。而"现代化"的结果造就了现代世界，它具有不同于传统社会的许多特征，"现代性"就是用来指称这些特征的术语。

由于我们这本讲义主要讨论西方晚期的现代思想，我们需要对此前的现代思想转变做一个概括性勾勒，这是下一节的内容。

思考题

学习"现代"和"现代性"的概念以后，你觉得在什么情况下，我们才会说一个人"是现代人"或"不是现代人"，一个社会"是现代社会"或"不是现代社会"呢？

03
古今之变：古代和现代到底哪里不一样

在导论的最后一节，我们转向现代思想的起点。可以说，现代社会的几乎每一个问题，都潜藏于这个起点之中。这个起点叫作"古今之变"，也就是从古代到现代发生的转变。

"古今之变"这个术语，借用了中国史学家司马迁的说法。他说自己写《史记》的目的是"究天人之际，通古今之变"，意思是要探究天和人之间的关系，要认清从古到今的历史变化。你看，无论是在中国还是在西方，大思想家都期望能讲通重大历史变迁的关键。

我们可以把现代社会的来临看作西方历史上最近的一次"古今之变"。用一句话概括它的关键本质的话，那就是从"自然"变成了"不自然"。

别误会，这不是说古代比现代更好。就好像人会生病是自然的，开刀做手术是不自然的，这种"不自然"能够救命，对我们大有好处。

我想和你分享三个故事，从这些故事中来理解古今之变这件事。

*

第一个故事讲的是婚姻。我们经常听人开玩笑说"婚姻是爱情的坟墓"，但这也意味着，还是先要有爱情，然后才需要为它修一个"坟墓"。而且玩笑归玩笑，今天我们都知道，婚姻里不能完全没有感情。

但过去可不是这样的。中世纪的法国有种"爱情法庭"，专门给贵族裁决恋爱纠纷。据说有过这么一条判决：一位贵族女性和爱人结婚以后，就可以开始找新的恋人了。因为婚姻中不存在爱情，结婚就意味着这两个人的恋爱关系结束了，可以开始新的恋爱了。

现在我们会觉得这很奇怪，但当时的观点是，婚姻的精神是责任，结婚是为了保护财产和家族延续，和爱情没有多大关系。甚至有人说，爱情会败坏这种严肃的责任。

恩格斯也曾在《家庭、私有制和国家的起源》一书中表示，资产阶级的婚姻在于稳定地保留财产和人口再生产。所以我们过去总说，结婚要门当户对。到了现代，虽然这些因素也很重要，但出现了一个新的、最关键的问题：我喜不喜欢，我愿不愿意。

以前我们如果喜欢一本书、一首乐曲、一个演员，总要说出些理由来；我们要对这个领域有所了解，讲出一二三四，才能为人信服。现在简单多了，基本上说"我喜欢"三个字就已经足够了。

从什么时候开始，"我喜欢"变得这么重要了呢？事实上，"我喜欢"变得如此重要，一方面包含着对个人的尊重。而对个人的尊重，则是个人解放的前提，是打破旧有等级体系的力量，是民主化的基础。

但另一方面，这种现象又会让我们困惑：无论多么伟大、崇高、优美的东西，现在只要一句"我不在乎"，好像就能否定它的价值。在和别人讨论问题的时候，有些话题只要你说"我喜欢""我愿意"，对方似乎就无法反驳了。这种轻率的傲慢在过去是不可想象的。

如果我们做出选择的最高基准是主观意愿的话，"选择"就成了孤证。除了"我的意愿",不存在任何同等有力的旁证。选择变得脆弱、变得不稳定。我们可能自己都无法坚信自己的选择。

于是,我们一方面处在解放的轻松与兴奋当中,另一方面又处在不确定的、没有把握的焦虑当中;一面习惯于"轻率的傲慢",一面又常常感到惶恐和不安。

简而言之,过去我们更重视事物内在的客观价值,主观意见不能轻易动摇这种客观价值。而现在,个人主观赋予的价值变得极其重要,有时甚至能压倒其它一切标准。古今之变,这是其一。

**

第二个故事是一个思想实验[1],我把它简化了一下。

两个孩子在一起玩,他们开始争抢玩具中的一支笛子。如果要你来评断,你认为把笛子判给谁才算公正呢?

你可能会说,很简单,这堆玩具的主人是谁,笛子就属于谁。但是如果让亚里士多德来评判,你猜他会怎么说?他会说,谁把笛子吹得更好听,笛子就应该属于谁。

你会不会觉得亚里士多德好像跑题了:我们在讨论所有权,和好不好听有什么关系呢?

亚里士多德并没有跑题,这个答案来自他的哲学观点。他相信存在一套自然秩序,在这套秩序中,"万物都有自己的目的"。笛子作为乐器存在的目的,

---

[1] 完整的思想实验参见:Amartya Sen, *The Idea of Justice* (Cambridge, MA: The Belknap Press of Harvard University Press, 2009), pp.12-14.——编者注(后文页下注无特殊说明均为编者注)

就是奏出优美的音乐，所以谁能更好地实现笛子的目的，谁就应当成为笛子的主人。这就是"正义"。

这种"正义"是指，每个事物都有自己确定的意义。我们应该依照这个意义行事。而这个意义是自然给定的，也就是理所当然的。

欧洲过去还有人说，贵族的血液是蓝色的，现在听上去很荒谬，但过去为什么会有人听信这么荒谬的说法呢？因为人们相信贵族的血统比平民更高贵，既然如此，血液的颜色不同也就没什么好奇怪的。

但我们现代人不太相信什么自然给定的意义了，哪有什么"天生如此"的事情呢？我们现在相信的是"我命由我不由天"。没错，我们抛弃了自然秩序这个神话，得到了自由。

这并不是没有代价的。如果所有人都相信一个共同的神话，我们就有了关于好坏对错的共同标准。但失去了共同神话，无论是上帝也好，传统也好，天道也好，我们就会遇到一个问题：在价值与价值之间很难区分高低优劣，每一种价值都有自己的道理，彼此冲突的观念，常常谁也说服不了谁。

共同的神话束缚了我们，却也让我们有了共同的准则。摆脱这个神话之后，我们有了自由，却又陷入混乱和茫然之中。

这就是古今之变的第二点，人们观念中的自然秩序被理性给打破了。

***

现在继续说第三个故事，它说的是新秩序。

现在假设有一个外星人来到地球，刚好看到我们提到过的春运，这个外星人肯定要犯糊涂了。十几亿人跑几千公里，调动那么多社会资源，就为了专门去和人吃饭聊天打麻将放鞭炮，这些事平时不能做吗？外星人觉得很可笑，他不懂我们中国的传统文化。但是你仔细想想，春节是传统文化，但春运不是。中国的历史有几千年了，春运也只是这几十年才有的。

春运之所以变成一种"新传统"，是因为现在太多人在外地工作，春节时会大规模返乡。而离开故乡到外地工作和生活，在以前是不自然的，有违传统的。

这种新传统的出现，是因为现代化改变了我们的社会生产和组织方式。以前我们与熟人合作，这很自然。但后来出现了效率更高的方法，大量劳动力被汇聚起来集中生产。于是有了工业化和城市化，人们开始聚集到城市中，和陌生人广泛地合作。

自然的秩序被打破了，我们建立起了理性的新秩序，这就是古今之变的第三点。

现代工商业因此而发展，但新的问题出现了。理性计算的逻辑会一直向前推进，导向一些我们不喜欢的后果，比如"工作996，生病ICU"，人变成了工业链条上可磨损的零件。

个人主观价值绝对提升，自然秩序被打破，理性秩序建立，这些都是古今之变的一部分。简单地说，古今之变，就是自然变成了不自然。

这并不是说客观世界从自然变成了不自然，而是说我们看待世界的方式改变了。古代人相信有一个外在于人的自然秩序，这个秩序有它自身的目的和意义。但现在我们不再相信有什么上天注定的意义，我们相信意义是由人赋予的。

以上这三个故事呈现了古今之变的缩影。

古今之变的思想动力

可是，这些重要的转变为什么会发生？促发这种变迁的动力是什么呢？

上一节提到过，历史上的古今之变，是在一系列社会事件的演化中逐渐展开的，包括宗教改革、科学革命、启蒙运动和工业革命，等等。但在本书中，我想和你探讨的是这些社会事件背后的思想。

推动古今之变的主要思想动力是"理性"的观念，更确切地说，是启蒙运动主张的理性主义。可以说，启蒙理性主义就是现代社会在思想层面上的发动机，这股巨大的力量推动着现代变革，而转变的结果又反过来强化了启蒙理性主义的主导地位，成为支配现代世界的思想观念。

那么什么是启蒙理性主义？你当然知道欧洲的启蒙运动，也大致了解现代文明的核心就是理性主义。这有什么可讲的呢？但你想过没有，我们说"现代文明是理性主导的"，这种说法究竟是什么意思呢？难道古代文明没有理性吗？难道古代人生活在一个疯狂的世界中吗？并非如此。

你首先要意识到，一般谈论的理性和这里所说的"启蒙理性主义"有相当大的区别。古代社会当然也重视理性，但古代同时也注重人的其它各种能力，包括信念、情感、感受、直觉、冥想、猜测和灵感等。理性与人类其它的能力处在比较平衡的相互联系之中。只有到了欧洲的启蒙时代，西方社会才把理性推到了至高无上的地位，理性成为划分"光明"与"黑暗"的决定性标准。

这里让我们做稍微深入些的学理分析，谈谈"启蒙"这个词的含义。启蒙的英语单词是"Enlightenment"，其中的词根"light"是光的意思——"lighten"就是光照，"enlighten"就是赋予光明。启蒙字面上的意思就是赋予光明。把理性视为光明，是启蒙理性主义的特征。但这种思想不是突然来临的，它早在西方文明的源头，也就是古希腊哲学中就埋下了伏笔。

你肯定听说过柏拉图在《理想国》中提到的那个"洞穴寓言"：从小就被禁锢在黑暗中的奴隶，有一天终于走出了洞穴，第一次看到了太阳，才知道洞穴中的一切原来只是虚假的幻影，阳光照耀下的世界才是真实的。太阳代表了理性，让人发现了最高的真善美。这个洞穴寓言就是西方"启蒙"思想最初的原型。

古希腊的理性主义传统经过漫长而复杂的历史传承，在 18 世纪的启蒙运动中达到了巅峰，发展为现代的启蒙理性主义。当时，德国的大哲学家康德说过，启蒙运动的口号就是大胆地"运用你自己的理智"！只有这样人类才能摆脱蒙昧的"不成熟状态"。他还主张，启蒙时代是一个批判的时代，就是用理性来检查以往未经反思的信念，无论是神圣的上帝，还是威严的法律，都要接受理性的检验。他说："只有经得起理性的自由、公开检查的东西才能博得理性的尊敬"。

因此，启蒙就是用理性的光芒打破黑暗，让人摆脱非理性的蒙昧，走向成熟。理性成为区分真理与蒙昧的决定性标准，成了衡量一切的准绳；理性甚至取代了神的位置，具有近乎上帝一般的神圣地位。这是启蒙理性主义的确切含义。在思想层面上可以说，启蒙理性主义是西方古今之变的核心。

古今之变后的两个观念转变

古今之变带来了两个基本观念的转变：一个是"人类中心主义的转变"，它指的是人看待世界的观念发生了变化；另一个是"个人主义的转变"，它是指人看待自己的观念发生了变化，或者说人的"自我理解"的转变。这两种观念转变构成了现代思想的概念性框架。

我们先来看第一个观念转变。

你可能会问，古代人是如何看待世界的？古代人有一种整体性的宇宙观，把人类看作是自然世界的一部分，人类与自然是不可分割的整体，这很接近中国人说的"天人合一"的观念。那么，现代人看待世界的方式发生了什么转变呢？就是把人类与自然分离开来，人类从整体的宇宙中脱离出来，变成了与自然世界相对的"人类主体"，这在思想史上被称为"人类中心主义的转向"。

要注意，这种转变是思想观念的转变。人类总是生活在地球上的，在物理意义上，我们当然不可能脱离地球这个自然世界。但在观念上，人类可以用不同视角来看待自然世界。

古代人的视角是什么呢？打个比方，人们常说大自然是人类的母亲，那么古代人的视角就很像是"胎儿"的视角，是在母亲的子宫内部来看母亲，看待自然世界。现代人呢？当然也是大自然的孩子，但已经是分娩之后的孩子，不仅离开了母亲的子宫，而且长大成人，可以站在母亲的对面来看待自然世界。在观念上，现代人可以想象自己站在自然世界之外，用一种面对面的视角来考察自然世界。你肯定猜到了，这个观察的视角就是现代科学的视角。

在科学研究中，人类是考察者，是主体，是英文中的"subject"，而自然世界成为我们考察的对象，是客体，对象和客体的英文都是"object"。人类身处自然之中，但在科学主导的思想观念中，人类从自然之中脱离出来，站在了自然世界的对面，形成了面对面的关系，而且人类处在积极主动的主体地位，自然处在消极被动的客体位置，人类与自然变成了主体与客体的关系。

这带来了一系列的重要后果——人类开始探索自然，发现自然规律，利用自然资源，改造自然环境；最后人类征服了自然，成为自然世界的主人——这就是"人类中心主义转向"的意思。这种转向促进了科学和技术的高速发展，带来了工业化和城市化的迅猛扩张，获得了巨大的经济和商业利益。这些都是现代化的伟大成就。但在另一面，对自然世界的利用与征服也造成了严重的生态破坏与环境灾难，这是现代性危机的一个重要议题。

我们再来看第二个观念转变。

古代人看自己的方式是群体性的，个人与群体是不可分割的整体。你可能常听人说，中国文明是集体主义的，西方文明是个人主义的，这是错误的俗见。古代的西方文明同样是群体优先的，个人首先是群体的一部分。而现代人看待自己的方式，是把个人与群体分离开来，个人从传统的、非常牢固的社群关系中脱离出来，成为具有高度自主性的个体。这在思想史上被称为"个人主义的转向"。

这个转向也是观念性的。个人当然永远生活在群体关系之中，人不可能脱离社会，变成与世隔绝的孤立个体。但是，古今之变的一个重要变化就是人口的流动，对个体的直接影响就是，你不是被绑定在某个特定的群体之中过完这一生的。在古代社会中，大部分人从出生到死亡，都生活在一个特定的社群之中。因此，你根本不能想象，离开这个社群你自己的生活会变成什么样，因为你的物质生活依赖这个群体的供给，你的精神生活也是亲朋好友邻居塑造的。在这种处境中，个人深深地嵌入在社群之中，"个人主义"的观念是匪夷所思的。

但在现代社会，随着工业化、城市化和商业化的发展，出现了大规模的人口流动，越来越多的人离开故乡，到陌生的地方工作和生活。个人依然离不开社群，但总是可以离开任何一个特定的社群。于是，你会发现，那种无法离开的所谓"血肉相连"的有机共同体是一个神话，只有你和你自己才是血肉相连的。个人的重要性和优先性就突显出来。人首先是一个独立的个体，可以脱离任何一个群体，进入别的群体。这就是"个人主义的转向"。

这种转向带来了传统社会难以想象的个人自由，生活变得多样而丰富，这是现代性的主要成就。但个人主义的自由也是有代价的，因为个人失去了与一个特定群体的久远、厚重和牢固的纽带关系，这带来了孤独感、漂泊感和乡愁。这也是现代性困境的一部分。

最后我们来总结这一节的要点。我们首先用三个故事来展示古今之变的主要特征，就是原本"自然的"后来变成了"不自然"。紧接着，我们讲解了古今之变在思想层面的动力及其后果，可以概括为一个核心与两个观念。启蒙理性主义是现代转变的思想核心，它推动了现代科学的发展，也促进了社会的现代化进程，因此，它也是造成两种转向的思想动力。人类中心主义和个人主义是现代思想的基本特征，这是现代性的成就，但这两个观念在改变世界的同时，也给人们带来了巨大的挑战，造成了现代性的困境。

第一个改变和挑战与个人生活的意义有关。如果人们不再相信神、不再相信传统、不再相信天道，那么该信仰什么呢？换句话说，人生活的意义是什么呢？我们用理性去回答这个问题，会发现非常困难，甚至无能为力，所以我们时常感到焦虑和空虚。我们该怎么面对这些精神困境呢？怎么找到生活的意义和理由？这是一个难题。

第二个改变和挑战是社会生活的秩序。在以理性为基础的新秩序中，自然等级已经被瓦解，我们相信人人都是自由平等的，那么谁应当来统治谁呢？这时候统治和服从都需要理由，那么这个理由经得起理性的质疑和讨论吗？社会秩序就建立在我们对这些问题的回答之中。这是另一个难题。

这两个大的难题，是现代思想所面临的问题，也是现代性问题。我想在这本书中与你一起探索，思想家们对上述问题做出了什么样的思考和回应。

下一节我们正式启程，进入第一章，首先要拜访的是德国社会学家马克斯·韦伯。在我看来，他的思考标志着现代思想的成年。

> **思考题**

传统社会中"自然的"事情，现在变得"不自然"了，你在生活中有没有发现过这样的例子？你认为在这个变化背后有什么观念转变呢？

第一章

现代思想的成年

04 | 路标
韦伯与现代思想的成年

我们的思想之旅要探访的第一个人物是德国思想家马克斯·韦伯。为什么要以韦伯作为出发的起点？我可以说出一大堆理由，但最重要的理由是他在西方思想图景中的位置——韦伯是现代思想"走向成年的里程碑"。

韦伯的人生

在讲解他的具体学说之前，我们先来了解韦伯其人。

我自己第一次听说韦伯的名字，是在30多年前，哲学家李泽厚的一次演讲中。李先生说，我们中国人都知道伟大的卡尔·马克思，但德国还有一位"马克斯"也很了不起，就是马克斯·韦伯。他们都是现代社会学的奠基人（还有一位是法国学者涂尔干）。

韦伯到底有什么了不起呢？我去读他的名著《新教伦理与资本主义精神》，可惜当年太年轻，没怎么读懂，就转而去读了韦伯的传记，想先了解一下这个人。结果让我大吃一惊，本以为他是个大学里的老学究，没想到他非常关注社会现实。

印象最深的一个例子是，德国在第一次世界大战战败之后，韦伯写信给德军的实际指挥官鲁登道夫,要求他向协约国献上自己的头颅,挽回德国的荣誉。鲁登道夫当然不会就这样自杀了,但他同意和韦伯见面。结果两个人唇枪舌剑,辩论了好几个小时。我很难想象,世界上有哪个学者能和一个将军展开这样的辩论。

不仅如此,韦伯还常在报刊上发表政论文章,甚至在第一次世界大战中亲身从军,参与建设和管理军队中的野战医院;在战后又加入德国的谈判使团,作为顾问参加了凡尔赛和会;还参与起草了一战之后德国的共和国宪法。

韦伯不是一个象牙塔中远离大众的学究,而是一位广泛介入公共生活、面向社会和现实的学者。他是百年前德国最大的"公共知识分子"。这是韦伯思想生涯的第一个特点。

不过,公共知识分子好像一般都特别忙,很难静下心来扎扎实实做学问。然而韦伯并不是这样。他在学术上的涉猎非常广泛,而且都卓有成就,被公认为百科全书式的学者。这是韦伯思想生涯的第二个特点。

韦伯的研究领域非常广泛,包括社会学、经济学、宗教、政治、哲学、历史,甚至还有音乐。他有一本书叫《音乐社会学》。这位 20 世纪初的德国人甚至还写了一本《儒教与道教》,探讨为什么中国没有出现西方那样的资本主义,可见他的视野之广阔。

然而这样一位大学问家,学术生涯却颇为短暂。韦伯 25 岁获得法学博士学位,30 岁就成为正教授,令同辈学人望尘莫及。可惜 4 年之后,韦伯患上了严重的抑郁症,离开了大学。有几年的时间,韦伯完全停止了学术工作,病情缓和后才恢复学术研究。又过了 16 年,到 1918 年,也就是一战结束的那一年,韦伯才正式重返大学。可回到大学才两年,韦伯就染上了当时肆虐欧洲的西班牙流感。1920 年 6 月,刚满 56 岁的韦伯英年早逝。

在 56 年的生命中获得如此卓越的成就,让人惊叹,也令人敬畏。我想起韦伯的墓志铭，那是来自《浮士德》的一句话："我们将再也见不到他的同类，尘世的一切莫不如此。"这句话用在韦伯身上再恰当不过。

看清理性化的世界

韦伯究竟做出了怎样的贡献，为什么我们说他是现代思想成年的标志呢？

人到了怎么样的境界可以称为真正的成年？我认为大概有两个标志：第一是明白自己，对自己的过往有真正的理解；第二是反思自己，能看透自己存在的问题。一个人成年的决定性标志就是开始自觉的自我反思：你不只是在过自己的生活，而且能够有意识地反观自省你的生活。这有些像是孔子说的"四十不惑"。

思想意义上的成年也是如此。我们说韦伯标志着现代思想的成年，正是因为他完成了这两项任务，看清现代，反思现代，让现代社会迈入了"不惑"之年。看清现代，就是真正理解现代社会运作的底层机制。在韦伯之前，西方的现代化已经高速发展了两百年，但对于现代化的理解大多是片面的或杂乱的。直到韦伯以"理性化"为核心，建立了一套现代化理论，才第一次全面而系统地解释了现代社会的来龙去脉和运转机制。

反思现代，就是指出现代性最深层的缺陷。这种缺陷不是现代化曾经战胜过的那些问题，比如愚昧无知等；我们现在说的缺陷，是根植于现代化本身的问题。这些问题不会随着社会进步而消失，反而会因为现代社会的发展而越来越严重。学术界将这类问题叫作"现代性问题"。

韦伯对现代性的正反两面，第一次做出了最为全面、清晰的分析。他的问题意识和学说论述，使现代思想进入了具有反思自觉的成年期。从此以后，西方思想家只要讨论现代性问题，不管是赞成还是质疑，都无法绕开这座里程碑。

那么，韦伯到底洞察到了现代社会的什么奥秘？其实就是三个字："理性化"。这三个字，是现代性问题的关键。

我们知道，启蒙运动之后，在理性和科学的帮助下，人类实现了巨大的进步。在古代社会，大多数人的生活都贫困艰难，甚至王公贵族也过得不算很好。比如亚历山大大帝去世的时候只有 32 岁，后世学者根据记载，推断他是死于感染导致的持续高烧和衰竭。设想当时如果有抗生素，又会如何呢？还有 13 世纪的英格兰国王爱德华一世，他的王后一生中生育了 16 个孩子，前 15 个孩子中的男孩全部在 10 岁之前夭折了，直到第 16 个孩子顺利长大成人，王位的继承才有了着落。

你看，无论是皇帝还是国王，在疾病面前也毫无办法。而启蒙时代之后，世界在短短两三百年间就发生了天翻地覆的变化。说一个简单的数据就可以看出这一点：人类的平均寿命，两百年前还只有 25 岁，到了 2016 年，已经达到了 72 岁。[1]

这么巨大的成就是怎么取得的呢？韦伯发现，工业革命、科学革命、地理大发现，这些大事件背后有一个统一的思想动力，就是"理性主义"。当时人们有一种普遍的看法，认为过去的不幸都是由于蒙昧和无知，如果用理性清除掉蒙昧和无知，我们就会走向真理，越来越幸福。

反思理性化的后果

然而，恰恰是马克斯·韦伯，这位深刻理解科学理性力量的思想家，却站出来告诫人们，对于有些问题，甚至是极为重要的问题，科学无能为力。

---

[1] 参见世界卫生组织（WHO）发布的数据：https://www.who.int/gho/mortality_burden_disease/life_tables/situation_trends/en/，2020 年 9 月 1 日访问。

韦伯是怎么说的呢？让我带你穿越到一个历史的现场去看看：那是1917年11月7日，一个冬日的夜晚，在慕尼黑的一间艺术大厅里，正在进行一场演讲。大厅里挤满了年轻的学生，还有许多著名学者。韦伯在台上演讲，题目叫"学术作为一种志业"。

身在台下，我们满以为韦伯会告诉大家科学有多么伟大的意义，值得年轻人去献身。然而，我们却听到他说：认为科学是通向幸福之路，这是"天真的乐观主义"，只有书呆子才会相信。科学根本就无法回答什么是"幸福"、什么是"意义"这一类的问题。

韦伯举了一个例子：假如现在有一位生命垂危的病人，只要送到医院，我们就能用医学技术维持他的生命。但是有一个重要的问题，我们要不要去抢救这位病人呢？

如果病人只能维持生命，但根本无法好转，又会耗费大量的金钱，拖垮他的家庭，你认为应当做何选择？如果病人自己希望不要付出这么大的代价来抢救，你认为要怎么选择呢？如果你知道病人在这种状况中非常痛苦，你要怎么选择呢？医生回答不了这个问题，即使他有最丰富的医学知识和最高超的技术，也回答不了这个问题。

韦伯认为，这是生命意义的问题，超出了科学的边界。科学永远无法回答：我们做出什么样的选择才是"值得"的，我们过什么样的生活才是"有意义"的，我们生命的"目的"究竟是什么。科学也许可以给出最优的"方案"，但永远无法教给我们一个最优的"选择"。

韦伯用数百万字的著作，向我们展示出了，科学和理性如何塑造了现代社会，在政治、经济、精神的深层结构中形成了怎样的"运行方案"。同时他又向我们指明：这些方案和方案背后的理性主义，不仅很难带我们走向真理和意义，还可能会让我们离意义越来越遥远，甚至还会带来许多前所未有的新麻烦。

韦伯真正的贡献不在于阐明了现代的理性化特征，而是揭示了理性化的各种复杂后果，打破了启蒙时代以来对于科学理性的乐观主义错觉。这在一百年前的西方，是颠覆性的见解。当然，对科学理性主义的质疑并不是从韦伯才开始的，早在启蒙时代，就出现了反启蒙主义者和对理性主义的怀疑论者，但那些思想家对现代性的批判论述，从未达到韦伯那样的完整性水平。

和上述思想家相较，韦伯现代性论述的完整性体现在两个方面。首先，他不是简单肯定或全盘否定科学理性的意义，而是深入地分辨科学理性能做什么和不能做什么，而且在科学能做到的理性化后果中，同时阐明其正面的成就和负面的问题。其次，他对现代理性化的分析，涵盖了人类生活的三种主要关系——人与自然的关系，人与人的关系以及人与自我的关系，同时切入了现代人的精神信仰领域与现代社会的制度结构领域。

总之，韦伯深刻把握了理性化对现代世界的塑造力量及其巨大成就，也敏锐地觉察到理性化造成的缺憾与弊端。在个体生活领域，理性化让现代人的心灵生活失去了对传统信仰的可靠倚傍，甚至会陷入精神危机；在公共生活层面，理性化倾向于将社会政治秩序蜕变为"现代的铁笼"，隐含着多种困境。而这正是现代性问题中两个重要的维度。

我从韦伯浩瀚的思想中提炼出三个核心命题，它们分别为"世界的祛魅""诸神之争""现代的铁笼"，以及一个重要概念"工具理性"。在本章接下来的章节中，我会分别来讲解韦伯的这几个命题与概念。

> 思考题

关于科学能够做到什么和不能做到什么，你有什么样的想法？或者你有遇到过相关的例子吗？

05 | 韦伯 I
为什么说"祛魅"是人类的梦醒时分

从这一节开始,我会用四个小节来讲解韦伯关于现代性的三个命题和一个概念。这些命题和概念环环相扣,你可以把它们连起来感受一下韦伯思想的力量。

第一个命题,也是韦伯被人引用最多的一个术语,叫作"世界的祛魅",也有人翻译成"除魅"(disenchantment)。

这个词字面的意思就是"世界被祛除了魅惑性、神秘性",人对自然世界的认识发生了改变。换句话说,以前人对自然的认识中有一种神秘性,后来被去除了。

魅惑的古代世界

这种神秘性原初是怎么形成的呢?

其实很好理解。你想想那些生活在前现代社会的古人,就会发现,无论是在哪个文明中,古人都相信有各种神仙、鬼怪、精灵。不只是人有灵魂,动物也有灵性,石头草木也有灵,万物都有灵。古希腊的那些神灵你肯定听说过。中国也有各种神仙,在道教里面,最高规格的普天大醮仪式中,会恭请3600

位神仙。日本的神道教说有 800 万神灵。印度教中说有 3300 万神灵。其实这些也不是确切的数量，它所传达的是世界一切现象的背后都有神灵。

你可能会说，这不就是迷信吗？对，但是说到底，为什么会这样呢？一个到处都是神灵的世界对那个时代的人到底意味着什么呢？

意义非常重大。它意味着人和世界之间是可以建立起某种联系的，甚至是可以沟通和互动的。漫天神灵，就意味到处是人类问题的解决方案。渔船出海，祭奠一下妈祖；打仗出征，到神庙去占卜一下；生不出孩子，去求送子观音。虽然未必有用，但至少有路可走，心里是安稳的。

这些冥冥之中难以言说的神秘事物，组成了古代精神极为重要的一部分，让人类与整个宇宙紧密相连为一个整体，构成宇宙秩序（cosmos）。古代人从这种整体秩序中确立了生存的意义，获得所谓"安身立命"的根据。在这个意义上，古代的人类是"嵌入"在整体宇宙之中的。

理性化与祛魅

那么，祛魅意味着什么呢？简单地说，就是用理性的力量驱散了神秘的魅惑。有一种很常见的误解是把祛魅当成是世俗化——人们不信宗教，就是祛魅了。实际上，真实的历史要比这复杂一点。我们中国人习惯把"宗教"和"迷信"连在一起说，"宗教迷信"。但在西方历史里，宗教和迷信其实并不是一回事。对应到祛魅这件事情上，祛魅其实分了两步，先针对迷信，再针对宗教。

祛魅的第一个阶段叫"宗教的理性化"，就是驱逐原始宗教中的各种巫术，用哲学理性来论证宗教的合理性，论证它的救赎意义。就好像中国人也会区分江湖迷信和真正的佛法高僧，祛魅的第一个阶段就是去除那些装神弄鬼的事情,让宗教走到理性思辨的道路上来。在这个阶段,祛魅并没有瓦解宗教,反而使宗教获得了理性化的发展。

说到这儿,你就能明白为什么那么多科学家都是虔诚的教徒。比如牛顿,再比如发现了遗传定律的孟德尔(他本身就是一个神父)。还有明清时期来到中国的那些耶稣会传教士,利玛窦、汤若望等,他们的科学素养都很高,也给中国带来了很多科学知识和科学仪器。他们都重视理性,追求理性的发展。

但是祛魅作为一种理性化的取向,要考问的是所有超验的、神秘的东西,这个逻辑链条一旦展开,是不会停止的。所以祛魅的第二阶段很快就转向了宗教本身。

我们知道,现代科学是理性化活动最典型的体现,依靠冷静的观察、可靠的证据、严谨的逻辑和清晰的论证。科学得出来的结论,是可观察、可检验、可质疑、可反驳、可修正的,它在根本上抵制一切神秘和超验之物。这个逻辑发展下去,最后还是会挑战宗教的精神主导地位。到尼采喊出来"上帝死了"这句话的时候,这个挑战也就基本完成了。

好了。现在世界上没有什么神秘的东西了。

日食,就是一个天体现象,既不是什么皇帝失德,上天示警,也不是什么天狗食日;

水,就是 H_2O 这种分子,世界上没有什么神水圣水;

你爱上一个人,不是什么前世因果,而是你体内荷尔蒙的变化。

自然世界客观化了,不再具有神性和灵性了,成为可以用冷冰冰的因果规律解释的物理世界了。

对于人类的精神世界,这会带来什么后果呢?

其实答案我们在前面已经讲到了,就是古代社会中那种无处不在的意义消失了,那些与世界的联系和沟通也没有了。一对夫妇怀不上孩子,到医院一检查，说他们不孕不育，目前没有医疗手段可以治愈，到观音庙去烧香也没用。是不是很绝望？一个人要去危险地带工作，他知道求神拜佛没用，最多也就是给自己买个保险，真要出事还是会出事。是不是很残忍？

还不仅如此。韦伯看到的问题更加深入。韦伯那篇著名的演讲《学术作为一种志业》中，有一个段落曾被无数次地引用：

我们的时代，是一个理性化、理知化，尤其是将世界之迷魅加以袪除的时代；我们这个时代的宿命，便是一切终极而最崇高的价值，已自公共领域隐没……

韦伯所说的"终极而最崇高的价值"当然包括宗教信仰。但要注意，世界的祛魅或者说世俗化并不是说宗教消亡了、不存在了，而是说它不再是一种共同的默认的信仰。有学者说，在古代，信仰宗教是不用解释的，而到了现代，信仰宗教是需要解释的，反倒是不信宗教无须解释了。在世俗的时代，宗教虽然仍然被许多人信奉，但它不再是人类寄托生命意义的默认选项了。

清澈之后的荒凉

失去了默认选项，对人类意味着什么？

还记得我前面用的那个词吗，在古代社会，人是"嵌入"这个世界里的，是和世界连为一体的。而到了现代社会，他从那么大的"母体"中被剥离出来，从此孤独地、无依无靠地存活在这个世界上。

我打个比方，你就能深切地理解这个感觉。

一个孩子，高高兴兴地准备过圣诞节，等着圣诞老人给他送礼物。但他被告知，世界上没有什么圣诞老人，圣诞夜也不会有人从烟囱里下来，也不会在自己的袜子里塞什么礼物。如果你收到了礼物，那是爸爸妈妈买的。对这个孩子来说，这个瞬间会不会让他觉得非常非常失望？这个孩子和那么广大的世界的联系，是不是就被切断了？圣诞老人从北极来、从古老的传统来——空间和时间上的这种无穷性瞬间就消失了。他不再是一个无尽时空的参与者，他只是这个家庭里的一个普通小孩。对于他来说，这个节日的意义是不是立刻就显得失色了不少？你看，他被从那个"母体"中剥离出来了。

即使你不信仰宗教，在这个例子中，你也能感受到祛魅对一个人精神世界的影响。这个孩子的感受，就是祛魅完成的过程中，整个人类遭遇的情况。

我还要提醒你一点：韦伯揭示的"世界的祛魅"不带有好坏价值评判的色彩，这只是对客观事实的一个描述。

一方面，他知道，这个祛魅的"梦醒时分"对许多人来说，在精神上是格外"荒凉"的，会让人茫然若失。信仰失去了以往神秘的根基，而理性主义的科学并不能为生命的意义提供新的根本依据。

另一方面，韦伯也知道，世界的祛魅是现代的真相，你高兴也好，失落也罢，我们都必须直面这个真相。

这就是所谓现代性的境况。

韦伯告诉我们：随着现代的来临，一场精神的巨变发生了。古代世界那种迷雾一般的魅惑，在现代的"清晨"被理性化的光芒驱散了。世界被充分理性化，也就被人看透而不再神秘了。现代人在回望古代世界的时候，会有一种"大梦初醒"的感觉，这就是所谓"世界的祛魅"。

你还要知道的是，韦伯在指出祛魅的事实之后提出了一个新问题——梦醒了，然后呢——科学能让人从古代的魅惑中清醒，但是清醒之后的现代人怎么重建终极价值和生命意义呢？祛魅的世界怎么才能不成为冰冷荒凉的世界呢？这回，科学和理性能帮我们做什么呢？

这就牵涉到韦伯的第二个命题了——"诸神之争"。

> 思考题

在你的人生中，有没有经历过上面说的那种"梦醒时分"？你觉得那个时刻对你产生了什么样的影响，是好还是坏呢？

06 | 韦伯 II
现代的"诸神之争"是怎么发生的

我们在上一节提到,韦伯的第一个重要命题"祛魅",说的是从古代到现代有一个重大的观念转变。过去人们相信万物有灵,相信冥冥之中有一些难以言说的神秘事物构成了宇宙的整体秩序。现代的科学理性驱散了这种神秘气氛:人们认识到世界是物质的,我们可以用科学理性去认识世界。科学理性成为现代社会的主导思想。

但是,这带来了一个问题,也是韦伯的第二个重要命题:"诸神之争"。注意,这里的"诸神"并不是指多种神灵,而是指人们各自信奉的价值观。诸神之争就是价值观之间的冲突。这个比喻很形象,我们现在信奉某种价值观,有一点像古人信奉神;观念的冲突,就像是神灵之间的战争。

那么问题来了,我们刚说,科学理性成为现代社会的主导思想。如果说有一场观念战争,那么科学理性不是已经获胜了吗?

没这么简单。这是一场终极价值的战争,科学理性并没有获胜。用学术语言来说,科学理性发挥自己的作用有一个范围;科学理性发挥自己的力量,是在事实判断的领域。"诸神之争"的战场在这个领域之外。

事实判断与价值判断

所谓事实判断，就是你做的判断是在描述一个事实。比方说，"清华大学在北京"。这就是一个事实判断，清楚明白，只要到清华大学看一眼就能验证。事实判断回答的是这样一类问题：一个事物"实际上"是什么。

但生活中，我们还会做出另一种判断。要是我说，"清华大学应该搬到上海"，这就不是在说"实际"了，而是在说"应当"怎么样。这叫作"价值判断"。在这种说法里，隐含着一种价值高低的取向。说"应当搬到上海"，其实是在说"在上海会更好"。当然，大部分北京人是不会同意这个观点的。

价值判断的问题就在这里。对事实判断，我们很容易达成一致，客观现实摆在那里，是就是，不是就不是。价值判断不一样，我说上海更好，你说北京更好，我们都有自己的理由，很可能谁也说服不了谁。

为什么会这样？这是因为在逻辑上，事实判断和价值判断之间存在一个鸿沟：它们的判断标准不一样。

事实判断，有一套客观标准去检测它。梨子甜不甜，吃一口就知道；清华大学在哪里，去一次就知道。在这个领域，科学理性是无敌的高手。现代科学发展了几百年，有一套成熟的事实检测手段，你可以借由科学仪器、实验、学术审核机制等等来检测。只要是说事实，就可以回到现实去检验。比如"黑洞"，最初是物理学家提出的一个理论预测。但它是在预测一个物理现象。那么我们就可以去给 5500 万光年外的黑洞拍照片、测量各种数据。技术不断发展、进步，事实问题总能搞清楚。在事实领域，科学理性能让我们把握到高度的确定性。

价值判断就不一样了。价值判断是要分辨好坏对错、高低优劣。这也需要一套标准。在古代，我们相信世界有一个统一秩序，即使这个秩序一般人说不明白，但是我们共同信奉着一个能够被找到的基本观念——也就是说，终极答案是存在的。然而，在世界"祛魅"之后，我们知道了物质世界就是物质世界，没有什么神秘的终极答案。

现在我们做价值判断，依据的是个人形成的一套价值标准。这套标准有很强的主观色彩，国籍、文化、性别，甚至职业、家境、爱好，等等，都会影响到个人的价值标准。比如说，你家有一只养了十几年的宠物，不管最开始是因为什么原因养的，到现在，你和完全不养宠物的人相比，在动物保护的问题上很可能就会有不同的倾向。在价值领域，没有一把通用的尺子可以衡量一切。

发现在事实判断与价值判断之间的逻辑裂痕，并不是韦伯的原创，而是苏格兰哲学家大卫·休谟的贡献。但韦伯援用休谟的这个洞见，进一步揭示了科学理性的局限性，阐述了这种局限造成的困境。韦伯告诉我们，科学的目标是求真，就是发现自然世界与人类社会的事实真相。在西方传统的观念中，真善美是一个和谐整体，发现了事实真相，就能确立道德伦理的标准，由此分辨好坏对错，而且还能够确定美的本质，也就能鉴别美与丑。但是现代学术的发展表明，真善美是三种不同的人类理想，面对不同的问题，没有统一的判断标准。

真是一种事实判断，完全可以依靠科学研究来获得客观的判断标准。而善与美都属于"应然"领域的价值判断，科学对此很难有所作为。而且善和美之间也没有统一性。韦伯说过，善的事物不一定是美的。韦伯举的一个例子，是波德莱尔诗集《恶之花》，恶的东西竟然可以绽放出美的花朵，似乎令人不可思议。但如果你经常去博物馆，熟悉千姿百态的所谓"现代派"作品，就不会为此感到惊奇了。

事实判断有确定性，是因为它有章可循，这个"章"就是公认的判断标准——客观世界。而价值判断相对来说无章可循，或者说没有一个公认的"章"，我们没有办法说，哪一个价值观是唯一正确的。唯一的答案没有了，留给我们的是无数个不确定的选项。于是我们就进入了一个价值多元化的困境。

价值多元的困境

平时说起"多元化",一般是正面赞赏:多元价值给了我们更大的选择空间,让个人获得了更多自由。举个例子,在中世纪的欧洲,如果你不信教,可能会很危险;但现在你能够自由选择相信或是不信。这是积极的一面。

但为什么说价值多元化又是一种"困境"呢?这是因为价值多元化之于个人精神和公共社会生活还有消极的一面。

先说个人。个人层面上,价值多元化增加了人的困惑和迷茫。人总要寻求意义。韦伯有一句名言:"人是悬挂在自己编织的意义之网上的动物。"在价值多元化的处境中,我们好像有很多选择,可以相信 A,也可以相信 B,但没人能说,A 或者 B 就是最好的。因此,我们看到形形色色的人生:有人仍然信奉宗教,有人一心追逐名利,有人相信知足常乐、随遇而安,有人执着于奋斗进取和成功,有人相信及时行乐、沉湎于各种感官享受……每个人的选择都可能有自己的主观理由,却没有一个公认的共同理由。

我在导论部分提到,现在很多时候"我喜欢"变成了最重要的标准。这何尝不是一种无奈?有些问题我们自己也给不出确定无疑的回答,最后只能说我喜欢。但建立在"我喜欢"上的选择是脆弱的,个人意愿是一件善变的事。其实,选项不一定就糟糕;糟糕的是,我选了,但永远也不知道选得对不对。这种长期存在于内心的动摇和不确定感,是现代人最显著的精神特征之一,几乎成了一种"时代的病症"。

科学理性打破了传统的价值规范,却没有建立起新的价值标准,也就无法为人们提供生命意义的指南,因为生命意义是一个价值问题。韦伯引用托尔斯泰的话说,"科学与意义无关,因为对于我们唯一重要的问题,我们应当做什么? 我们应当如何生活? 科学本身提供不了任何答案"。这造成了一种"价值真空"状态。在这种状况下,好像无论我们如何选择都可以,要么是人云亦云的,要么是任意武断的,但都没有确定无疑的依据。这种空虚的不确定性,让现代人很容易被焦虑和无意义感所困扰。

这是个人精神层面的问题。在社会层面,价值多元化也带来了棘手的问题。

公共生活中有许多激烈对立的议题,本质都是价值观之间的冲突。比如,美国政治辩论中有一个争议不休的问题:堕胎的合法化。有人依据宗教信条,认为堕胎就等于谋杀生命;有人认为这个问题的本质是"怀孕女性有没有权利处置自己的身体",而人的身体理当由自己支配,这是个人的基本权利。你看,这两种观点背后都有它的道德依据,像这样的价值观念冲突很难用理性化解,我们不能确定无疑地说,哪个道德依据一定"更正确"。

在更基础的政治问题上,价值冲突也不会缺席。比如,是安全和秩序更重要,还是个人的自由和权利更重要呢? 如果是前者,就应该有一个强有力的国家来保障秩序;如果是后者,政府的权力就应该受到严格的限制。在美国政坛,这个话题争吵了几百年,目前看,不仅没有"真理越辩越明",反而是政治分裂和派系对立变得越来越严重。

那么,我们有没有办法来寻求共识、弥合这些分歧呢? 韦伯的看法是,分歧的根本原因如此深刻,许多冲突是无法化解的。这就是韦伯说的"诸神之间无穷无尽的斗争":"对待生活的各种可能的终极态度,是互不相容的,因此它们之间的争斗,也是不会有结论的。"

但在这里我要留一个小伏笔。这个问题是不是真像韦伯说得那么绝对? 半个世纪之后,一位同样来自德国的哲学家哈贝马斯提出了不同的看法,我们之后会具体讲到他的思想。

现在还是回到韦伯，回到诸神之争。诸神之争的本质是现代社会中价值观念之间的冲突。现代社会的主导思想是科学，科学属于"实然"领域，旨在发现世界的真相"是"什么，只能做出相应的事实判断。科学理性在事实领域给我们提供了把握确定性的强大武器。但支撑人类生活意义的重要观念和原则，包括宗教信仰、人生理想、道德规范以及审美趣味等等，都属于"应然"领域的价值判断，而科学无法解决价值判断问题，它给不出一个确定的回答。结果是价值观念之间冲突不断，在个人层面和公共层面都造成了严肃的问题。

韦伯说："个人必须决定，在他自己看来，哪一个是上帝，哪一个是魔鬼。"这种选择无法获得理性论证的担保，因此具有很强的主观性。现代人虽然拥有很大的自由，拥有选择自己生活理想和政治立场的权利，但这种自由也可能成为沉重的负担。我们可能变得茫然失措、不知如何选择，或者采取所谓"决断论"的方式，听凭自己的意志、随心所欲地断然抉择。这是现代性困境的重要标志。

理解了多元价值冲突的困境，对我们有什么用呢？我想，面对自己和身边时而发生的激烈争论，我们可以变得更加平和与从容，而不是急躁和焦虑，不是简单地指责别人不可理喻。对话与沟通总是有益的，但也总有无法沟通的时刻、无法化解的分歧。韦伯给我们的启发在于，坦然面对这种困境，与此共存，这也是智性成熟的标志。

思考题

在生活中，你有没有遇到过价值观冲突的问题？对于这种问题，你是怎么看待、怎么处理的呢？

07 | 韦伯 III
工具理性会带来什么问题

如果说，现代社会是对古代世界的"先破后立"，那么我们在前两节讲的"祛魅"和"诸神之争"，描述的都是现代性"破"的一面，而接下来我们要说的相对侧重于现代性"立"的一面，也就是现代社会究竟建立起了什么。

之前说到，在现代，每个人都有自己的一套价值标准，社会中存在各种各样的价值取向。但你有没有注意到，其实我们也有高度一致的地方：谈到钱这个话题，我们的态度就很一致。我们都承认，不论追求什么，金钱都能有所帮助。

难道我们都是拜金主义者吗？我觉得未必。科学家、诗人或者沉浸在恋爱中的年轻人，他们最看重的东西可能是科学、是艺术、是爱情，但他们也都会承认，钱是很有用的。

韦伯同时代的社会学家齐美尔有一个比喻：金钱有一点像上帝，上帝对所有人一视同仁，每个人都可以用上帝的名义做自己的事情。如果要问韦伯对这种现象的看法，他会怎么说呢？

这时候，韦伯提出的一个重要概念，"工具理性"就要登场了。韦伯认为，人类的理性可以区分成两种不同类型，一种叫工具理性，一种叫价值理性。

工具理性与价值理性

工具理性是做什么的？它的作用是找到做事的手段，就是一件事怎么做才是最有效的。打个比方，我在外地开会，家人打电话来说要我赶紧回家。我一计算，飞机最快，机票的价格也能接受，于是就订了航班。这里运用的就是工具理性。注意，我说了一个词："计算"。工具理性的关键就在于"计算"：针对确定的目标，计算成本和收益，找到最优化的手段。工具理性不关心目的，只关心达成目的的手段是不是最优的。

价值理性又是什么呢？还是同一个例子，在外地开会，家里人让我赶紧回家。但这次，订机票之前我突然想：不对，还是得先问一下到底是什么事，看看值不值得为这事回一趟家。这时，我考虑的不是手段，而是目的。我需要决定要不要去做这件事。

显然，价值理性的权衡要比做工具理性的计算困难得多。你可能感到，这两种理性的关系，很像是上一节讲到的事实判断和价值判断的关系。没错，工具理性的计算就是一种事实判断，因为成本和收益基本上是一个事实，而价值理性的权衡是一种价值判断，虽然你也在用理性思考和权衡，但其中有许多主观的因素，因此没有标准答案。

举个最简单的例子，找工作。工作并不只是为了钱，还要考虑很多因素：你擅长这份工作吗？你喜欢这份工作吗？甚至，这份工作代表的事业是你愿意追求的吗？这些问题，算是算不出来的。价值理性，就是用理性来判断目标本身是不是有价值。但因为我们要考虑许多主观因素，所以就很难有标准答案。

也就是说，工具理性问题有客观标准，我们容易达成一致；价值理性问题标准不一，很难找到确定的答案。在社会层面，这一点更明显：价值观念问题我们有许多分歧；但在具体方法上，我们都认同工具理性计算出来的方案。

那么结果是什么呢？工具理性的计算有客观公认的标准，所以可以普遍化，成为一种通用逻辑。而价值理性的权衡没有公认的标准，是多元化的，所以在现代社会难以普遍化。结果就是，在现代化的过程中，工具理性大行其道，压倒了价值理性。

工具理性塑造的社会制度

工具理性的不断扩张，塑造了现代社会一种无处不在的文化观念。我们高度重视理性计算、永无止境地追求高效率。韦伯认为，这导致了一个显著的后果，就是社会制度的官僚化：不仅是在政府，而且在社会的各个领域，包括学校、军队、公司……官僚制这种组织形式占据了重要地位。

官僚制最典型的体现是行政管理系统，不仅用在政府公务员体制，只要有管理需求的地方，成熟的管理体制都是官僚制。它的特点就是有一个等级严密的上下级结构关系，整个系统有明确的分工，每个职位都有一套严格的任务清单，每个人按照规定的流程和规则行事。

你可能会说，不对吧，我们经常在批评官僚主义，就是因为官僚制度的效率低下、办事拖沓、不通情达理、繁文缛节。你的个人直觉可能有道理，但这不是官僚制的必然结果。对个人来说，这可能僵硬、机械，但个人体验和全局效益不同，有时个人体验不佳恰恰是系统追求高效的结果。

一个理想的官僚系统规则合理，纪律严明，人尽其责，照章办事；系统运转精确、稳定，具有很高的可预测性，效率高，执行力极强。

就在韦伯生活的年代，一战之前，德军参谋部曾经制订过一个著名的军事计划，施里芬计划（Schlieffen Plan）。这个计划的核心思想是打"时间差"，先西后东，快速拿下法国以后，集中力量对抗俄罗斯。在这个计划中，时间极为重要，精确到了每一天：第 12 天打开比利时战略通道，第 22 天跨过法国国境线，第 31 天占领巴黎。有人说，这简直就是一个"剧本"。

德军参谋部敢于做出这样的计划，底气就是德国统一之后建立的一套完整的官僚制度，就像一台庞大而精密的机器，可以控制整个国家的行政体系和工业体系，一切为军事活动服务。有这种执行力，如此高精度的军事计划才有实现的可能性。这就是官僚制的强大能力。

这种强大能力源自官僚制的基本特征，"非个人化"（impersonal），也就是"对事不对人"。为了追求效率，人被简化成一些指标，和任务无关的个人因素则忽略不计。这样做的好处是，如此一来，无法被计算的复杂个人，就变成了可以计算的数据。

举个银行的例子。银行处理贷款业务的时候，不必去细心考虑每个客户的复杂情况：这个人贷款是为了上学、为家人治病，或者是为了事业发展？银行要采集的是指标：贷款数额、信用记录、抵押保障、还贷能力等。把个人情况变成数据，通过计算，系统就能够高效地处理大量任务，保证效率和收益。官僚制对个人化的因素完全漠不关心，这对具体的个人而言可能冷酷无情，但就整个系统来说，这样可以在短时间内处理大量个案，实现效率最优化。如果反过来，这个系统耐心细致考虑每个人的具体情况甚至感受，做到体贴入微，这对你个人而言服务周到了，但整个系统就需要投入更大的资源，甚至无法运转陷入瘫痪。

对外如此，对内也是一样。官僚制的自我组织同样遵循"非个人化"的原则：原则上，安排一个职位，只看这个人能不能行使这个职位的功能。一个程序员，就看你写程序的能力；一名销售，就看销售业绩。这有一个明显的好处：就是排斥任人唯亲，倾向任人唯贤，因此也倡导绩效制（meritocracy），以工作成绩来决定职位的任免升降。遵循这种原则，能够从大规模人群中相对快速、有效地选出需要的人才。因此，官僚制的普及扩展了人力资源，提高了人才的利用率，也推动了公平竞争，成为现代社会迅速发展的一个动力。

片面的理性化

这样看来，工具理性给现代社会带来了很明显的好处。但你记得吗，我们说过，韦伯的深刻之处在于他既能够看到现代性的强大力量，又能敏锐地指出其中的深层问题。

工具理性的问题是什么呢？它发展得太强大了，压倒、淹没了价值理性。社会的理性化发展，变成了工具理性的单方面扩张，理性化变成了不平衡的"片面的理性化"。在实践中，对手段的追求压倒了对目的的追求。

比如，对于"人生目标"这种大问题，我们会发现，太沉重也太困难了。于是我们犯了拖延症，把目标问题不断向后推，先去加强工具和手段，转到工具理性的逻辑上来。

就像现在流行说：先实现"财务自由"，再去追求"诗和远方"。但在实现财务自由的漫长过程中，我们关心的都是成本收益计算、效率最大化这些问题。结果是，这个漫长的过程会反过来塑造我们自身，最后我们变得只会赚钱。赚钱这件事，本来是手段，但我们为了找到实现目标的最优手段花费了太多的时间精力，陷入太深，以至于忽视了，甚至放弃了最初的目标。

我记得在上世纪80年代的时候，学者大多比较贫寒。当时有经商的机会，有些学者就去"下海"经商，但声明这不是目标而只是手段，发誓等赚到了钱就会返回学术领域。后来，成功赚到钱的都继续做商人了。获得财务自由又回来做学术的人，我只见到过一个，那就是我们华东师范大学历史系的沈志华老师，其他的我再也没见过。

这就回到了开头的话题：为什么现代人的价值取向是多元的，但是对金钱的态度又很一致。并不是因为现代人都是拜金主义者，而是因为按照工具理性的逻辑，金钱就是一个最通用的工具。

问题是，"诗与远方"带给我们的东西，真的能用金钱替代吗？前面引用了齐美尔的话，说"金钱有一点像上帝"，但齐美尔还有一句话："金钱只是通向最终价值的桥梁，而人是无法栖居在桥上的。"在这座桥上，我们真的能找到安身立命的感觉，找到生命的意义感吗？这个问题只能留给你自己。

这一节着重讨论了韦伯提出的重要概念：工具理性，它和价值理性都是理性的一部分——价值理性是通过理性思考来确定目标，工具理性则是通过理性计算，找到达成目标的最优手段。工具理性的扩张，使得官僚制这种强大的组织形式蔓延到了社会的各个领域。

但是，工具理性和价值理性的不平衡发展，也带来了"手段压倒目的"的问题。伴随工具理性的不断扩张，韦伯提出的那个最著名的论断，"现代的铁笼"也浮出水面了。

思考题

对于"手段压倒目的"这种现象，你有没有什么体验或者感触？

08 | 韦伯 Ⅳ
"现代的铁笼"是怎么铸就的

在关于韦伯这一章的最后一节，我要给你讲解他另一个著名的命题："现代的铁笼"。

现代世界在打破了古代世界的种种设定之后，逐渐呈现出一种独特的面貌。最终，韦伯对现代社会的基本判断是，理性化把现代铸造成了一个"铁笼"。为什么会这么说？是什么让韦伯得出这样一个结论？我们就来讲一讲这个"铁笼"的故事。

"现代的铁笼"的由来和上一节提到的官僚制密不可分。我们提到过，官僚制并不只是政府的行政制度，它出现在每一个有管理需求的地方，如公司、社团、学校，等等。

比如说，一家奉行官僚制的公司遵循的工具理性的逻辑，采取的"非个人化"原则，会把个人的复杂情况简化成一些指标——要评价一个雇员，就只看他的业绩，业绩还可以进一步数据化，变成 KPI。和工作无关的个人因素就忽略不计。经过这种简化和抽象，系统就能够通过计算高效处理事务。

只是，官僚制并不只有优越的一面。你应该可以想见："非个人化"在赋予一家公司强大的执行力和效率的同时，也让组织内部变得机械坚硬、冷酷无情，宛若机器。很多采取流水线运作的公司，就是官僚制下组织最典型的缩影。

当然，不光是公司内部，现代社会也好似一条流水线，社会中的每一个部门，从政府到企业到学校，都是这个自我循环的流水线上的一环。社会呈现出机器的属性，人则被"非人化"，被看作是机器的零件。这种倾向成为现代社会制度的基本特征，韦伯形象地把这个特征概括为"铁笼"。

铁笼是禁锢也是庇护

铁笼有两个最大的弊端。首先是造就了一种片面的社会文化。

我们在上一节说到，理性化的发展偏科了，变成了工具理性的单方面发展，同样地，社会文化也跟着偏科了。现代的社会文化讲求事实、重视计算、追求效率。你看，这是最典型的工具理性逻辑，它本身没有错，问题是这种逻辑太强大了，在几乎所有的问题中占据了主导地位。但有些问题，在根本上是这种逻辑无法解决的。

拿假冒伪劣现象举个例子——这当然是一个与诚信道德有关的问题。但我们发现，要处理它，最有效的方式是罚款——当然，是广义上的罚款。总之就是要让假冒伪劣者付出巨大的代价，让假冒伪劣这件事在经济上变得不划算。这很实际，也很有效。

但你有没有想过，这背后隐藏的逻辑是"用功利得失解决道德问题"。这当然立竿见影，但本质上，它把道德问题变成了利益计算。按照这个逻辑，只要能找到办法规避惩罚、提高收益，人还是会选择违背道德。用利益计算解决道德问题，永远是治标不治本，有时能解决问题，有时却会让问题更严重。

铁笼的第二个弊端则是造就了片面的社会关系：人与人、人与组织之间，逐渐变成了一种商业的"供求关系"。

比如说"人力资源"这个词。这个词已经成了日常用语，但你有没有想过,"人"怎么会是一种"资源"?我们现在常说要"自我发展",但是我们是为了什么要追求"自我发展"呢?有人会说,是为了"提高自己的竞争力"。这句话听上去很平常,说得没错。但你有没有发现,其中潜藏着这样一层意思:人变成了某种商品,在"买家"面前互相竞争。"自我发展"被替换成了"提升自己作为商品的价值",所以才会有"人才市场"这种说法。

现代社会强调个性、强调自由,看上去有各种各样的选项供我们选择。但实际上,我们并没有那么多机会去提高真正的自主性,去发展自由而丰富的精神和人格,因为我们有一个摆在眼前的迫切任务:满足社会机器对一个零件的要求。我们要在激烈的竞争中成为一个合格、优质的零件,这就是"铁笼"的比喻中蕴含的深意。

韦伯说:"专家没有灵魂。"意思就是,身处铁笼之中,即使有丰富的知识,成了"专家",也只不过是一种高级零件罢了。我们人类作为"万物的灵长",那些生命和灵性发展的需求被忽视和淹没了。

但故事还没有结束。

既然我们已经知道了现代社会变成了一个铁笼,有这么大的弊端,那是不是打破这个铁笼就可以了呢?

没有这么简单。韦伯清醒地看到,铁笼一方面囚禁了人的灵性,但另一方面也保护了我们。

没有这个铁笼,就没有现代优越的物质条件,以及建立在物质基础上的文明。铁笼虽然冷酷无情,但它让整个社会高效地运转,创造出巨量的工作机会,提供空前丰富的物质和文化产品,在大范围内解决了那些困扰人类数千年的问题:贫困、匮乏、奴役、疾病,等等。

铁笼是冷酷的,但它同时又是现代生活的基础和保障。铁笼束缚我们,但也庇护我们。而且,它用来束缚和庇护我们的是同一个东西。"非个人化"是一把双刃剑，建立在"非个人化"原则上的"铁笼"同样如此。

认为彻底打碎这个铁笼就能解决我们遇到的问题，这无疑是一种天真。如果找不到一个可行的替代方案，打碎铁笼只会让我们陷入更糟糕的境地。

韦伯思想的启示

到这里，韦伯对现代性的四个重要论断我们都讲完了：第一个是"世界的祛魅"，第二个是"诸神之争"，第三个是"工具理性的扩张"，最后一个则是"现代的铁笼"。韦伯在一百年前发现的这些问题，既触及了个人心灵的危机，也揭示了社会政治的困境。它们在今天的时代不仅没有消失，反而更加普遍了。所以我们会感同身受，也正是在这个意义上，许多当代著名学者都将韦伯看作是"我们的同代人"。

你有没有发现，韦伯对现代社会的分析，是如此的冷峻、萧瑟——这是不是太悲观了呢？

不，韦伯绝不是要提倡悲观，他恰恰是要破除悲观主义。

在韦伯看来，悲观主义恰恰是盲目乐观主义造成的。我们最需要担心和警惕的那种悲观，隐藏在对现代化和理性化的盲目乐观之中：我们曾经相信理性可以无所不知，科学可以无所不能。然而事实并非如此。这种盲目的乐观被现实打碎之后引发出的那种极度悲观才是我们要警惕的。

韦伯希望做到的是什么？韦伯为我们描述了现代性的底层机制、现代化的丰功伟绩，同时又指出了现代性的冷酷、现代化带来的弊端。我们搞明白这些机制和弊端，不是要陷入悲观，而是为了"了解真相"。

不知你是否还记得本章最开始，我们谈到过韦伯的那篇演讲《学术作为一种志业》。演讲中，韦伯说了这样一句话：

这一切，毫无疑问地，乃是我们的历史处境的一项既成事实，无法逭避，而只要我们忠于自己，亦无从摆脱。

正视这些真相，了解这些真相，我们才能不为简单的利弊所困扰，而是诚实地面对全部的事实。这是另一种意义上的"思想成年"。现代世界或许荒凉，但韦伯要让我们在清醒中保持坚强，或者说，由于清醒才能获得真正坚强。

破除悲观，获得清明，达到从容——这才是韦伯思想带给我们的真正启示。罗曼·罗兰说过一句话："世界上只有一种英雄主义，那就是在看清生活的真相之后，依然热爱生活。"我们现在做的，就是"看清生活的真相"。在这本书之后的旅途中，我希望你能记住这句话。

接下来我们的探索会分成两大部分，去了解现代社会个人层面和社会层面的问题。关于个人层面的问题，我们将要拜访的思想家是尼采、弗洛伊德和萨特。

> **思考题**

你怎么看待上文提到的罗曼·罗兰的名言？你认为在现代社会中，怎样才是真正的英雄主义呢？

第二章

现代人的精神危机

09 ｜ 路标
现代人的"精神危机"

我们在前文提到,现代性的困境体现在两个不同的领域:个体的心灵生活和公共的社会政治事务。这两大问题彼此关联,但在分析的层面上仍然可以分别予以探讨。

这一章我们将进入心灵生活的领域,着重探讨困扰现代人的一个大问题,也是我们都能感受到的一些现象,比如精神迷茫、情感困惑、丧文化、虚无感等。这些现象背后存在一个根本问题,就是现代人的"精神危机"或者"信仰危机"。

"信仰危机"这个说法你可能并不陌生,但它究竟是什么意思呢?这一章的路标,就为你做两个背景提示。第一,常常听人说,人生信仰很重要,但人究竟为什么需要信仰来生活?第二,在现代社会确立信仰为什么要比在传统社会更为困难,这么做又会造成什么后果呢?理解这两个背景提示以后,你会对本章将要出场的三位思想家,尼采、弗洛伊德和萨特,有基本的认知。

人为什么需要信仰来生活呢?1835 年 8 月 1 日,一个 22 岁的大学生在日记里写道:

我真正缺少的东西就是要在我内心里弄清楚：我到底要做什么事情？问题在于，要找到一个对我来说确实的真理，找到一个我能够为此而生、为此而死的信念。

写下这段话的大学生是丹麦人克尔凯郭尔，后来他成为著名的哲学家，是西方存在主义思想的源头。

他的这段话是不是会激发你的共鸣，或者让你有似曾相识的感觉？也许，在生命的某个时刻，你也会思考类似的问题，关切生命的根本意义，这种关切就是哲学家说的"终极关怀"。

终极关怀不只是哲学家的关怀，而是每个人都可能经历的内心体验。比如，辛苦工作了一天，筋疲力尽，看着窗外车水马龙、灯红酒绿，心里琢磨，"我这么辛苦工作到底是为了什么？"这个问题不难回答，你可以告诉自己，"我是为了成家立业，获得更好的生活条件，有房子、有车子，让自己和家人过上体面的生活，以后让子女能享受更好的教育……"

确立一个具体的目标并不难。每个人在生活的每个时刻，都会有一个当下的具体目标，但是如果进一步追问这个具体目标的意义，就需要一个更大的目标来回答。如果一直追问下去，最终就会遇到终极关怀的问题：生活到底是为了什么？人生究竟有什么意义？

终极关怀之所以"终极"，是因为它追寻的是所有答案背后的根本答案。回应终极关怀的依据，就是所谓"人生信仰"或者"人生理想"。所以，我们需要信仰来支撑生活的根本意义。

但我猜肯定有人会说，我干吗要不断去追问目标的意义呢？我知道为了能过更好的日子要努力工作，这就足够了。我就到此为止，不会去费神继续追问，去理会什么终极关怀的问题。所以，我也不需要依靠信仰来生活。

这个质疑听上去挺有道理的。许多人并没有什么明确的人生理想，照样能正常地饮食起居，过好每天的日常生活。这样好像就能避开对人生终极性问题的追问，就能摆脱信仰问题的麻烦。

可是，许多哲学家认为：这只是假装解决了信仰问题，实际上你无法真正摆脱。你可以回避这个问题，但信仰问题像幽灵一样，总会在某个时刻与你不期而遇。这是因为，人在精神层面上总会面对两个根本性的人生难题，一个是死亡，一个是贪欲。

我们先来说说死亡。死亡真的是一个问题吗？我们经常听人说"好死不如赖活"，孔子在《论语》中也说"未知生，焉知死"。你可能觉得，西方人对死亡问题可能过于较真，这是因为文化不同，中国人对此就坦然多了。其实，西方也有比较坦然的想法。比如说，古希腊哲学家伊壁鸠鲁就有过一个消解死亡的说法：只要你还能思考死亡问题，就说明你还活着，那你就不必为死亡而操心。而一旦你死去了，也就不会感到死亡是个问题了。他的意思实际上是说，无论如何死亡不会是人的现实经验。这似乎就消解了死亡的问题。

但这种说法可靠吗？我觉得不太可靠。虽然活着的时候，死亡不是我们现实的生命经验，但人是有意识的存在，我们具有关于死亡的意识。我们知道死亡是一种可能性——意外的天灾人祸、事故或者疾病——随时可能发生。而且死亡这种可能性非常严峻，它是终结其它一切生活可能性的可能性。我们知道，每个人都终有一死，但人的意识中又存在"永恒"这个概念，这会让人对于死亡感到深刻的悲凉，感到一种无可弥补的缺憾。所以我们会哀悼逝者，也会为自己最终的死亡而忧虑或恐惧。

人生面对的另一个问题是"贪欲"。我们知道，人在身体意义上是一个生物性的存在，具有类似动物的欲望。但同时人又是一种精神性的存在，有所谓良知和道德感。我们在道德意识中有"崇高"这个概念，但我们时而会被动物性的欲望左右，难以自拔。在道德的视角下，人对自己的欲望会产生羞耻感，鄙视自己，感到自己生命的卑微。

死亡和贪欲，是每个生命都会面对的困扰，也是终极关怀的两大难题。

怎么应对这两大难题呢？依靠信仰，最典型的是宗教信仰。比如基督教所说的灵魂拯救，是说你的肉身会死去，但如果信仰上帝，你的灵魂可以得救，获得永生。你虽然是卑微的有罪之人，但通过信奉宗教，修炼自己的品行，你可以走向道德的崇高境界。于是，信仰的意义在于实现生命的超越，让你超越死亡达到永生，来克服对死亡的恐惧；让你超越卑微达到崇高，从而战胜欲望的羞耻。

其实不只是宗教，终极性的人生理想都具有类似的超越性。比如说，我们小时候学习雷锋的事迹，他有一句名言，"我要把有限的生命投入到无限的为人民服务之中去"。这种理想作为人生信仰也能起到超越的作用：你把自己短暂的生命贡献给了一个无限的崇高事业，你的人生就获得一个永恒的高度，超越了死亡。同样这种信仰也鼓励你追求崇高的道德，做一个高尚的人，也就超越了你卑下的私利。

无论是宗教信仰还是其它终极性的人生信仰，都可以为应对死亡和贪欲提供方案。如果我们能够确立一种坚定的人生信念，就能明确地回答终极关怀的困扰，心灵就有了安身立命的根基。所以有哲学家说，信仰是心灵的故乡，让生命的意义有了寄托。

那么问题来了，既然方案现成地摆在这里，清楚明白，为什么还会有信仰危机呢？因为存在这样一个难题：信仰需要理由吗？信仰是因为其真实可靠才会被人信奉，还是因为人们信奉才被认为是真实可靠的？在"真实"与"信奉"之间，存在一道裂痕。

就拿宗教信仰来说。在许多传统社会，信奉宗教是一个默认的选择，因为宗教在观念和社会实践中都被广泛接受，宗教代表着神圣和正道。大多数人都信奉宗教，成为社会的主流。人们很容易因为相信宗教的神圣，或者因为遵从主流而信奉宗教。

但在古今之变以后，宗教信仰遭到了理性主义的挑战。现代人在接受一种信仰之前，往往要求确认这个信仰是真实、可靠可信的。但是我们如何才能确认呢？现代人倾向于求证，需要理由来论证确认。

信仰对人生的意义越是重大，论证信仰是真理的要求就越是强烈。只有真实的信仰才能让人真诚与坚定地信奉。于是现代人把"信与真"越来越紧密地关联起来，这样就带来了难以担负的论证负担，因为信与真之间存在逻辑裂痕。

信仰在本质上是一种价值，接受信仰需要做出价值判断，而真假是一个事实问题，辨别真假是一个事实判断。我们在讨论韦伯的那一章讲过，前者不具有客观的理性基础，而后者原则上可以依据科学理性的证据和逻辑。也就是说，在信仰问题上，如果用审核事实判断的标准去审核一个价值判断，就相当于用短跑比赛的快慢标准去评价一幅画美不美，是行不通的。用学术语言说，在信仰与真理之间存在一个逻辑断裂。

克尔凯郭尔为这个问题纠结了一生，最后他发现，你是无法完全依靠逻辑和推理来求证信仰为真、来确证它的可靠性。因此，你不得不勇敢地"纵身一跃"，才有可能越过这道鸿沟。这完全是一种冒险。因为我们并不能知道这纵身一跃的结果是抵达拯救的彼岸还是跌入虚空的深渊。我们甚至无法计算这个风险的概率。信仰需要极大的勇气。

总结起来说，我们会不断追问生命的意义，这种追问会遇到死亡和贪欲这两大难题。应对这种挑战，我们需要确立可靠的人生信仰。在西方的传统社会，人们主要是依靠信奉宗教来应对。但经过了启蒙理性主义的洗礼，接受宗教信仰不再是理所当然的默认选项。现代人倾向于依靠理性来求证和确认信仰的可靠性，这样接受信仰才不是盲从。但是，信仰与理性之间存在着鸿沟，这靠理性论证本身难以弥合，确立信仰在现代世界因此变得非常困难。

如果说信仰是心灵的故乡，那么对于许许多多达不到信仰的现代人来说，就陷入了心灵无家可归的困境。这种困境就是"现代人的精神危机"，也是本章的主题。

如果你也被这个问题困扰，那么你不孤独。人类历史上有一些最了不起的头脑思考过这个问题。本章的后续部分会讲解对这个问题最富洞见的几位思想家，包括尼采、弗洛伊德和萨特。他们的思想见解具有深刻的启发，但我必须坦诚相告一个真相：没有任何人能给出确定无疑的可靠出路，告诉我们如何走出这种困境。尼采说："一个人能承受多少真相，是对他精神强度的考验。"这也是一个高能预警：我们这场思想的旅程将要进入一段险峻的路途，将是一场历险，你要准备接受精神的考验。

思考题

你是否也思考过人生意义的问题呢，当时你给自己的回答是什么？

10 | 尼采 I
"上帝死了"究竟是什么意思

这一小节我要为你引见一位伟大而又危险的思想家：尼采，西方思想史上公认的"头号危险人物"。

尼采有不少邪恶的粉丝，其中最恶名昭彰的一个就是希特勒。希特勒对尼采近乎崇拜，多次拜访尼采纪念馆，还送给墨索里尼一套《尼采文选》作为他 60 岁的生日礼物。不过有证据显示：尼采去世后，他的妹妹在编辑出版尼采遗作时歪曲篡改了他的作品，加入了种族主义的私货，导致尼采的作品被纳粹所利用。但必须承认，尼采的语言确实有很大的解释弹性，这让他的思想更容易被各种立场利用。尼采思想和纳粹之间的关系，至今仍然是个争议不断的话题。

我今天和你讲尼采很危险，不是要说他的拥趸如何，而是要说尼采思想本身的危险性。尼采自己说过："总有一天，我的名字将会和某种可怕的记忆连在一起。因为我不是人，我是炸药，我是真理之身。但是我的真理是可怕的，因为迄今为止的所有真理都是谎言"。你听听，这种话离经叛道，也狂妄至极！但尼采说自己是"炸药"也不算夸张，他的思想真有粉碎信念的力量。但尼采的思想并不好懂，你可能也听说过一些概念，比如"上帝死了""超人理论"等，但要说尼采究竟想用这些概念表达什么，没有多少人能说上来。不过，等你消化接下来的这三节内容以后，我想你对尼采的思想就会有更深入的理解。

我们会先解析"上帝死了"这句话。但在聊思想之前，我们还是先来认识一下尼采这个人。

叛逆的尼采

尼采的生平有一个关键词，叛逆。比如所有人都知道尼采反基督教，但其实尼采出生在一个宗教氛围很浓厚的家庭里，祖上七代都是牧师。尼采4岁的时候父亲就去世了，从小他身边最亲近的人都是女性：母亲、妹妹、祖母、姑妈。听上去有点像《红楼梦》里的贾宝玉。但尼采和贾宝玉可不一样，他后来表现出非常敌视女性的态度。比如，他说过一句广为流传的话："你要到女人那里去吗？别忘了带上鞭子。"

尼采不仅反叛自己的家庭和成长环境，在学术事业上也是走了不寻常的道路。他曾经是极为出色的学院派学者，后来却完全背离了学院派道路。尼采20岁上大学，25岁就当上了教授，是德国历史上最年轻的文科正教授。他在大学从教十年后，觉得自己不适应大学的体制，加上身体状况不好，就辞职了。这之后十年，尼采坚持研究和写作。他的写作风格非常另类，形式上像诗歌散文，完全不符合学术规范。但尼采的文章读起来却妙趣横生，又发人深省。

到了1889年，45岁的尼采陷入了精神癫狂，就这样直到去世，去世时他只有56岁。尼采知道自己的思想超越了时代，曾说"我的时代还没有到来，有的人是死后才出生的"。果然，去世之后，他名声越来越大，深深影响了20世纪的西方思想。韦伯曾经说自己最重视两位前辈，一位是卡尔·马克思，另一位就是尼采。有点神秘的是，韦伯得抑郁症的时候，给他治疗的一位医生，也曾经是尼采的医生。而韦伯也是在 56 岁去世的。

可怕的宣言："上帝死了！"

尼采究竟留下了怎样的思想？我们就从"上帝死了"说起。这句话几乎成了尼采的品牌标志，很多人都觉得这是一句欢呼——尼采这个基督教的反叛者在欢呼上帝死了，人类会进入一个新时代。

真是这样吗？实际上，尼采在宣告"上帝死了"之后，下一句话就是"是我们杀死了上帝！"他说："这个世界上最神圣、最万能的上帝，现在已经倒在我们的刀下"。他还质问："我们这些最残忍的凶手，如何才能洗清我们身上的血迹啊？"

你听听，这根本就不是欢呼，"上帝死了"完全可以是一句沉痛的宣告，而且尼采指控人类就是杀死上帝的凶手。

那问题就来了，尼采不是反基督教吗，为什么他对"上帝死了"这件事好像很痛心？又为什么说"是我们杀死了上帝"？

先看第一个问题，尼采为什么痛心？这是因为他知道，"上帝死了"，后果很严重。

尼采很清楚，基督教信仰是整个西方世界的道德基础和人生意义的寄托，意义极其重大。正因为如此，这种信仰本该是真诚的，容不得作假。但他却发现：人们对上帝的信仰并不是真实的，而是基于一种"虚假的信念"。打个不恰当的比方，尼采做的事情就像是对一个从小被收养的孩子说出了他的身世真相。这个真相当然会对孩子造成沉重打击，但是这件事又太过重要，孩子应当知道真相。"上帝死了"这件事比身世问题更严重。

尼采用了许多比喻来形容上帝之死。他说"地球仿佛正在向下坠落";他说"没有尽头的黑夜来临了,天越来越冷";他说"笼罩我们的是永恒的虚空"。尼采用如此沉重的语调来宣告"上帝之死",就是在表达后果的严重性。对于当时的西方人而言,否定了上帝,信仰的大厦完全倒塌,生命找不到意义,人们就会陷入虚无主义之中。

那么尼采为什么又会说"是我们杀死了上帝"?当然,这个问题并没有定论,解读尼采是学术界最麻烦的工作之一,可以说一千个人就有一千个尼采,我要给你讲的是我自己的理解。

在我看来,虽然尼采以反基督教著称,但仔细阅读尼采著作会发现,他对耶稣本身并没有敌意。只是他认为,耶稣不是要直接"救赎人类",而是告诉人们"应该怎么生活"。耶稣的门徒却把经念歪了,不仅没有好好实践"怎样生活",还搞出一套复杂高深的教义理论。这根本不是耶稣的原意,而是一套虚假的思想。人们用这种方式信奉上帝,就变成了自欺欺人的虚假信仰。所以我认为,尼采的意思其实是,人们用虚假的教义去理解救世主的启示,最终让这个信仰变得不可信。在这个意义上,是人杀死了上帝。

虚假的形而上学

你一定注意到了,这里我反复说到一个词,"虚假的思想"。不错,这个词是理解尼采反叛思想的一个关键词。

到底什么是虚假的思想呢?尼采给出的答案是四个字,"形而上学"。你也许知道,形而上学是西方哲学最早的一个术语。"形而上",顾名思义,就是"在实体之上"。尼采概括说,形而上学有三大信念:

第一,相信在感知的表象世界背后有一个更真实的本质世界;

第二，相信这个混乱的世界实际上是有目的的；

第三，相信这个纷乱多样的世界背后有一种统一性。

这和前面讲过的祛魅之前的世界有点像，都是说世界背后有一个更伟大的意义。当然，二者并不完全一样，但尼采要做的事情和祛魅很相似。尼采认为，那个所谓更真实的、有目的的、有统一性的本质世界根本不存在。哪有什么比现实更真实的世界，有人真正看见过吗？根本没有，这就是形而上学的编造。

我们之所以会编造这些东西，是因为人的心灵很脆弱。在这个纷乱繁杂的世界中，我们需要安慰。虚假思想虽然能带来安慰，但最终会带来恶果。比如说，尼采认为人为了生命的欲望奋力拼搏是一种生命的本能。但在奋斗中，人总会遭遇挫折与痛苦，感到无力和卑微。为了缓解痛苦与自卑感，基督教就造出了禁欲主义，宣称禁欲是高尚的。于是，人就可以通过否定生命欲望来逃避拼搏，继而逃避那些负面的感受。这就好比一个人本来很爱钱，但因为贫穷感到自卑，于是他就去信奉一套所谓"高尚的人应该视金钱如浮云"的说辞来躲避自己的自卑感。

但尼采认为，生命欲望是真实的，也是正当的。即使因为挫折而痛苦，我们也应当直面它们。就像鲁迅说过的，"真的猛士，敢于直面惨淡的人生，敢于正视淋漓的鲜血"。按照尼采的观点，这就是诚实的英雄主义。但如果我们按照禁欲主义的说法，用否定生命欲望去逃避痛苦，就只会陷入自欺欺人的虚假人生。

这里我们就看到了尼采的洞见：如果我们相信虚假思想，就是把生命的希望寄托在不可靠的事物上面。当它们和生命本能冲突，我们就会怀疑这些虚假思想。结果是把我们寄托在上面的希望给打破了，人陷入虚无当中。所以在尼采看来，那些看上去高尚典雅、充满确定感的形而上学才是虚无主义的真正根源。

现在我们明白了，尼采的"上帝死了"这句话并不像很多人以为的那样是在欢呼。尼采其实是说，上帝死了，后果很严重，人陷入了虚无主义。尼采说"是我们杀了上帝"，实际上是在批判西方的形而上学思想传统。尼采认为形而上学就是一些虚假的思想，是人编造出来安慰自己的。因为虚假，所以根本上是虚无的。人们总说虚无主义来源于现代思想。但在尼采看来，古老而典雅的形而上学才是虚无主义真正的根源。

那么接下来的问题就是：既然你说形而上学的思想都是虚假的，那什么是真的呢？上帝死了，人类精神处境的真相是一片虚无，那人面对虚无该怎么办呢？

思考题

中国有一位思想家深受尼采影响，他就是鲁迅。除了我引用的那句话，你还能想到哪些鲁迅的名言或作品和尼采的思想有相近之处呢？

11 | 尼采 II
"超人"究竟是什么人

上一节我们讲到，尼采惊世骇俗地宣告了上帝之死，他相信这揭示了人类精神处境的真相。结果是什么呢？就是人们失去了绝对可靠的信念，陷入了虚无主义的困境。这是很悲剧、很可怕的处境吗？尼采的回答是，未必！如果能直面虚无主义的真相，那就不会陷入绝望，反而会激发出一种积极的创造力量。这就是他的"超人学说"。

陷入了虚无主义困境，怎么能成为"超人"？这听上去是不是有点晕啊？只要我们明白了尼采的论证逻辑，就容易理解所谓超人的意思。

如果你读过一些尼采的著作，会发现他的语言像诗一样精彩动人，但很难总结出他的推理脉络。我请教了一位老朋友孙周兴老师，他是中国大陆尼采著作的主要翻译者，也是优秀的尼采研究专家。孙老师概括了尼采的三大命题：一是人生虚无；二是理论虚假；三是生命强健。

我觉得这三点概括非常精准到位。我们这一节要讨论的超人学说，就蕴藏在这三个命题当中。而超人学说也是在回应我们上一节留下的问题：如果形而上学的思想是虚假的，那什么是真实的呢？人类精神处境的真相是一片虚无，那人面对虚无该怎么办呢？尼采给出的答案是："超人"掌握的生命本身的强健力量，是人唯一拥有的真实的东西，也是人战胜虚无的武器。

虚假的理论掩盖了生命的真相

让我们回到尼采思想的三大命题，进一步解读超人学说。

首先是人生虚无，这不太难理解，意思就是人生本来没有什么意义，所有意义都是人为制造或者赋予的。尼采喜欢一个希腊神话，说人间最好的事情就是你没有生出来；第二好的事情就是你生下来以后快快地死掉；最糟糕的就是你继续活着。这听上去是不是很悲观？但是不是悲观，主要取决于你怎么看。尼采的意思是说，人生并不存在什么客观的真理或者意义，等你去探索，然后发现出来。这本来就是一种幻觉。如果你带着这种幻觉去探索，那么你注定会幻灭，然后你会感到悲观。但是，如果你从来就不相信这种幻觉，也就无所谓悲观了。

打个比方，比如你参加一次马拉松长跑，有人告诉你跑道的尽头有一个奖杯，你要是把这个奖杯当成目标，满怀希望跑到终点，却发现什么都没有，那你肯定会感到非常失望。但如果从一开始你就根本没想过奖杯的事儿，那到达终点的时候，也就不会因为没有奖杯而感到失落了。

麻烦的是，自古以来，许多理论家都在对人说"跑道的尽头有一个奖杯"。他们发明出各种各样的概念、真理和绝对信仰，掩盖了"人生本来虚无"这个真相。尼采非常欣赏古希腊神话的精神。在希腊神话中，有太阳神阿波罗和酒神狄俄尼索斯。阿波罗代表一种理性的精神，而酒神狄俄尼索斯注重生命本能的创造力，带有否定理性的反叛精神。在尼采看来，希腊神话中这两种精神之间的张力与平衡，能够焕发出一种生机勃勃的创造性。但是，从苏格拉底之后，希腊人开始用理性的方式来论证生活。到了近代，更有高度理性化的科学理论试图用因果规律来解释一切现象，包括人生意义。上一节讲到的形而上学当中的所谓世界的目的性、统一性和表象之后有一个本质，这些"理论文化"掩盖了"生命本身虚无"的真相，让人陷入一种幻觉，在幻觉中获得虚假的安慰。这就是理论虚假。

尼采决意要揭露这种虚假。他有一本书叫作《偶像的黄昏》，副标题是"或怎样用铁锤从事哲学思考"。尼采要用批判的铁锤把以前理论文化创造的意义、目的、统一性和绝对性全部砸碎，让人成为真正无依无靠、无牵无挂、一无所有的人，直面虚无主义的绝境。

积极的虚无主义

好了，现在人赤裸裸地站到了虚无面前，人生没有意义，理论都是虚假，安慰都是幻觉——到这个地步，人已经一无所有了，那么他还拥有什么呢？尼采的回答是，还有一样东西，就是人的生命力。

尼采认为，生命本身是强健有力的。这就是超人学说的起点。在这个起点，首先要转变对虚无的态度，从消极的虚无主义转向积极的虚无主义。

什么是消极的虚无主义呢？就是面对虚无的真相，陷入悲观和绝望。可是你想过没有，为什么没有上帝的世界就会让人悲哀？为什么没有意义的人生就会令人绝望呢？

虚无这个真相并不直接导致消极。从虚无到消极，有一个必经的中间环节，那就是一种虚幻的信念：认为在世界的表象背后还存在绝对的本质，并且认为人生必须依靠这个绝对的本质才能找到价值和意义。就像前面说的那个不存在的奖杯。如果你相信了这种虚幻的信念，那么虚无的世界对你来说就是毁灭性的，你就会感到悲观绝望。这就是消极的虚无主义。

但如果你从幻觉中醒来，看到从来就不存在什么绝对的本质或者真理，人生的意义也并不依赖于它，那就没有什么好绝望的。而且，认识到世界本无意义，这恰恰带来了创造的自由。在尼采看来，价值不是现成在哪里等你"发现"，所有的价值都是人主观创造出来的，生命活动的标志就是能够自己确立价值，这是生命本身的力量。

所以，尼采认为：面对无意义的世界和无意义的生命，人应该立足于现实，直面无意义的荒谬，以强大的生命本能舞蹈，在生命活动中创造出价值。用尼采的话说，就是"成为你自己"。这样一来，虚无不再会让你沮丧和绝望，反倒会给你最广阔的创造自我意义的空间，虚无让人变成了积极的创造者，这就是积极的虚无主义。

这种积极的虚无主义，有一个最好的例子，就是法国作家加缪笔下的西西弗斯。西西弗斯是古希腊神话中的一个国王，他绑架了死神，想让世间不再有死亡，结果触怒了天神宙斯。宙斯为了惩罚西西弗斯，判处他做一件苦力，让他把一块巨石从一座山的山脚推到山顶。但在抵达山顶的一刹那，这块巨石就会滚回山脚，让西西弗斯前功尽弃。于是西西弗斯就要一次又一次地把这块巨石推上山顶。但这件事永远也不可能完成，他只能永远做着这件艰苦而又徒劳无望的工作。诸神认为，这就是对他最严厉的惩罚。

西西弗斯的命运象征着人生的困境，一切都是徒劳。

但西西弗斯还有一个最终的选择。他可以选择在这个过程中沮丧绝望，充满怨恨和悲哀，让这件事变成最痛苦的折磨。但他还可以做另一种选择，就是勇敢无畏地、精神焕发地去推动这块巨石。这样一来，这件事就不再是无意义的。西西弗斯用自己的选择创造出了意义，用无尽的斗争精神去对抗虚无。所以加缪写道："登上顶峰的斗争本身足以充实人的心灵。应该设想，西西弗斯是幸福的。"

奴隶道德与主人道德

尼采说，人类的高贵在于自身有决定价值的能力，不需要别人同意，他懂得自己给事物以荣耀。其实，每个人都是西西弗斯，面对虚无的人生，有两种截然不同的选择。尼采用两个词来形容这两种人生选择，叫作奴隶道德和主人道德。

奴隶道德，就是放弃自己生命的激情，用虚假的思想来约束自己、安慰自己，把人生希望寄托在虚妄的观念之中。

而主人道德，就是放弃一切幻觉，直面虚无和荒谬，像西西弗斯那样用生命的激情去自我创造，做一个勇敢、荒谬的英雄。

不得不承认，对大多数人来说后者太困难了。但尼采说："难道我们不能使自己成为上帝吗？就算哪怕试一试也不行吗？"尼采呼唤一种新的人类，他把这种人叫作"超人"。

什么是超人？他说，超人与普通人的差距，相当于人与猿猴的差距。猿猴对于人来说是什么？是一个玩笑，或者是一个痛苦的羞辱。人对于超人来说也是如此。在尼采的心目中，超人能够在上帝死后，自己成为自己的主人。用自己的生命意志去创造，追求自身生命力量的增长和完满，最终确立和实现自己的生命意义，这就是超人。

我年轻时读尼采的《扎拉图斯特拉如是说》（也译为《查拉图斯特拉如是说》），通宵达旦，非常兴奋。但是读着读着突然想到一个问题，也许你也会想到这个问题：尼采的学说会不会也是一种虚假的观念？如果我相信尼采的说法，不也是把自己的生命希望寄托在别人的理论之上吗？

可是我继续读下去，很快就看到了尼采留下的警告。他在这本书中写下了这样一段话，特别精彩，我摘出来给你看：

你们说相信扎拉图斯特拉，但扎拉图斯特拉算什么？你们说是我的信徒，但所有的信徒又算得了什么？你们没有探索自己，却发现了我……现在我要你们丢开我去发现自己，只有当你们全部否定我的时候，我才会回到你们身边。

想想看，历史上所有的先知都呼吁信徒"听从我，追随我"，而尼采却说，你否定了我才是真正理解了我，才是深刻的追随，我才会回到你们身边。所以，如果你相信尼采，那就不该盲从尼采，因为如果你真的理解了他的思想，就不应该相信任何人包括尼采本人写下的教条，而是去探索自己的生命。

尼采的哲学充满激进的否定性，甚至对自己也毫不客气。如果谁宣称自己是"尼采主义者"，那尼采很可能会对他说：你服从了我的学说，所以你根本是个反尼采主义者！所有关于生命的言说都不能成为教条，如果你屈从了这种教条，变成了盲从的信徒，那么你的信仰就毫无价值。

尼采的虚无主义是一个坏消息，同时又是一个好消息。坏消息是人生是虚无的，理论文化也是虚假的。但它又是一个好消息，因为虚无的真相留出了最自由的空间，我们完全可以积极面对，用生命本身的力量创造自己生命的意义。能做到这一点，就是尼采所说的超人。

不过，尼采极端的否定精神，也会带来巨大的问题：如果所有价值都是人创造的，那价值与价值之间还有好坏对错之分吗？虽然尼采用积极的虚无主义代替了消极的虚无主义，但又带来另外一个巨大的问题：我们凭借什么创造，自我创造是否有一个评判标准，怎么判断我们的创造是好是坏？

下一小节，我们来聊一件与此相关的事，就是尼采的视角主义，里面隐藏了一个十分危险的问题：我们还有共同的真相吗？

> 思考题

我想知道，你在生活中有没有看到过类似西西弗斯这样的故事，你觉得故事主人公应该是幸福的吗？为什么呢？

12 | 尼采 III
我们还有共同的真相吗

这一节,我们随着尼采再往前走一步,来看"人生本无真相"。这句话听上去很颠覆,其实和我们今天的生活十分贴近,一个最好的例子就是近年来公共舆论中出现的一种现象,西方思想界称之为"后真相"(Post-truth)现象。

后真相的时代

"后真相"这个词听上去有点学究气,但它说的事儿你肯定见过。我给你举几个例子。

比如,硅谷的程序员说,全球化推动了美国经济的发展,这是事实。这时失业的重工业区的就业者就说出了另一个事实:全球化是推动了你们这些互联网公司的发展,可是制造业却衰退了,这可是国家的立身之本。所以他们的事实是全球化损害了国家经济的基础。

再比如,有的宗教信徒说,人工堕胎就是杀人,扼杀了一个本来能成为人的生命。这是事实。但反对的一方可能会说,胚胎发育到一定阶段之前甚至不能算是一个完整的生物,更别说是人了。堕胎就是一个怀有身孕的人自主地对待自己的身体,这才是事实。

这些都是典型的"后真相"现象。你可能要问，这不就是观点之争吗，和真相有什么关系？

当然有关。你仔细观察，这些例子当中产生分歧的地方其实不是观点，而是事实真相本身。很多激烈的争论往往都是这样，双方不是对同样的事实真相抱有不同观点，而是看到的真相本身就不同。

为什么会这样？这和尼采又有什么关系？

其实，尼采在一个多世纪前，就已经看到了这件事的本质：客观的事实真相可能根本不存在。

在《超善恶》这本书的序言中，尼采写道："视角（perspective）是所有生活的基本条件。"在他的遗稿"札记"中，尼采还留下了一句著名的断言"没有事实，只有阐释。"

也就是说，尼采在一个多世纪之前就在挑战事实真相的客观性了。他这个观点在哲学界非常有名，被称为"视角主义"。当然，哲学界对此有很多种不同的诠释，我给你讲的是我的理解。

视角决定事实

视角主义究竟是怎么回事呢？用一句话来概括，就是"视角决定事实"。

你也许会觉得，这不就是说不同的视角会看到不同的事实吗？这好像挺容易理解的。人能听到什么声音，取决于人类耳朵的构造。蝙蝠能够听到超高频的超声波，鲸鱼能够听到超低频的次声波，人只能听到人耳能够识别出来的频率的声音。视角主义不就是这么回事吗？

如果只是这样，那这个观点好像也没什么新鲜的。中国大诗人苏东坡早就说过："横看成岭侧成峰，远近高低各不同。不识庐山真面目，只缘身在此山中。"这可比尼采早了 800 多年。

但我要告诉你，并不是这样。无论是蝙蝠和鲸鱼的例子，还是苏东坡的诗，它们说的其实都是传统的认知模式。

传统认知模式有一个前提假定：认为存在一个客观的真相或者真理。我们去认知它，就是努力地去理解这个真相，再把它表达出来，只要不断向前推进，就可以越来越接近这个真相，最终完全认识和掌握真相。

就好像苏东坡的庐山，身在此山中的时候，看不到庐山真面目，但如果远近高低绕着它看一圈，就能认识到庐山真面目。声音也是一样，虽然人的耳朵只能听到某些频率的声音，但我们用科学工具不断探测、研究，就能了解到声音本质上是一种声波。

但尼采的视角主义和这些完全不同，它是完全颠覆了传统的认知模式。视角主义不是说不同的视角会对同一个客观真相得出不同的主观认知，而是要说根本就不存在一个客观真相。

尼采认为，"存在一个客观真相"不过是一厢情愿的假设。没有任何人能确定是否存在这个所谓的"客观真相"。如果说有谁能看到这个绝对的客观真相，那只能是全知全能的上帝。但别忘了，上帝已经"死了"。不管怎样，人类不可能确定存在一个绝对真相。人能得到的，就是一个个不同的视角看到的不同真相。更准确地说，人不是"看到"真相，而是"制造"了真相。

这是什么意思呢？

在尼采看来，外部世界虽然是存在的，但在人出现之前，它没有任何意义，也没有任何属性，只是一团混沌而已。是人把概念和意义赋予到它上面，才让它变成了"事物"。

打个比方，比如一堆"木头"，在人登场之前，它只是一团混沌，甚至连"木头"这个名字都没有。然后人出现了：要取暖的人把它看作是"燃料"，要造房子的人把它看作"建筑材料",而一个极端饥饿的人,甚至把它当作"食物"……燃料、建筑材料、食物,都是人制造出来的真相。我们以为我们在"认知"真相,其实我们是在制造真相。

还存在客观性吗

这就出现了一个问题:视角主义怎么解释那些公认的客观真相或真理呢?比如冬天比夏天冷,天上有一个太阳,北京在上海北边。再比如,病人到医院去看病,不太可能从视角主义出发去质疑医生的诊断,说"医生啊,从你的视角看我是有高血压或者糖尿病,但从我的视角看来这不是事实"。很多事实明明就是客观的,不受主观视角影响。视角主义怎么解释这种客观性?

有办法解释。尼采会说,根据视角主义的观点,这种"客观性"不过是一种合理的错觉。因为人们在这些问题上具有共同的视角,得出了一致的解释,才造成了这种错觉。其实客观事实也会变,它会随着"共同视角"的变化而变化。

比如说在过去,月食的真相就是天狗吃月亮。但现在,月食的真相是,太空中月球运行到了地球的影子里。对月食这件事,过去的共同视角是一种神话的视角。而现在,我们共享的是一种天文学的视角。

视角制造真相在自然领域还不太显著,但它在人类社会里就非常明显。比如,你可能听说过印象派,《日出·印象》的作者莫奈就是著名的印象派画家。现在的事实就是,印象派是一个著名的艺术流派。但这个词刚刚出现的时候其实是用来嘲讽那些画家的,说他们画画都画不清楚。印象派这个词的事实真相,就从一个贬低他人的词变成了一个艺术流派的名字。

这样的例子还有无数个。

概括地讲，视角主义认为事实有没有所谓的"客观性"，其实取决于人们对这件事有没有"共同视角"。"客观"只是一种错觉。但这种错觉很重要，因为我们需要一些稳定的事实认知，很多人类活动只有在此基础上才能正常展开。

那么，现在的好消息就是，在许多问题上我们都有共同的视角，也就拥有稳定的"客观事实"。

但坏消息是，还有很多事情并不存在一个普遍的共同视角，我们也就找不到一个共同的真相了。过去可能认为，真相只有一个，事实胜于雄辩。现在我们却发现，真相不止一个，你有你的事实，我有我的事实。

于是，人与人之间的分歧越来越深，甚至会出现整个社会的意见分裂。这就是开头说到的"后真相"现象。后真相这个词，甚至被《牛津词典》选为了2016年的年度词语。

那么最后的问题就是，在这个后真相的时代，难道社会注定只能陷入无休止的分裂和争执吗？我认为并非如此。在我看来，尼采的视角主义中还蕴藏着另一种可能性：恰恰是因为明白了每个人的视角都只是视角之一，所以我们应该意识到，自己眼中的真相并不是绝对的真相。了解到不同视角中有着不同的真相，不是要让我们去和他人划清界限，而是邀请我们对更多的视角保持开放的态度，去倾听、理解和学习它们。我认为，这也正是尼采本人赞赏的态度，他在《道德的谱系》这本书中写道：

> 我们越是运用更多的眼睛、不同的眼睛去观察同一个东西，我们对这个东西的"概念"就越"完整"。我们也能越"客观"。

也就是说，视角主义教给我们的，不是分裂的必然，而是谦逊的必要。

一个人的视角并不是天生固定的,而是在自身经历中形成的。改变自己的视角绝非易事,但这仍然是有可能的,它取决于我们的选择。我们应该做的是,试着去改变自己的视角,超越自己的视角去理解他人,寻找让不同视角互相理解、融合出共同视角的可能性。理论勾勒了某种灰暗的前景,不意味着我们只能心灰意冷;它恰恰给了我们改变这个前景的机会。

思考题

你怎么看待观点的分歧和事实认知的分歧呢?在你见过的争论中,你认为有哪些其实是事实认知的分歧?

13 | 弗洛伊德 I
为什么说他宣告了"理性人"的死亡

尼采之后,我们接下来要拜访的是奥地利心理学家弗洛伊德。

弗洛伊德和尼采其实颇有一些渊源。尼采曾说"有的人是死后才出生的",尼采认为自己的思想超越了时代。的确,直到他去世八年之后也就是 1908 年,世界上才有了第一次专门讨论尼采的研讨会。而这次会议的组织者就是弗洛伊德。

勘探精神结构的黑暗区域

弗洛伊德和尼采在思想上有一个明显的相似之处,那就是"造反"的倾向,反叛西方主流的理性主义传统。如果说尼采的反叛思想颠覆了对上帝的信仰,那么弗洛伊德的思想又颠覆了什么呢?

用一句话概括,弗洛伊德颠覆了对于人的理解,这个颠覆的关键点是"人的理性"。

在这之前,启蒙主义继承古希腊罗马的思想传统,认为人之所以是万物之灵,就是因为人是理性的动物,能够主宰自己的生命。但在弗洛伊德之后,这种"理性人"观念遭到了根本的质疑。

可以这样说，如果尼采宣告了"上帝的死亡"，那么弗洛伊德就宣告了"理性人的死亡"，成为现代思想史上的另一个里程碑。

不过，尼采是专业的人文学者，弗洛伊德的职业却是一名心理医生。他是在1873年17岁的时候，进入维也纳大学医学院学习，八年之后获得医学博士学位。那么，为什么一位医生能够对人类思想造成如此深远的影响呢？这当然是因为，弗洛伊德不是一位简单的医生，他的理论其实相当具有哲学气质。但同时，他医生和心理学家身份的科学背景又大大提升了他理论的说服力和影响力。

不过我要提醒你，弗洛伊德的理论经历过一个大反转，在心理学界和思想文化界遭遇了截然不同的命运。这里我先埋一个伏笔，我们先来看这个反转的前半部分，也就是弗洛伊德如何反叛理性主义传统，颠覆理性人这个观念，改变了西方文化的面貌。

心理医生这个职业的主要任务是治疗人的精神疾病。照理说，就算你的专业水平很高、你研究的对象就是患有精神疾病的这个特殊群体，怎么有资格对人类普遍的精神状况说三道四呢？对此，弗洛伊德提出了一个观点非常关键：在精神意义上，没有人是绝对健康的，正常与不正常之间并不是泾渭分明的。而且，精神上的病人和正常人的心理结构其实是相同的。就像一个心脏不好的人，他的生理结构和普通人仍然是相同的。因此，通过对精神疾病患者的分析、诊断和治疗，就能够发现人类普遍的心理结构，具有普遍性的意义。

那么，弗洛伊德发现了什么呢？

简单地说，他发现人类心理结构中存在一个黑暗地带，叫作"无意识"。说它是黑暗地带，是因为我们无法在意识中觉察到这个区域。无意识，就是颠覆"理性人"这个观念的要点。

首先，无意识这个区域非常巨大。弗洛伊德认为，人平常能够意识到的种种知觉和理性思考，其实只是精神生活的很小一部分。他喜欢用这样一个比喻：人的精神结构就像一座冰山，人能意识到的只是浮出水面的一小部分，在水面之下还有巨大的一部分，这就是无意识。

其次，无意识部分不仅巨大，而且生猛有力。弗洛伊德认为，无意识中暗藏着巨大的能量，是人的欲望本能，主要是性欲本能和攻击本能。这是人内在最基本的冲动，是生命的驱动力。潜藏在无意识中的欲望本能往往比表层意识中的理性思考更有力量。有一句玩笑话说"不管嘴上怎么说，身体总是很诚实"，这种说法其实就彰显了弗洛伊德思想的影响。

再次，无意识不仅强大，还很隐秘。就连我们自己也不知道自己的无意识中运转着什么。无意识的巨大力量就像一股深深的洋流，左右着我们的行动，我们却觉察不到。比如，有个男生对一个女生一见钟情。但他没意识到，其实是因为这个女孩和他的母亲有相似之处让他产生了某种依恋的情绪。

想想看，我们的精神结构中存在这么巨大、有力却又隐秘的一种力量，这意味着什么呢？夸张一点说，无意识支配着我们的思考和行动，但我们却觉察不到，那生活岂不是变成了一场木偶表演？过去认为，我们能够用理性来自主掌控自己的生命，难道都是假的吗？这个结论简直像是科幻小说，实在是太诡异、太反常识了！

以科学的名义

如果只是小说，那就容易得多了，有一个最简单的办法可以解决弗洛伊德的挑战，那就是"不相信！"——谁知道这个所谓"无意识"是不是一种忽悠呢？说到底，这只不过是他的一套理论罢了。只要不相信，问题不就解决了吗？

说到这里，弗洛伊德的医生身份就显得格外重要了。医生这个职业具有科学性。科学就是要透过表象看到本质，科学研究中出现"反常识"的结果——这并不少见。比如，按照牛顿第一定律，运动的物体如果不受到外力就会永远运动下去，不是也很反常识吗？但这不影响它的正确性。弗洛伊德自称是"勘探性的心理学家"，就是能够潜入意识经验的表层之下，发现人类生命深处的本质。

科学理论与胡思乱想有一个根本区别，就是科学理论有事实证据的支撑。弗洛伊德的证据，就是他的病人。虽然弗洛伊德不能把"无意识"摆到桌子上给公众看，但他可以展示出一个个心理疾病的案例，给出他的学说对于这些病例的分析和治疗方法，以及真实的治疗效果。如果他的学说能够有效解释和治疗这些病例，那么我们就需要严肃地对待这个理论或者假设，不能简单地用"不相信"去否定它。

通过对无意识的发现，弗洛伊德最终发展出一套复杂而系统的"精神分析学说"，成为20世纪心理学理论和心理治疗的一个重要流派，影响非常广泛。

回到刚才的问题，无意识真的这么诡异危险吗？难道我们完全不知道自己在做什么吗？要理解"无意识"究竟怎么影响我们，我要带你看一下精神分析学说中最重要的一个内容：人格结构三元说。你可能听说过这"三元"的名字：本我、自我和超我，但它们到底是什么意思呢？

先说本我。本我就是"最根本的我"，是人格的最底层。这里就是"无意识"的领域，主要是人本能的原始欲望。这些与生俱来的欲望要寻求即刻的满足，不论是非对错，只要满足了欲望就会很快乐。

本我之上是自我，这就是我们能够意识到的那个自己。自我不是天生的，而是在成长过程和适应社会的过程中形成的。自我有理性，会正视社会现实，重视常识和规则。它能够感受到本我的欲望，但自我会用理性来甄别本我的要求。如果说本我是人心中的一个小婴儿，只知道追求满足和快乐，那么自我就像是小婴儿的监护人，会用理性来考虑这些要求，根据对现实情况的考量，有选择地去满足那些欲望。

自我再往上，就是超我。顾名思义，是超越自我的那一部分，这是我们心中的理想化人格。它是在人与"道德"的接触和理解中形成的，我们把来自家庭和社会的种种道德权威内在化成心灵的一部分，最终就形成了这个理想人格。都说每个人心中都有一个天使和一个魔鬼，超我就有点像是那个天使；但我们的实际行动常常达不到天使的标准，超我就会通过内疚感和罪恶感来影响我们的心理和行动。

了解了这个三元结构，你就明白了，无意识的真相也并没有那么可怕。弗洛伊德说，本我和自我的关系，有点像马和骑手。马是强劲的驱动力，而骑手需要驾驭这股力量。骑手能够正常指挥马的时候，人的精神状况就很健康。但如果这种关系出了问题，骑手反而被马拖着走，走上了自己不想去的路途，这就偏离了正常的精神状况。如果这种偏离严重而且持久，就成了人们说的精神疾病。

这是弗洛伊德学说对于人类精神状况的理解。

你可以看到，弗洛伊德的精神分析学说特别强调无意识的重要性，强调本能欲望是生命的驱动力。他认为，人格结构中的本我和自我，也就是我们心中的小婴儿和监护人，二者处在永恒不断的冲突当中。理性的自我无法完全控制非理性的欲望，只能不断地去应对这些欲望。它可能成功，也可能失败，失败的时候人就陷入了精神疾病状态。

通过对精神疾病的解释和治疗，弗洛伊德以科学的名义论证了一套普遍性的精神分析学说，给出了一个人格真相的"科学研究成果"。根据这个发现，理性的力量根本没那么强大，力量最强的其实是人的原始欲望，理性只是在不断想办法应对这些原始欲望而已。于是，启蒙传统中认为理性是人精神本质的观念被这个所谓"科学发现"给颠覆了。

就这样，在启蒙主义的基础上，我们再次更新了对人的看法。这种看法从当初的反常识，成为今天的新常识。

但是，弗洛伊德的理论真的符合科学研究的规范吗，他的治疗手段真的有效吗？下一节，我们来看看弗洛伊德理论的另一面。

思考题

很多文学和影视作品都受到了弗洛伊德的影响，讨论了无意识和本能欲望的问题。你看过这样的作品吗？

14 | 弗洛伊德 II
精神分析学说真的是科学吗

弗洛伊德发现了"无意识",打破了传统的"理性人"观念。而他的理论经历过一个大反转,在心理学界和思想文化界遭遇了不同的命运。

在心理学界,弗洛伊德的精神分析学说走向了衰落,今天美国最大的两个心理学专业协会中,属于精神分析流派的专家学者只占不到 10%。而在思想文化界,弗洛伊德的影响却源远流长,至今仍然塑造着我们的精神生活。

要搞清楚为什么会发生这个反转,我们就需要考察两个问题:弗洛伊德思想的原创性和科学性。

弗洛伊德的原创性

先说原创性。弗洛伊德真的是发现无意识本能的第一人吗?难道在他之前就没有人指出过本能欲望的重要性吗?当然不是。实际上,对欲望以及非理性力量的重视,在西方思想史上并不罕见。柏拉图就曾经把人的灵魂结构分成理性、激情和欲望。再往后有休谟,他曾说过"理性不过是激情的奴隶";还有叔本华,他把人的意志看作是一种难以察觉的"盲目的驱动力";当然还有尼采,他提出的"权力意志"就是在宣言生命冲动的力量。既然如此,弗洛伊德又有什么了不起的革命性创见呢，他怎么配得上如此之高的名望？

事实就是，弗洛伊德并不是发现无意识本能的第一人，他的重要贡献在于综合前人的思想，以科学的名义提出了一套系统化的心理结构理论。这套学说不仅庞大、复杂、精致，而且声称自己有许多临床案例的证据，具有科学性。换句话说，和过去的人性理论相比，精神分析学说最突出的特点就是系统性和科学性。而 20 世纪正好是一个崇尚科学的时代，精神分析学说的科学特征让它产生了独特的魅力，很快流行起来。

问题是，弗洛伊德的学说真的是一种科学理论吗？它经得起现代科学标准的检测吗？学术界对此有过非常热烈的争论。不过，主流观点是明确否定的。

弗洛伊德以科学的名义推广了他的学说，这是他声名鹊起的重要原因，但科学规范性也恰恰是他的软肋。实际上，从科学规范的角度对弗洛伊德的质疑和批评，自这个学说创立开始就如影随形。但直到他去世十年之后，这种批判才占据了主导地位。

这些批判中，首先就是对病例治疗效果的质疑。在 20 世纪 50 年代初，心理学家艾森克参考了超过 7000 位病人的资料，指出神经症患者在接受精神分析疗法后，只有 44% 的病人有所好转。与之相比，接受其它心理疗法的病人的好转率是 64%。更讽刺的是，在不接受任何治疗的患者中有 2/3 人也能够自己康复。所以有学者这样评论，如果说别的疗法疗效平庸，那么精神分析疗法可能还阻碍了病人的康复。随着新的心理学理论和治疗方法的兴起，严格的精神分析疗法很快就边缘化了，最多是被吸纳到其它疗法之中发挥作用。

对治疗效果的质疑，自然也就引出了对弗洛伊德科学严谨性的质疑。弗洛伊德建立的理论大厦很辉煌，但大厦的事实基础却不够牢固。他依据的个案病例太少，做出的推论却太多。后来的研究者发现，在弗洛伊德理论创见中起关键作用的两个著名病例也很不可靠。比如他在对患者提问时，有明显的诱导行为，甚至还有伪造证据的嫌疑。

如果说这些批评都是从"事实证据"出发，那么接下来的批评，就更直指理论本身。有人认为，弗洛伊德提出的这个"科学理论"，实际上根本是一种伪科学。

什么样的理论才能叫作科学理论呢？科学理论有一个重要的特征叫作"可证伪性"，这一点我们以后说到哲学家波普尔时会展开讲解，这里先简单说一说。"可证伪"，就是有可能被经验证据证明是错误的。一个科学理论需要直面不符合理论的事实，直面对自身不利的证据。说得直白一点，如果你提出一个科学理论，那么这个理论不能宣称自己永远正确、能够解释所有的经验证据。如果能解释一切，这就成了伪科学，伪科学就是永远能够自圆其说。

精神分析学就有一种怎么样都能自圆其说的倾向。它有一套复杂的概念体系，能够避免所有可能的反例，把所有案例都解释成符合自己理论的证据。

比如，它有一个概念叫"反向形成"。什么意思呢？举个例子你就明白了：如果有一个儿子亲近母亲、仇视父亲，弗洛伊德会说，这就证明了我说的"恋母情结"。但是如果相反，发现有一个儿子并不仇视父亲，还和父亲很亲近，这怎么解释呢？弗洛伊德会说，这是"恋母情结"的反向形成，把无意识中对父亲的仇视转化成了亲近的行为。

你看，这不就是怎么都能自圆其说吗？所以有人批评道，从科学的角度看，弗洛伊德理论不是正确的，也不是错误的。它甚至根本不是科学，因为你没办法验证它的对错，它只是披着科学外衣的伪科学。

当然，也有人为精神分析学说辩护，说这种理论并不是像自然科学那样的科学，它是对人性的一种阐释理论。柏拉图不是也提出了自己的人性理论吗？这类理论本来就不需要接受实证的检验。在我看来，这种辩护并不恰当。如果弗洛伊德当初不是以科学的名义，那么精神分析学说根本不可能获得如此广泛的影响。

无论如何，20世纪70年代之后，精神分析学说的科学光环基本消失了。在心理学这门科学的内部，精神分析学走向了衰落。但在另一方面，弗洛伊德的学说作为一种对人类精神活动的阐释，作为一种哲学或者文化理论，至今仍然具有深远而广泛的影响力。

欲望不再令人羞耻

也就是说，弗洛伊德更重要的遗产其实是对西方现代文化的改造。他借助科学的名义，将一种新的人性观念广泛传播到社会大众之中。

从此，对于人的理解的核心不再是理性，而是欲望，至少也是欲望与理性的不断冲突。这个观念变革已经成为现代大众文化的一部分。它的意义很像是当初哥白尼把"地心说"倒转为"日心说"。即使今天我们已经知道，太阳也并不是宇宙的中心。但对于大众而言，这仍然是一次重要的观念革命。

日心说改变了人们对宇宙的观念，弗洛伊德的思想改变了大众对人的观念。这个改变带来的最重要的后果就是：欲望被解放了！

这首先体现在艺术领域。当代的文学、电影、绘画和音乐作品中，本能欲望成为一个突出的主题。欲望被看作是不可否认、不可抹杀的生命驱动力。欲望不再是可耻的，它是正当的，甚至是值得赞美的，是充满生命力的真实人性。在欲望和理性、道德的冲突中，反倒是压抑欲望的理性好像很残忍，而道德内疚感可能是虚伪的或者愚昧的。

文艺创作是这样，普通人的精神生活也是如此。在本章的路标部分，我们说过，人生意义的两大难题就是面对死亡和欲望。如何超越欲望的卑微，走向人性的崇高，这是现代精神危机中的一个重要问题。而弗洛伊德的影响不是解决了这个问题，而是取消了这个问题：如果我们接受了欲望的正当性，欲望本身不再是卑微可耻的，也就用不着去"超越欲望"了。

现在，越来越多的人能够公开地谈论欲望、表达欲望。比如，在日常生活中，我们可以毫不愧疚地说自己是个"吃货"。再比如，"性感"慢慢成了一种可以公开表达的赞美。在大众文化中，性也不再是一个高度禁忌的话题，这在过去是非常难以想象的。这种观念变化至今都在塑造着我们的精神生活和道德生活。

弗洛伊德理论所经历的，其实是一个搭错车的故事：它以科学的名义广泛流行，当发现它其实不具备科学性的时候，这个理论已经大众化了。哲学家弗洛姆曾经说："无论弗洛伊德是如何被人理解或者误解的，他永久地改变了我们理解人性的方式。"我想，这句话精辟地概括了弗洛伊德的贡献。

> 思考题

我读弗洛伊德的时候一直有一个问题：如果我们接受弗洛伊德的无意识理论，那么我们就能弄明白无意识对我们的影响；一旦我们具备了这种知识，无意识是不是还可以在黑暗中支配我们的行动呢？

15 | 萨特 I
为什么如此特立独行

弗洛伊德之后，我们要认识的思想家是法国哲学家让-保罗·萨特，他是这本书中我们遇到的第一个完全生活在 20 世纪的人。之前讲过的韦伯、尼采和弗洛伊德都出生在 19 世纪，还有一些属于过去的气质。而萨特出生在 1905 年，1980 年去世，是一位 20 世纪的"00 后"，离我们今天的世界又更近了一些。

对我个人来说，萨特这个名字有特殊的意义。在我年轻的时候，社会上出现过一段时间的"文化热"，尼采、弗洛伊德和萨特就是其中的热门人物。他们的著作探讨人性本质、生命意义这些问题，尤其受到年轻人的追捧，相当于是那时候年轻人的"爱豆"。

我当时非常喜欢他们三位的书，把能找到的中译本全都收齐了，也是在那时养成了熬夜读书的坏习惯。这三位思想家彼此之间其实有相通之处，但他们给我留下的感受又有所不同：尼采是横空出世的天才，简直像个外星人；弗洛伊德的理论很有趣，但他的生平实在很乏味；最后还是萨特最能让我产生共鸣。萨特不仅是存在主义思想的代表人物，而且有着非常精彩的人生，是一个"有故事的男同学"。

我想先用一个小节的篇幅，和你好好聊聊萨特这个人和他的故事。这一方面是因为他的人生实在精彩，另一方面则是，他的人生故事就是你理解萨特思想最好的材料。

萨特的思想中有两个重要的观念：一个是自由选择，另一个是积极行动。对于人生，萨特会说人就是自由本身，人必须做出选择，去行动，并且绝对地承担行动的后果。这些话是什么意思呢？我们可以从萨特的人生故事出发，看看他究竟是如何"自由选择"和"积极行动"的。

萨特75年的生命活得精彩非凡，以特立独行而著称。他是一个非常早慧的人，大概3岁就开始读书，7岁就读过福楼拜的小说《包法利夫人》。虽然家中长辈都信仰天主教，但萨特在很小的时候就不再信仰宗教了。

萨特虽然身材矮小、其貌不扬，但因为聪明过人，所以自视很高，从中学时候开始就热衷于哲学思考。

19岁那年，萨特考进了巴黎高等师范学院。"师范学院"听上去好像不起眼，其实这是法国最精英的学校。这类学校在法国叫作"大学院"，每年招生名额极少，巴黎高师是其中最古老的一所。在萨特入学的时候，巴黎高师每年只招收100名学生。虽然学生少，质量却极高，这所学校培养出了许多著名的科学家、政治家、哲学家和作家，光是诺贝尔奖获得者就有13位，萨特就是其中一位。

萨特是一位世界闻名的哲学家，但他从来没有在任何高等学府正式任教。他虽然撰写了很多严肃的哲学论文和著作，却也花了很多精力去写小说和戏剧，甚至获得了诺贝尔文学奖。

但更令人印象深刻的是，获奖之后，他公开拒绝领奖，理由是他"不接受任何来自官方的荣誉"。这引起了很大的争议，有人说这其实是萨特爱慕虚荣的表现——他觉得获得诺贝尔奖还不够突出，还要成为第一个主动拒绝诺奖的人。

传奇般的终身伴侣

萨特的特立独行还体现在人际关系方面。萨特的伴侣是法国作家西蒙娜·波伏娃，她是 20 世纪 70 年代女权运动的重要理论家和先驱者，现代女权主义的奠基之作《第二性》就是她的作品。

萨特和波伏娃在上大学时相识，彼此志趣相投，很快就陷入了恋情。但他们都认为人是绝对自由的，不必受到习俗制度的约束，于是签订了一个奇特的爱情契约，作为彼此的伴侣，但永不结婚。他们的爱情是开放的，不排除与其他人发生亲密关系；但彼此坦诚，不会隐瞒。而且这个契约的有效期只有两年，每过两年双方就要确认一次是否还继续这段伴侣关系。

这听上去非常不靠谱，对吧？但结果是，这个契约足足延续了 51 年，从萨特 24 岁直到 75 岁去世，两人真正做到了相伴一生。这 51 年中并不都是甜蜜浪漫的故事。萨特有过许多情人，有一次还差点和别人结婚。波伏娃也有过好几位情人，曾经写过一本小说献给其中一位，小说后来还获得了法国的最高文学奖龚古尔奖。

实际上，在这段开放的关系中，两人都感受过猜疑和嫉妒的痛苦，但总有一种难以匹敌的力量让他们相守在一起。因为他们不只是爱人，还是精神的挚友和事业的伴侣。这样一段不受约束的开放关系，以"自由"为基础，却更显示出萨特和波伏娃对自我选择的坚持。

波伏娃并不是萨特的附庸，而是一位特立独行的作家。她没有与萨特过同居厮守的生活，他们都有各自的公寓，保持着自己独立的空间。但令人寻味的是，在萨特去世六周年的前一天，波伏娃去世了。她选择与萨特合葬在一起，彼此永不分离。

公共知识分子

刚才说的还只是私人生活，主要体现了萨特在面对自我的时候，坚持自由选择的态度。他在公共领域中，更加显示出"积极行动"的一面。

萨特不仅是哲学家和作家，还是一位社会政治活动家，甚至被哲学家福柯称为"法国最后的公共知识分子"。萨特是二战之后法国左翼知识界的领袖，创办了颇有影响力的《现代》杂志，还担任过法国第三大报《解放报》的主编。他甚至还和英国哲学家伯特兰·罗素一起组织了一个国际法庭，来调查和审判美国的战争罪行，被称为"罗素法庭"或"罗素－萨特法庭"。

当时正是越南战争期间，萨特本人反对美国的这场军事行动，于是在 1967 年，他和罗素等人组织了这个国际战争罪法庭，要对越南战争中美国的所作所为做出调查和审判。他们引用了纽伦堡审判中首席检察官罗伯逊法官的一句话："如果某些暴行是罪恶的，无论暴行的实施者是美国还是德国，它们都是罪恶的。"

也就是说，这个法庭是想要继承纽伦堡审判的精神。但不同的是，纽伦堡审判背后是二战盟军的力量，具有强制力。而这个法庭是由哲学家、法学家、政治学家、公共活动家发起的，所以他们很明确地提出"本庭没有强加制裁于他人的权力"，但不受制裁不等于无罪，法庭要做的就是完成调查和审判。这是一次西方知识分子介入国际事务的著名事件。

紧接着的 1968 年，法国又发生了史称"五月风暴"的抗议活动。萨特和波伏娃发表声明支持这场运动，并且走上街头散发传单，直接参与抗议活动，结果被警察逮捕了。但是，当时的法国总统戴高乐迅速介入干预，要求警方放人。戴高乐说，"我们能把伏尔泰关进监狱吗？不能，所以赶快把萨特放了吧"。你看，萨特当时在法国的影响力，甚至足以与启蒙时代的伏尔泰相比。

萨特在政治上倾向左翼，常常被人看作社会主义者，他支持过苏联，还曾经受邀到中国参加 1955 年的国庆观礼活动。

但萨特的政治立场其实有些复杂，他对自己的定位是无政府主义者。不论如何，政治立场都为他带来了很多争议，甚至导致他与一些亲密的朋友疏远乃至绝交。我们之前提到过的《西西弗斯神话》的作者加缪，曾经就和萨特是好友，但后来两人决裂了。萨特说，"让我们走到一起的因素很多，让我们分开的因素很少，但是那样的很少也已经是太多了"。还有一位是法国重要的思想家雷蒙·阿隆，曾经是萨特的密友，最早鼓励萨特去德国学习哲学。他和萨特也因为政治分歧而疏远。这方面推荐你读一本书，非常有意思又有深度，是思想史家托尼·朱特写的《责任的重负》。

1980 年 4 月 15 日，萨特去世了。在巴黎，数万人走上街头为萨特送行，这是在作家维克多·雨果逝世之后，法国出现的最隆重的送葬场面。当时的法国总统德斯坦也加入了送葬的队伍，但他是以普通公民的身份参加的，因为萨特说过，不接受任何来自官方的荣誉。

几年前我到巴黎访问，专程去寻访了安葬萨特的蒙帕那斯公墓。站在萨特和波伏娃合葬的墓地前，我回想他们一生的故事，忽然明白，他们不只是写下了存在主义，而且一生都在实践存在主义。

在萨特的存在主义学说中，最重要的就是这两点：自由选择，积极行动。不过你知道吗，这两个信念的起点却是"虚无"。萨特认为，人的存在本质上就是一片虚无。为什么他这么说？他又是如何从虚无推理出了"自由"和"行动"呢？

> 思考题

我很好奇，你会怎么看待萨特和波伏娃之间那个奇特的"爱情契约"呢？你是支持，还是反对呢？理由又是什么呢？

16 | 萨特 II
为什么可以从"虚无"推出"自由"

上一节我们讨论到,在萨特的存在主义思想中有两个重要的信念:"自由选择"和"积极行动"。但萨特又有一句非常有名的话:"存在就是虚无。"这句话出自萨特的哲学巨著《存在与虚无》。这句话是什么意思呢?萨特又是如何从"存在就是虚无"推出了"自由"和"行动"呢?

"存在就是虚无"是什么意思

让我们穿越时空,来到一个历史的现场,巴黎著名的"花神咖啡馆"。1941 年到 1945 年的四年间,萨特几乎每天都在这里工作 10 个小时。就是在这家咖啡馆里,他完成了《存在与虚无》这本书。

花神咖啡馆现在还在,是巴黎的一个著名文化景点,我自己去过两次,点菜的时候还看到菜单上印着萨特的一句话:"通向自由之路,经由花神。"

这条自由之路是从哪里开始的呢?当年,萨特坐在花神咖啡馆里,他在思考这样一个问题:人的存在和物的存在究竟有什么区别?我们都知道,人是有意识的,而物品没有。但有意识的人和没有意识的物,究竟不同在哪里呢?

萨特看着眼前忙碌的服务员,又看着自己面前的杯子,他问自己:我们说

"这个服务员是一个服务员"和说"这个杯子是一个杯子",这两种说法是同一回事吗?他感到大不相同!说这个服务员是一个服务员并不是注定的。如果这个人下班了,或者离职了,他就不再是一个服务员了。

一个人是什么,这是可以改变的。但杯子就不同了;杯子不能改变自己,它被判定为一个杯子,别无选择地就是一个杯子,就算你把它打碎了,它仍然是一个碎掉的杯子,而且杯子甚至不能自己选择把自己打碎。

你可能发现了,区分这两种说法的关键就在于有没有意识。可意识究竟是什么呢?萨特为此苦思冥想,他一直琢磨着德国哲学家胡塞尔的一句话:"意识总是对某物的意识。"就是意识有对象性,总是对于某个事物产生的意识。那么纯粹的意识本身究竟是什么呢?他突然有了灵感,如果"意识总是对某物的意识",那么意识本身呢,就什么都不是!纯粹的意识本身就是虚空!

有点像空空荡荡的容器,需要被填充之后才能成为什么。一个杯子里只有倒进了什么东西,我们才能说它是一杯水、一杯酒、一杯牛奶或者一杯咖啡。人的意识本身就是空无一物,只有当有什么内容填充进来之后,人才会获得自己的本质。所以人并没有什么预定的本质,人的存在原本就是虚无,它的本质是"有待形成"的。

简单地说,如果人的存在就是意识,而意识本身是虚无,那么人的存在就是虚无,这就得出了"存在就是虚无"这个命题。

萨特还用了一对概念来区分物的存在和人的存在。他把物的那种被决定的、不能改变的存在,叫作"自在"的存在。把人的这种"有待形成"的、不固定的存在,叫作"自为"的存在,就是自己"为自己"而存在。你可以记住这一点:自在的存在有一个固定不变的本质;而自为的存在没有固定的本质,它的本质是可以变化的。

现在我们知道了,人没有固定的本质,人的本质是可以改变的、是有待形成的，原因就是人的存在在根本上是虚无。好，那又怎样呢？是说我们的人生就没有任何意义了吗？还是说我们必须四大皆空呢？

都不是。萨特会说，人的存在根本上是虚无，这赋予了人一个永恒的需求。你可能听过一句话，说"大自然厌恶真空"，同样地，人也厌恶虚无，厌恶虚无背后的缺失和不确定性。所以我们总是需要去填满自己的虚无，去获得某种本质。

打个比方，假如你是一名演员，现在站在舞台上，你第一个最迫切的渴望就是要找到自己的角色，因为在舞台上如果没有角色，那你就什么也不是。这里的"角色"就是我们想要获得的本质。这就是为什么萨特说"存在先于本质"，先有了虚无的存在，然后我们才要去找到自己的本质。演员可以扮演很多不同的角色，人的本质也是不固定的。

徒劳的激情

那么下一个问题就是，人要怎么去获得一个本质呢？最直接的做法就是模仿物。因为，前面说过，和人相对立的"物"是自在的存在，它有一个固定的、确定不变的本质。

所以我们看到，人总是要去占有某种东西。有的人喜欢集邮，有的人喜欢买包包，有的人喜欢在游戏里收集奖励和成就。占有这些物的时候，我们好像得到的不仅仅只是物品的功能或者效用，通过"占有"这些东西，我们还获得了一种"存在感"。通过占有"物的存在"，我们可以得到确定的本质，甚至给自己一个定义：我是一个收藏家，我是一个游戏高手，等等。

萨特把这种欲望叫作"生存者与存在物的复合"，就是渴望与对象合二为一，来解决人的虚无状况。可是，这样就解决了虚无的问题吗？萨特说，这种做法注定要失败。因为这只是局部地、暂时地满足了对确定性的渴求,根本上的虚无是无法改变的。

人是自为的存在,不断为自己寻找本质,不断变化。换句话说,人有无限的潜在可能性。人想通过占有物去获得确定性,但有限的、固定不变的东西没有办法填满无限的可能性。

比如,即使你成为世界第一的收藏家,你也无法确保从此就永远满足了。你一定会问自己:"这就是全部了吗,我就到此为止了吗?"无论你是一个多么成功的收藏家,收藏家这个身份也不会是你的全部。就像一位演员,无论他曾经扮演过多么成功的角色,这个角色也不会是这位演员的全部。

作为人,我们永远无法填满自己的虚无。用萨特的哲学术语来说,就是我们的"存在结构会溢出(我们)所占有的对象"。没有得到的时候当然不满足,得到之后又会产生新的不满足。作家王尔德有句名言,"生活中只有两种悲剧:一个是没有得到我们想要的,另外一个是得到了我们想要的"。

因为人拥有无限的潜在可能性,这种潜能总是会逃到占有的对象之外,直到死去,人才能获得固定的、填满的、不变的本质。所以萨特说,"人是一种徒劳的激情",总是有一种激情推动我们去占有、去追求,但我们希望得到的那种满足其实永远无法实现。

人被判定为自由

这么说来,难道人注定只能屈服于空虚和徒劳吗?当然不是。萨特说,正是在这种状态中,人类特有的尊严诞生了。存在就是虚无,这不错,但这恰恰是人类行动意志的基础,正是因为存在没有预先的本质,所以我们才能够自由地行动。

因为存在先于本质，那么就没有什么预先给定的东西把我们固定住、束缚住，就意味着我们永远可以超越"过去的本质""现在的本质"去追求"未来"。

换句话说，人永远不会"是"什么，而是永远都正在"成为"什么。在这个意义上，人是自由的，甚至人就是自由本身。还是那个比喻，站到舞台上，你可以扮演任何角色，每一个角色都不是你本人，但正因为如此，你的行动才是自由，因为你没有被任何一个角色所定义。

在我看来，萨特最有创见、也是最精彩的观点，就是从"存在就是虚无"出发，最终推出了"人的自由"。这种自由不是建立在强大能力的基础上，而是建立在人的存在之上、建立在最根本的虚无之上。可以说，把存在的概念削减到最低限度，让我们看到了最坚不可摧的自由。

所以萨特说，人是被判定为自由的，自由就是人的命运。人唯一的不自由就是不能摆脱自由。不论你是多么渺小，不论你受到多少外在的限制，在根本上你都是自由的。

举一个例子，二战结束很久以后，一个在逃的纳粹高级军官被抓捕了，他叫艾希曼。在接受审判时，他这样为自己开脱：当时屠杀犹太人我是别无选择，因为我是军人，军人的天职就是服从命令，我没有选择的自由。

萨特认为，这是自欺欺人，你当然有选择，你可以选择叛乱谋反，你也可以选择当逃兵，你还可以选择自杀，实际上在纳粹官兵中确实有人做出了这些选择。艾希曼选择了服从命令，这是自由选择的结果，而不是别无选择。声称自己没有选择的自由，只是自欺欺人，只是因为不愿意承担选择的责任。

再比如，如果我是先天的残疾人，行动都有困难，你说我怎么是自由的呢？萨特会怎么回答？他会说，是的，你是残疾人，这个事实无法改变，因为残疾的特征是你身体上"自在"的不可改变的因素。但是你做一个什么样的残疾人，你是有选择的；你怎么看待自己的残疾，用什么态度对待自己的残疾是大有不同的。你可以做一个哀怨消极的残疾人，也可以做一个奋进积极的残疾人，这取决于你的选择，你完全有自由来超越自己身体的残疾性。身残志不残并不是一个谎言，我们在残奥会上看看那些运动员就知道了。

这里有一个要点需要强调，萨特说的自由不是为所欲为的自由，而是总是可以改变现状的自由，是否定只能如此、我别无选择的那种自由。

萨特的存在主义哲学，最突出的一个导向，就是呼唤人们面对存在的真相。存在的真相是什么呢？萨特说，存在就是虚无，存在先于本质。如果"本质"决定了命运，那么，先于本质而存在的人就不被任何命运所限定，也就是说，人在根本上是自由的。

但是，在这种自由中又隐藏着非常沉重和严酷的一面。为什么自由会变得沉重和严酷呢？

思考题

自由听上去是一个美妙的词汇，但你是不是也曾经感到过自由沉重的一面呢？你怎么看待这种沉重呢？

17 | 萨特 III
为什么自由是一种沉重的负担

通过上一节的讨论,我们知道萨特从"存在就是虚无"出发,推出人在根本上是自由的结论。自由的命运意味着人总是可以有所选择,而且必须做出选择。自由选择,这当然是一件好事,这意味着人具有掌握自己命运的自主性,因此获得了作为人的尊严。

可是自由的命运不是轻轻松松的好事,它还有非常严酷的一面。这一节我们就要看萨特两个著名的观点:第一,自由选择是很沉重的负担;第二,"他人就是地狱"。

自由是独自承担的重负

自由选择为什么会成为负担呢?因为,选择必定会带来后果。

那么谁来为这个后果负责?

萨特说,没有任何别人可以承担这份责任,你做出了选择,你就要独自承担责任。但"承担责任"究竟是什么意思呢?为什么只能独自承担,难道这份责任就不能跟别人来分担吗?萨特的回答是:不能。

因为只要你做出了某个选择,背后就会有一个评判标准。你的标准是从哪里来的呢？只能是你自己给自己确立的。每个人的生活都充满大大小小的选择，比如毕业之后继续深造还是直接工作，选择什么职业，要不要结婚，要不要孩子……所有的选择都会有后果，我们就生活在自己选择的后果之中，这些后果也在塑造我们自己。所以我们会在乎选择的好坏对错，谁都不想过后悔的人生，我们都会希望自己的选择有一个坚实可靠的依据。

但萨特却说，你所有的选择，依据都只是你自己。这里显然有尼采的影响。尼采说，人是自己价值的创造者。"上帝死了"之后，就不存在客观绝对的普遍标准了，人也没有外在的标准可以依赖。俄罗斯大作家陀思妥耶夫斯基的小说《卡拉马佐夫兄弟》里面有一句名言："如果上帝死了，那么一切都被允许了。"萨特说，这句话就是存在主义的起点。

于是，你不仅必须做出选择，还必须为自己确立选择的标准。那么，你就没有任何托词了。你不能说"因为父母让我这么做"，因为是你自己把顺从父母当成了标准；你也不能说"因为宗教让我这么做"，因为是你自己把宗教教义当成了标准。

任何信条、任何主义，或者别人的建议，都不能成为你的借口。萨特认为，这些说辞都只是自欺欺人，是用来逃避自己的责任。开个夸张点的玩笑，假如你和你的伴侣分手了，朋友来安慰你，说"这不是你的错"。但萨特可能就会说，这就是你的错，是你自己选择的人，是你自己谈的恋爱，这个结果当然是你的责任。

独自承担责任是什么意思？因为不存在客观的评价标准，判断一项选择是好是坏、是对是错，没有任何现成的、普遍有效的标准。你就是你自己的标准，你做了选择的同时就确立了选择的判断标准，这是评价的唯一标准。换句话说，你自己就是自己的立法者，为自己做出的每一个选择承担绝对的责任。你看，从"存在就是虚无"，萨特推出了人的绝对自由；而从绝对的自由，萨特又推出了绝对的责任。这是一份非常沉重的负担。

举个例子,萨特在一次演讲时回答过一个问题。二战期间有个法国的年轻人,他说自己陷入选择的困境:一方面他感到有爱国的责任,应当参加抵抗运动去反抗法西斯;另一方面他是家里的独生子,有义务照顾生病的母亲。他请教萨特,应当如何来应对这个两难选择。萨特回答说,这里没有两全其美的办法,意思有点像我们中国人讲的"忠孝不能两全"。哪一种选择更好?没有任何人能告诉你,你只有自己去选择,然后承担全部的后果。

捷克作家米兰·昆德拉最有名的小说叫作《不能承受的生命之轻》,英文叫"The Unbearable Lightness of Being",这个标题让很多人感到"不明觉厉"。但如果你理解了萨特的存在主义,就很容易看懂这个标题。

"生命之轻"是什么呢,这个"轻"来自人的存在方式,人的存在有着无限展开的可能性,不被任何本质所限定。这是一种自由而轻盈的体验。但这种轻盈的自由又是孤独而沉重的,因为你必须独自承担你所有的选择,独自承担自己的生命,你是自己"生命的孤证",这会让人感到难以承受。结果,我们就体验到"不能承受的生命之轻"。这个书名深刻地揭示出现代人的精神困境,也许你也曾经有所感触。

他人就是地狱

说到这儿,你可能会问,但我们还有朋友、亲人、爱人,和亲朋好友在一起,是不是能够帮我们摆脱一些孤独呢?

这就要说到萨特的另一句名言了:"他人即地狱。"这句话是出自萨特写的一个剧本,名字叫《禁闭》。说的是三个被囚禁起来的鬼魂等着下地狱,但在等待的过程中,三个鬼魂彼此之间不断欺骗和折磨。最后他们忽然领悟到,不用等待地狱了，他们已经身在地狱之中。地狱并不是什么刀山火海，永远和他人在一起，这本身就是地狱。

"他人即地狱"，要明白这句话的真谛，还是要回到萨特的哲学思想中。我们已经知道了，人能够自由地掌握自己的生命，哲学上把这叫作人的主体性。我是主体，就意味着我有主导权。那问题来了，你是自由的，我也是自由的；我们俩在一起的时候，到底谁是主体，谁有主导权呢？

萨特认为，人总是要维护自己的主体性，所以人与人之间一定会为了争夺主体性而斗争。每个人在和他人相处的时候，都想把他人变成客体，以此来维护自己的主体性和自由。

萨特举了一个例子，说你走在街上，迎面过来一个陌生人，用眼光上下打量你，你会觉得很不舒服。这是为什么？萨特解释道，别人注视你时，他下意识地就把你变成了他观察的客体。在这个注视中，他是主导者，你只是被他观看的物品。他要实现自己的主体性，代价就是把你的主体性给否定掉，把你物化。所以，你会下意识地回避对方的注视。但你也可以反抗，他看你一眼，你就回看他一眼，用你的注视把他变成客体，从而获得了你的主体性。

在萨特看来，人和人的交往就是这样，总是在为了争夺主体性而斗争。即使是在爱情当中也不例外。

萨特说，我们想象中的浪漫爱情是一个骗局，那种不分彼此、合二为一的爱情体验，只不过是刚刚开始时候的幻觉罢了。爱情同样充满了为争夺主体性而展开的冲突和斗争。到最后要么是受虐，在羞耻中享受快乐；要么是施虐，在内疚中感到愉悦。

爱情的常见情节就是如此，一个人去追求另一个人，去讨好、迎合对方，变成对方喜欢的样子，失去自己的主体性。而被追求的一方呢，则要努力表现出自己迷人的魅力，通过追求者的奉献去获得自己的主体性。在这样的关系中，爱情越热烈，双方就越接近受虐狂和施虐狂。

萨特还有一个很奇妙的说法。他说憎恨其实就是你承认了别人的自由。想想看，你会恨一个杯子或者一把椅子吗？憎恨只能指向人。因为人有自由，只有人能出于自主意识对你做些什么。在他人作为主体的行动中，你就沦为了客体，沦为了物，你的主体性就被否定了。所以你会憎恨，因为你不甘于被当成物品。在这个意义上，憎恨就意味着你承认了对方的主体性，承认了对方的自由。

萨特认为，我们生活在一个有他人存在的世界里，每个人都是自由的，但我们不可能实现那种理想中的共同自由，因为每个人都要实现自己的主体性。我们没办法既承认别人的自由，又让别人承认我们的自由，或者说把人的主体性和人的对象性调和起来。因此，人与人之间只有永恒的斗争。在这个意义上，萨特是一个悲观主义者，他不相信自由主义所向往的那种主体与主体之间的相互承认、平等尊重的关系。

萨特的存在主义继承了尼采的思想传统，强调人只能自己创造自己，在自由的选择中不断塑造自己，并且承担选择的责任。他和尼采一样，否认普遍客观的价值判断标准，但是他似乎放弃了尼采的超人学说，强调人只能孤独地面对自己的选择。

绝望与希望

聆听萨特的哲学，你是否会感到一种绝望呢？起点是虚无，终点是孤独；在这其中，我们还要承担沉重的责任。萨特也说自己的存在主义是绝望的哲学。但萨特又说，存在主义也是希望的哲学。希望在何处？就在我们的自由之中，在人的无限可能性之中，我们永远有改变的潜能，不必服从任何注定的命运。

萨特向我们展现了每个人都要面临的精神困境，但同时也告诉我们：我们永远都可以做出改变。用什么去改变？行动。

存在主义是绝望的哲学，也是希望的哲学，但最重要的是，它是行动的哲学！我们最根本的自由和可能性都在行动中实现，它们并不只属于尼采式的超人，而是根植于每个人的存在之中。

人生无意义，人仍然可以成为强者。如果说萨特的思想给了我们什么启示，我认为就是八个字：看清真相，继续战斗。人是徒劳的激情，人注定孤独，但那又如何？既然可以选择，那么就去选择，然后为选择负责，其它没有什么可说的。我们都是手推巨石的西西弗斯，但我们知道"西西弗斯是幸福的"，因为"登上顶峰的斗争足以充实人的心灵"。

思考题

如果人生没有确定的意义，那么在你看来，我们是否还能做出有意义的选择呢？在你的生活中，你曾经做出的最让自己骄傲的行动是什么呢？

第三章

20 世纪的教训

18 | 路标
20世纪的灾难为什么不可思议

上一章，我们讨论了现代性问题的一个重要维度，现代人的精神危机，这是现代人在心灵生活中面对的难题。从现在开始，我们将转向现代性问题的另一个重要维度，现代世界的社会政治困境，这是现代人在公共生活领域中遭遇的挑战。

为什么现代政治会成为一个难题？要回答这个问题，我们首先要了解政治权威的概念，其次还需要理解现代政治权威的特殊性。

我们都知道人和人生活在一起，需要有公共秩序。为什么人类需要政治权威来建立和维护公共秩序呢？政治学有两个基本假设，第一个是"资源匮乏"假设，认为人类生活所需要的资源总是匮乏的。如果资源是取之不尽、用之不竭的，每个人基本上都可以心想事成，那么就不会出现因为争夺资源而发生的各种冲突，秩序很容易形成，也就不需要政治权威保障公共秩序。第二个假设是"人性自利"假设。美国"宪法之父"麦迪逊说过，如果人人都是天使，那就不需要任何政府了。设想：即便资源匮乏，无法让每个人获得满足，但如果每个人都可以优先考虑他人的利益和需求，甚至能够做到毫不利己、专门利人，如同天使般善良，那么社会也不会发生严重的冲突。

资源匮乏与人性自利这两个假设，是社会现实状况的反映，这也意味着公共秩序无法自然形成，需要某种具有强制性的政治权威建立和维护。公共秩序首先要求一套公共的规则，经常体现为习俗或者法律；其次要求落实规则的执行力，而无论是规则的建立还是实施，都需要政治权威来执行。因为如果人们对规则本身的合理性存有争议或者对规则的理解阐释发生分歧，规则的实施会遇到障碍，这时候就需要有一个压倒性的权威来解决分歧、冲突和执行力的问题。这个权威就是通常人们说的"统治者"，在一个特定的领地或者区域内实施统治。

那么，政治权威是从哪里来的？统治者凭什么来统治？直觉上最简单的答案是依靠暴力或者军事力量。几乎所有政权的统治者都掌握军队，古今中外都是如此。但这个现象往往会让我们误以为暴力就是统治的一切。但实际上，暴力虽然是统治的一个要素，但统治并不等于暴力。比如说土匪、黑帮和强盗，这些暴力性的组织也有军事力量，但它们为什么不能被称作政府？一个根本区别在于，政府的统治不仅仅依赖于暴力。对于政府或国家的特征，马克斯·韦伯提出过一个著名的定义：在特定的领土之内对暴力的合法垄断。这就是说政府的强制力是唯一合法的暴力。在这个意义上，警察实施的强制才有可能是合法的，个人才有服从的义务，而国家以外的暴力就是不合法的私刑。

所以，政治权威的统治在强制性之外还有一个突出的特点，就是具有合法性。但在政治合法性问题上，古代和现代有重大的转变，也造就了现代政治权威的特殊性。

所谓"政治合法性"（political legitimacy，也译为"政治正当性"），是指一个政治权威实施统治的根本依据。在古代社会，政治合法性的问题并不突出。因为古代的统治依赖于自然等级结构，人们相信自己天生处在高低贵贱的不同等级之中。比如，中国古代的所谓"君臣父子""男尊女卑"，西方古代有国王、贵族、平民和奴隶等。这些等级结构被视为天经地义，而等级结构中的上层对下层具有正当的权威，最高层也成为当然的统治者。因此，那时候的统治者并不需要费力解释自己统治的根本依据，只需要做简单的宣称（claim）就够了，比如"君权神授"或者"朕即天下"。

然而，在经过了17世纪以来几百年现代的转变之后，"神意"和"天道"被"祛魅"了，"自然"等级结构被瓦解了，这一切都变得"不自然"了。现代人将自己视为自由而平等的个体，政治权威就必须解释其统治的根本依据。与古代简单的宣称不同，现代的政治权威需要提出一套理由，来论证其合法性。统治与服从需要一套理由，这是现代政治权威的特殊性所在。

在西方近代历史上，重要的政治哲学家霍布斯、卢梭和洛克等提出了不同版本的"社会契约论"，都是为现代的政治权威提供依据理由的论证。他们都想象了一种理论上的"自然状态"。人在自然状态中，首先是自由而平等的个体，在共同生活中形成了（文明）社会，最后建立了政府。而政治统治的根本理由来源于被统治者的"同意"。不同版本的社会契约论之间有许多差异，但都分享了两个基本特征。第一，都主张先存在自然社会，然后才建立政府。也就是说，政府不是天然的，而是派生的"人造之物"。第二，都主张"同意理论"，政治权威的统治合法性来自被统治者的同意，是自下而上的，而不是相反。

社会契约论对现代的政治合法性做出了重要的理性论证，在西方成为主导性的政治理论，也塑造现代政治的理性主义特征：将政治秩序视为理性建构的人造之物。在20世纪上半叶，西方出现了三种相互竞争的主要政体形式：苏联的社会主义，西欧与北美的资本主义民主，以及德国的纳粹主义（国家社会主义）。它们彼此不同，但都具有突出的现代理性主义特征，都提出了相当完整的意识形态论述，但在社会政治实践中却都出现了各自的困境与危机，成为值得重视的"20世纪的教训"。

我们将在这一章节着重探讨几位思想家对于20世纪的批判性思考。而在展开讨论之前，我们首先需要简要地阐明以下几个问题：20世纪为什么会出现许多灾难？它们有什么特别之处，和现代思想又有什么关系呢？

20世纪是一个希望和失望交织的时代，是一个成就辉煌又灾难深重的时代。谈及灾难，人们很容易想到的是，人类仅有的两次世界大战都发生在20世纪，说它灾难深重，毫不为过。但这并不是20世纪灾难的显著特点，因为历史上大规模的血腥惨剧并不罕见。13世纪蒙古帝国的扩张，导致上亿人的死亡；17世纪的宗教战争，让欧洲损失了1/3人口，到处是血流成河、尸横遍野的人间惨剧……20世纪的灾难最不可思议之处，在于它完全出乎意料！

何以如此呢？让我们穿越到1900年，假设你是一个当时生活在欧洲的普通人，你会怎样展望即将来临的新世纪呢？

在1900年，欧洲已经享受了将近一百年的和平。虽然小规模的局部战争和冲突时有发生，但自从1814年维也纳会议之后，主要国家之间再也没有发生过大规模冲突。你对和平抱有一定的信心，不那么担心战争的爆发。

而且你还会看到，科学技术在过去一百年飞速发展。19世纪被称为"科学的世纪"：经典物理学体系已经基本完善，演化论也逐渐为大众所接受；随着化学理论的成熟，人们开始享受化学工业发展带来的便利。

特别是电磁理论的发现和运用，人们进入了电气化时代，开始享受电灯、电报和无线电通信等这些过去难以想象的便利。科学正在迅速发展，而且看上去会越来越发达，为人类的美好生活提供了有利的条件。

于是，你也会对社会的进步抱有期望。因为你看到在过去一百年中，人类社会总体上变得越来越文明、富裕了。虽然工业化时代扩大了贫富差距，出现了新的矛盾和冲突，但也出现了新的思想和新的政治运动，正在改变原有的政治制度。而且现代社会科学也随之诞生，对社会政治的合理安排提出新的规划。如果自然科学的发展能够改造物质世界，那么社会科学也应当能改善社会问题，解决政治矛盾。

所以，生活在1900年的你，读到法国《费加罗报》的元旦社论时，也许会频频点头，赞赏社论中的这样一段话：

> 20世纪带给我们的将是科学进入社会和私人生活。科学将赋予我们行为的准则。它将是一种光辉灿烂的前景……我们希望哺育了我们的19世纪，把那愚蠢的仇恨、无意义的争斗和可笑的诽谤统统带走，抛进世纪的无底深渊！

是的，在进入20世纪的时候，西方主流舆论普遍相信，人类已经开始了一个崭新的现代文明，古代的野蛮杀戮一去不复返了，蒙昧落后的弊端会被逐渐消除。大多数人都对新世纪的前景抱有相当乐观的信心。

文明时代的野蛮，理性时代的疯狂

但是，回到今天，你已经知道，这个被寄予厚望的20世纪经历了多少残酷的灾难：两次世界大战、骇人听闻的纳粹大屠杀、资本主义的世界里爆发了严重的经济危机。与此同时，生态环境被破坏的恶果也开始显现。甚至，在第二次世界大战结束之后，还出现了长达40多年的冷战，无数人生活在核危机的恐惧中。在某些时刻，人类的命运似乎只差一点点就要坠入深渊了。

何以如此呢？1900年的时候，我们不是看到人类在各个方面都在发展和进步吗？难道这些发展和进步都被打断了吗？并不是这样。无论是自然科学还是社会科学，在20世纪都获得了比以往更加巨大的进步，这一百年中，人类总体的文明程度是大幅提升的。

我认为，20世纪的灾难是"文明时代"的野蛮，是"理性时代"的疯狂——这才是它的不可思议之处，才是大思想家要去破解的"20世纪之谜"。

当然，有人会说，也许，只是人类在20世纪的运气比较差吧，比如德国不幸地让希特勒这样的恶魔掌权。但我们要介绍的几位思想家，都反对这种看法。他们认为，20世纪的危机不是历史的偶然产物，而是内在于现代化思想之中。德国的纳粹主义、苏联式的社会主义和英美的资本主义，是三种不同的现代性规划，它们都有各自的危机或困境，但都与现代理性主义的社会构想密切相关。

接下来的13个小节，我们会看到六位思想家如何剖析和反思这三种现代性规划，总结20世纪的教训。他们的反思和回答，在思想史上都具有里程碑的意义，又进一步对现实世界造成了深远的影响。

不过，也许你还会有一个疑问：反思又有多大用处呢？思想观念对现实到底能有多大的作用呢？

我在导论中已经讲过，把思想和现实对立起来，看成两种分离的东西，这虽然很流行，但却是完全错误的认识。本章节我们即将拜访的六位思想家，他们对20世纪教训的总结和现代性问题的诊断，就是要揭示行动背后的深层逻辑，揭示出一些思想观念是如何塑造了人类的行为。而他们的论断，又成为人类行动新的思想依据。

最后，让我用其中一位思想家，以赛亚·伯林的话来结尾。伯林曾经引用德国诗人海涅的话说，"不要轻视观念的影响力，教授在沉静的研究中所培育出来的哲学观念，可能会摧毁一个文明"。而在引用这句话之后，伯林自己还加了一句："如果思想能够产生如此致命的力量，那么也只有通过其他思想家的努力，才能来化解。"

> 思考题
>
> 你了解20世纪的西方历史吗？在这些历史事件中，你印象最深刻的是哪一个，原因又是什么呢？

19 | 鲍曼
大屠杀是因为疯狂吗

从这一小节开始，我们的视野从个人扩展到社会和历史，关注思想家对 20 世纪重大历史现象的思考。第一位出场的人物是英国社会学家齐格蒙·鲍曼，他在 2017 年去世。

你可能听说过鲍曼最有名的一本书《现代性与大屠杀》，考察分析德国纳粹的大屠杀。这本书在 1989 年才出版，距离二战结束已经半个世纪，相关研究不计其数。它又有什么非凡的创见呢？

简单来说，鲍曼提出了一个颠覆性的观点：大屠杀是现代性本身固有的一种潜在可能，它只有在现代文明中才可能实现。

两种流行的解释

对于纳粹大屠杀，普遍流行的看法我们都很熟悉，就是视其为反文明、反人类的野蛮暴行。可是，这是发生在 20 世纪中叶的事件，欧洲的现代文明已经有两三百年的历史了，文明世界怎么还会出现这种野蛮现象呢？最方便的解释就是把它看作一种反常的偶然现象。

对于如何理解大屠杀，思想界有两种理论最流行。简单地说，德国出现了一群丧心病狂的变态疯子，犯下了骇人听闻的暴行。这样就能把灾难例外化，看作是一场意外的事故。第二种流行的解释可以叫作"仇恨论"，认为大屠杀之所以发生，是因为德国人与犹太人之间有一种特殊而深重的仇恨。

无论是"变态论"还是"仇恨论"，都是把大屠杀解释为一个特殊的、偶然的事件，在一般情况下不太可能发生，所以我们就不必为此特别焦虑。这种解释很容易理解，在心理上也容易接受：变态的是纳粹，遭殃的是犹太人，虽然很让人痛心，但和我们普通人没什么关系，和正常社会也离得很远。这样就能抚平巨大的伤痛，好让生活继续前行。可是，真是如此吗？

鲍曼认为，这两种解释都只是给出了一个表面说得通的回答，把问题打发过去了，细究起来，两种解释都站不住脚。

首先，像德国这样出过康德、贝多芬和歌德等文化巨人的国家，怎么就突然会出现一群邪恶变态的疯子呢，难道所有人都变态发疯了吗？因为从史料上看，参与大屠杀的不只是纳粹党徒，大多数都是普通的正常人。即使是纳粹军官，很多人在日常生活中似乎也有非常人性的一面，他们对妻子、对孩子，以及对狗，也表现出爱心和同情心。他们甚至有高雅的艺术品位，喜欢巴赫、莫扎特的音乐，喜欢歌德的文学作品。在私人生活中，他们也只是普通人，并不是杀人狂。鲍曼认为，"变态论"是说不通的。

那么仇恨论对不对呢？在鲍曼看来，欧洲对犹太人的歧视确实存在，但并不足以解释发生在20世纪德国的这场大屠杀。欧洲对犹太人的歧视现象由来已久，和其它国家比起来，德国对犹太人甚至相对来说还是友善的。1871年德意志帝国建立之后，犹太人就取得了平等的法律地位，到20世纪，很多居住在德国的犹太人都开始把德国看作是自己的祖国。说德国人和犹太人之间有什么特别的深仇大恨，也是说不过去的。

鲍曼认为，这两种解释的问题都是把大屠杀看作现代文明的反常例外，逃避了最需要反思的深刻问题，其实是一种自我安慰。实际上，正是现代性内部的一些本质要素，才使得大屠杀成为现实。而其中关键的一点，就是理性和理性化。

现代性与大屠杀

你会不会觉得这种看法有点不可思议？大屠杀这么漠视生命、这么野蛮，怎么会和理性深刻关联呢？但鲍曼清晰地展示出大屠杀的非理性与极端理性、极度野蛮和高度文明之间的内在逻辑关联。

首先，正是机器般理性的现代官僚制，实现了大屠杀这个非理性的暴行。我们在前面讲韦伯思想的时候详细讨论过官僚制，它指的是现代社会那种精密规划、层级运作的组织机制。鲍曼发现，官僚制不仅会损害个人自由，还会导致道德冷漠、逃避责任。现代官僚体系像一部庞大的机器，每个人都只是一个零件，在作为零件高效率运转的过程中，却丧失了对总体目标的责任感和道德感。

大屠杀发生的场景，就像一个工业流水线。在集中营里，人人都只是照章办事、分工合作。有人负责给犹太人分类归档，有的人负责任务排期，有的人负责将犹太人分批送进毒气室，有的人负责后勤。这里就像一个井井有条的工厂，只不过工厂的"原料"就是活生生的犹太人，生产出来的产品是死亡。整个过程中，没有哪一个人是杀人狂，每个人都只是承担自己手头的一份工作，完成流程中一个微小的步骤。

于是，没有谁觉得自己要为全局负责。每个参与者面前只是一个待完成的流程，可能是一份排期表，可能是十趟运送任务，送完一趟打一个钩。大屠杀就这样被拆分成了流水线操作和例行公事。在这种流程中，人很容易丧失面对鲜活生命时的同情心和道德感。结果就是,每一个步骤组合起来共同造成了屠杀,而其中的操作者感受到的可能只是"我今天填了十张表"。这就是为什么那些在私人生活中正常甚至善良的人,也可能成为屠杀的实施者。

大屠杀和现代性还有第二个关联是在思想观念层面:现代科学主义实际上对大屠杀提供了某种理念支持。鲍曼把这种理念叫作"园艺文化"。你可能见过欧式的那种庭园,各种乔木、灌木、花圃修剪得整整齐齐。园艺文化看待社会也是这样,社会秩序就是一项工程,可以在科学理性的指导下整理得干干净净,整齐划一,清晰优美。

在这种观念中,犹太人变成了秩序里的"杂质"。一方面,在当时普遍的民族国家诉求中,犹太人的位置很尴尬,因为根据所谓完美的民族国家理想标准,犹太人当然不是本国人,但也不是外国人,因为他们很早的时候就散居到世界各地,没有自己的祖国。他们就是一群无法分类的"异物"。鲍曼用了一个隐喻,把犹太人这种难以归类的特征叫作"黏性物质",自身不是一个明确的类别,只能成为黏附在明确类别上的一个附加物。这种黏性特征使犹太人成为所谓内部的外部人,对那种完美构想的社会秩序构成了威胁。另一方面,当时德国还流行一种伪科学,就是所谓的"优生学",把雅利安人看作高贵优秀的种族,把犹太人看作低劣病态的种族,种族主义的歧视就这样披上了科学理性的外衣。

接下来,按照理性逻辑,要实现完美纯净的秩序,对犹太人这种黏性的异类应该怎么办呢?自然就要把异物和杂质清洗掉,所以就有了"种族清洗"这个词。最开始是设立专门的犹太人生活区,在当地隔离;后来把犹太人聚集起来流放到边缘地区;最后就是所谓的"终极解决方案",屠杀和灭绝。

这还不是全部。理性观念不仅在加害者一方起作用，在受害者一方也起作用。现在回头来看大屠杀这件事，会发现一个非常匪夷所思的地方：当时一共有600万犹太人被屠杀，600万人啊，为什么就没有出现组织化的反抗呢？在战争情况下，特别是在与苏联交战之后，纳粹军力非常有限，要镇压一场大规模的叛乱并不容易。实际上，当时不仅没有出现犹太人的大规模反抗，在大屠杀中甚至还有受害者的参与。

鲍曼认为，这种合作是经由一种策略实现的，就是纳粹对受害者理性计算心理的利用。大屠杀不是一个公然宣布的清晰计划，否则肯定会立刻爆发大规模的抵抗。当时的犹太人并不知道这是一场种族灭绝，直到最后一刻，很多人都以为自己有可能活下来。纳粹利用了这种求生希望，消解了可能的反抗。

比如，纳粹政府一开始说，特殊人才可以留下来，很多人就开始找各种渠道证明自己是特殊人才。你可以想象，有了可能的求生渠道，大规模反抗就很难组织起来。纳粹还设立"犹太人委员会"，招募犹太人警察，任命犹太人来管理犹太隔离区。

只要考虑到人的理性计算心理，就可以在给受害者提供选项的时候，调整其中的收益，去引导受害者合作。因为在受害者看来，如果能够保存一部分生命，总比全体被屠杀更好。恰恰是这种得失计算的求生希望被纳粹所利用。比如，你是选择到隔离区继续生活，还是立刻被逮捕？你是选择通过官方渠道积累功绩，用稳妥的方法保护家人，还是铤而走险去反抗？借助这样的策略，最终，纳粹在军力有限的条件下，以相当少量的纳粹官兵，依靠许多犹太人的"合作"，实现了这场大屠杀。

从实践到理念，再到历史中的疑点，在鲍曼完整而清晰的分析中，我们看到，大屠杀不是历史上野蛮状态的重现，也不是一场偶然的悲剧。大屠杀的许多关键要素都内在地蕴藏于现代理性之中。这场灾难，是现代理性如何变得与道德和人性完全背道而驰的一个历史力证。

不过，这并不是说大屠杀是现代社会的必然。就好比汽车比马车动力更强、速度更快，因此会导致过去难以想象的严重车祸，但并不意味着每一辆汽车必然发生重大车祸。我们要做的是正视和警惕灾难发生的可能。20世纪的思想反思的努力，就是为现代社会这辆高速行驶的汽车配备更好的安全装置。

在鲍曼看来，要防范像大屠杀这样的灾难，关键在于要坚守一种不可让步的、无条件的道德感，保持对他人的道德感知。

简单地说，就是永远别忘了你面前的人是一个人。

这话听着简单，但我们前面讲过，现代社会的底层机制中就存在着一种非个人化或者非人格化的特性。如何在这种特性中保持我们的道德感，这是现代人需要思考的严肃问题，也是现代社会要面对的一个艰巨的挑战。

> **思考题**
>
> 有一种看法认为，要做到像鲍曼所说的"保持道德感"，一个有力的方式是重视和发展自己的共情能力。你怎么看待这个观点呢？关于如何"保持道德感"，你有其它的想法吗？

20 | 阿伦特 I
大屠杀真的是"平庸之恶"吗

上一节讨论了英国社会学家鲍曼对纳粹大屠杀的研究,在20世纪,一位女性政治哲学家也针对这个主题做出了非常重要的研究。她就是1933年从德国流亡到美国的汉娜·阿伦特。她创造了一个概念叫"平庸之恶",流传很广。但"平庸之恶"这个词,被谈论得很多,理解得却很浅,很多时候其实是被误解了。

比如,许多人把"平庸之恶"理解成一种"螺丝钉理论",就是说普通人只不过是某个官僚系统中的一个螺丝钉或齿轮,只是服从程序、执行命令,所以冷漠地成为杀人机器的一部分。可是阿伦特自己明确表示不赞同"螺丝钉理论"。

还有的人把"平庸之恶"理解成大众导致的恶,经常说"雪崩发生的时候,没有一片雪花是无辜的",但阿伦特也不会赞同这种理解。因为如果你把责任推给所有人,泛泛地加以指责,那么就无法再追究任何特定个人的责任。阿伦特反对所谓"集体罪责"的观点,她主张应当追究个人的责任。

"平庸之恶"这个词,听上去很直白,但其中的内涵相当复杂深刻,也引起过很多争议。不过,探究这个概念,也是我们理解阿伦特思想的一个很好的切入口。

先亮出阿伦特的观点：在阿伦特看来，大屠杀是一种新颖而独特的现代罪恶。这和上一讲鲍曼的看法有点相似，都是认为大屠杀是一种过去不曾出现过的罪恶。但阿伦特分析的角度与内容和鲍曼相当不同，可能不如鲍曼那么清晰完整，但更为复杂，也更为深刻。

极端之恶与平庸之恶

很多人都听说过"平庸之恶"，但你可能不太知道，阿伦特还用过另外一个词来描述纳粹的暴行，听上去和"平庸之恶"完全相反，这个词就是"极端之恶"。阿伦特为什么会用两个完全相反的词来描述同一件事呢？她究竟站在哪一边呢，还是说她自相矛盾？

厘清这两个表述之间的关系，就是我们理解阿伦特的钥匙。

"平庸之恶"和"极端之恶"，在汉语中截然对立，很工整，但其实这里有一点翻译造成的误导。我们需要回到阿伦特的原文，去审视其中的差异。

"极端之恶"这个词是阿伦特在1951年出版的《极权主义的起源》这本书中提到的，是从康德那里借来的一个术语，英文是"radical evil"，"radical"意思是"根本的、彻底的、激进的"，"evil"就是"邪恶"，合起来就是"极端之恶"，这没什么问题。

那么"平庸之恶"呢？它是在十年之后的1961年，纳粹军官艾希曼受审的时候，阿伦特才提出的，原文是"banality of evil"。"banality"是平庸这个词的名词形式，所以这个词最准确的翻译应该是"恶的平庸性"。你注意到区别了吗？其实，阿伦特并不是说大屠杀是一种"平庸的"罪恶，她很明白地说过，纳粹的暴行是一种"极端之恶"。而阿伦特在纳粹军官艾希曼身上看到的，是一种"恶的平庸性"。

这就让人有点疑惑了，大屠杀这种暴行怎么可能既是极端的，又是平庸的呢？这不是自相矛盾了吗？还是说阿伦特后来改变了看法？在这个问题上学术界是有争议的。而我认为，这两个说法并不矛盾，它们是同一个主张的两个面向。

我们先来看"极端之恶"。"极端"是指什么呢？是因为杀死了600万犹太人，太过血腥残暴吗？的确非常残暴，但阿伦特所说的极端并不是指大屠杀的程度有多么严重。如果只是看程度严重的话，古代历史上早就发生过比这更大规模、更血腥的杀戮。

阿伦特所说的极端，不是程度上，而是性质上的。因为纳粹大屠杀呈现出一种独特的、前所未有的特征，那就是它"完全不可理解"。

为什么不可理解呢？过去对道德有一套传统的认识，康德有一句名言，"人是目的，而不仅仅是手段"。如果你把他人仅仅当作自己实现利益的手段，那就践踏了人的尊严，是不道德的。而纳粹大屠杀令人震惊的地方在于，纳粹不仅没有把犹太人看成是目的，甚至都没有把他们当作工具、当作手段。

古代的屠杀事件，要么是出于战争中军事或者经济方面的利益考虑，要么是复仇，即使是杀人取乐，至少也是为了"取乐"。但屠杀犹太人能带来什么，它不能给纳粹政权带来实际的好处，且不说从德国逃亡的犹太精英会带走多少技术和人才资源，单单是屠杀行为本身，就要额外耗费当时德国十分短缺的军事资源。所以当大屠杀的消息最初传到美国的时候，很多人、包括政界高层都认为这消息不可信。

换句话说，纳粹的动机不是出自人性的自私、贪婪、恐惧、复仇欲望或者施虐欲望，纯粹就是把犹太人看作是多余的东西。这不仅仅是否定了人的尊严，而是连他们可利用的工具性的价值都否定了。阿伦特认为，纳粹彻底否定了人类当中一部分人的生存价值，他们断定只有某些人才是人，否定了人类存在的多样性。而这在阿伦特看来，等于是要"根除人这个概念本身"。

这种恶已经超出了康德的道德哲学框架，也无法从"人能理解的动机"来解释。所以它和任何传统的罪行不同，是一种完全新颖的现代现象。这是阿伦特极为独特的观察视角；达到这样的深度，在整个20世纪的哲学家中都属罕见。这不只是因为她亲身经历了纳粹主义的兴起，更因为她有一种极为敏锐的哲学洞察力，捕捉到了这种新型罪恶的独特性。

理解不可理解的恶

但是阿伦特并没有止步于此，既然超出了过去的道德框架，那现在究竟要如何才能理解这种新颖的罪恶？什么样的人才会犯下这种极端之恶？难道他们是怪物、是恶魔吗？这个问题困扰了她很久。

后来，阿伦特在和自己导师的通信中获得了最初的启发。阿伦特的博士论文指导教师是大哲学家雅斯贝尔斯，他在给阿伦特的一封信中说，不能将希特勒看作恶魔，看成神话人物般的存在，必须看到其中完全平庸的性质。他说就像"细菌可以造成流行病的灾难，但细菌仍旧只是细菌"。阿伦特接受了这个重要的见解，她同意纳粹没有任何"恶魔般的伟大"。但当时她这个想法还比较朦胧抽象，直到15年之后，在报道艾希曼审判的时候，她才写下了更加明确的见解。

艾希曼是纳粹的一名高级军官，负责实施屠杀犹太人的所谓"终极解决方案"。二战之后艾希曼逃亡到阿根廷，1960年被以色列特工抓捕。1961年在耶路撒冷对他进行了刑事审判。阿伦特当时作为《纽约客》的特约记者赶赴耶路撒冷，旁听和报道了这个审判的全过程，最后她的报道结集出版，书名是《艾希曼在耶路撒冷》，副标题是"一份关于平庸的恶的报告"。

在这个报告中，阿伦特提出了一个见解，她在艾希曼身上发现了一种"平庸性"。在她看来，艾希曼并不是戏剧和小说中那种复杂而有魅力的反派角色，比如莎士比亚戏剧中的伊阿古、麦克白或者理查三世。艾希曼并不残暴，也不是恶魔。但他有"一种超乎寻常的浅薄"，"不是愚蠢，而是匪夷所思地、非常真实地丧失了思考能力"。这就是艾希曼身上的"平庸性"，实质上是一种"无思状态"（thoughtlessness），就是不思考。

这才是"平庸之恶"，或者说恶的平庸性的独特之处。通常我们谈论道德，一定免不了要涉及动机。要论迹（行为），也要论心（思想）。邪恶的人一定是有作恶的动机或者主观故意，犯下的恶行越严重，就说明他的意图越坏。但在阿伦特的分析中，我们看到了一种新型的罪恶，它不是从自身的邪恶动机出发的，而是因为放弃了思考、丧失了思考能力而作恶，是一种没有残暴动机的残暴罪行。

我们应当注意，要避免滥用"平庸之恶"这个说法。阿伦特这个说法绝不是指日常生活中的微小过错，或者是平常人可能犯下的小奸小恶。这个概念只适用于艾希曼这种犯下了"极端之恶"的作恶者，是在这种新型的"极端之恶"中，他们才体现出了"恶的平庸性"这个特征。她通过"恶的平庸性"来揭示丧失思考能力所犯下的极端罪恶，这是一种没有残暴动机的残暴罪行。

"极端之恶"和"平庸之恶"，其实是一体两面。纳粹大屠杀是一种极端的恶，但这种极端的恶，是经由一些"平庸"的罪犯犯下的。这些罪犯身上的这种"恶的平庸性"，其实质是不去思考，是丧失了思考能力。这从另一个角度解释了大屠杀研究中的难题：为什么寻常之人会犯下非同寻常的罪行。

于是，我们可以顺理成章地得出了一个结论，克服"极端之恶"的方法，就是无论在什么情况下，我们都应当保持自己的思考能力。

但问题还没有结束,让我们再往前一步:一个正常人怎么会不能思考呢?不能思考的话连生活自理都做不到,艾希曼显然不是那种情况。那么,阿伦特所说的丧失思考能力究竟是什么意思?一个人又怎么就会丧失了思考?又要怎么做才能保持住自己的思考能力?

"平庸之恶"其实不是一个答案,而是一系列更深入、更困难问题的开始。这就是我们接下来要继续探讨的问题。

思考题

你有没有思考过道德的"善恶"这个问题?在道德问题中,思考究竟占有什么样的位置,或者起到什么样的作用呢?

21 | 阿伦特 II
怎么才能不变成坏人

阿伦特认为"平庸之恶"是丧失思考能力的结果，这个诊断看上去很简洁，但细究起来会带出很多麻烦。比如，人怎么就会丧失思考能力？丧失的是哪一种思考能力呢？阿伦特的作品《艾希曼在耶路撒冷》出版之后，引起了很多争议，争论的一个焦点就是"思考"和"善恶"的关系，这也成为阿伦特生命最后十年中反复求索的问题。

对于这个问题的探索是一条崎岖的道路，每提出一个回答，又会引发出新的难题。在生命的最后几年，阿伦特有一个计划，就是写作《精神生活》三部曲，第一部是《思考》，第二部是《意志》，但她刚刚开始写第三部，就因为突发心脏病去世了。人们发现了留在她打字机上的最后一张纸，纸上只有一个标题："Judging"，意思是"判断"。可惜她永远无法完成这部著作了。

但这个标题正好为我们提供了理解阿伦特的一个线索。在我看来，阿伦特最后思考的一个关键要点就是"判断"，更准确地说，是"独立判断"。就让我们把这个词当作火把，跟随阿伦特走过这段思考之路。

思考的含义：独立判断

阿伦特为什么会说，艾希曼"匪夷所思地丧失了思考能力"呢？要知道，艾希曼当时在法庭上侃侃而谈，甚至引用康德的名言为自己辩护。他说自己是履行职责、服从法律，因为在德意志第三帝国，"元首的命令是当前法律的绝对核心"，所以他不仅是服从法律，还是让自己的意志与"法律背后的原则"相统一。这样才符合康德的哲学。

这种口才，恐怕会让很多不善辞令的人深感自愧不如。那么，阿伦特为什么会说艾希曼"浅薄""丧失了思考能力"呢，这到底是什么意思呢？

阿伦特的意思，并不是说艾希曼愚蠢，或者说他是在撒谎，而是说艾希曼满嘴都是套话，让自己陷落在陈词滥调之中。他又把这些陈词滥调当成自己的盾牌和武器，用它们来抵挡现实，拒绝真正的思考和对话。艾希曼虽然能够引用康德，但在阿伦特看来，这种引用简直"令人发指而且不可理喻"，因为康德所讲的道德，恰恰与独立判断密不可分。

这里我们就发现，阿伦特说的思考能力，实际上是积极思考、获得独立判断的能力，我们依靠这种思维品质才能摆脱套话和陈词滥调，对是非对错做出自己的判断。

现在，人人都会宣称独立判断很重要，这本身似乎也成为套话了。但你是否明白，独立判断的重要性究竟何在呢？阿伦特的回答是，因为在现代社会，只是服从主流规则，已经不再能够防止人们作恶。

阿伦特注意到一个事实：在德国最早支持纳粹兴起的人群并不是社会底层或者边缘人群，而是艾希曼那样的，有文化、有教养的所谓"值得尊敬的人"。正常的社会中，这样的人一般不会去犯罪，因为"不能杀人"是公认的道德法则。但是，纳粹建立了新的法则，重新定义了道德：只要是为了种族利益，杀人也能成为一种"道德义务"。那些所谓"值得尊敬的人"竟然很容易就接受和适应了这个新法则，结果导致了前所未有的道德灾难。

在阿伦特看来，大屠杀的灾难表明旧有的道德模式已经失效了。传统的道德学说着眼于习俗、习惯和规则，道德教化就是让人循规蹈矩，能遵守道德规则就是有道德的人。但20世纪的历史让我们看到，传统的习俗和规则完全可以被颠覆。在纳粹德国就出现了这种新的现象：人们依法作恶。

在这种情况下，艾希曼将康德的道德律令篡改为"第三帝国的绝对命令"，不再是根据康德的"实践理性"做出自己的道德判断，而是要"按照得到元首赞同的方式来行事"。因此，纳粹德国进入了一个新时期，就是"依照国家法律而犯罪的时期"，这让人们处在一种极为严酷的道德困境中：遵纪守法可能迫使你去犯罪作恶，而行善可能要求你违抗法律和规则。

正是针对这种困境，阿伦特主张，传统的道德法则和教化已经不能促成真正的道德思考。道德的真正含义不是循规蹈矩，而是做出自己独立的是非对错的判断。

独立判断的艰巨性

现在我们得到了一个答案，那就是要保持独立判断，反对盲从。这个答案听上去好像没什么深奥的，很清晰，但它是一项在理论上和实践上都相当困难的要求。

首先，"独立"不等于"正确"。循规蹈矩是有章可循，但如果你要独立判断，就得抛弃对既定规则的服从，自己确立标准，自己给自己立法。而在前面的章节中我们已经知道，现代性的根本困境之一是它瓦解了传统的价值规范，却无法建立起新的普遍有效的价值标准。因此，盲从是危险的，但独立判断也无法担保正确，还要面临巨大的风险。阿伦特对尼采的思想有非常透彻的理解，但她不是道德虚无主义者。她明确指出，道德思考没有通则可循，独立的道德判断是艰巨的任务。

结果，独立判断就成了一件责任风险极大的事。如果你循规蹈矩，做对了当然好；做错了，你也能很方便地为自己辩护："这不怪我，规矩就是这样定的"或者"大家都是这样做的"。也就是说，有无数人和你一起分担错误的风险，躲藏在人海之中的你实际上是匿名的；即便出错也可以指望"法不责众"来逃避责任。

可是如果坚持独立判断呢？你就是面目清晰的个体，你无法将判断的责任推诿给众人，也无法诉诸通用法则；因此你的责任是可辨识的，也是可追究的。做对了，那是应该的；做错了，就是你自己导致的。你没有任何托词，没办法推给规矩，也没办法躲到"法不责众"的后面，你必须为自己承担全部责任。

你看，保持独立判断，说起来很简单，实际上这个任务太艰巨了。一个清晰的答案，带出了更难的问题：我们到底应该如何做到独立判断呢？

对于这个难题，阿伦特也没有给出完整的解决方案。但她提出了一条线索，她提示我们：尽管这件事很难，但仍然有人做到了。那我们就去看看这些人是如何做到的，从他们身上寻找启示。

阿伦特提到过两个例子：第一个是一名普通的德国士兵，名字叫安东·施密特。他虽然没有多大权力，却尽了自己的力量帮助犹太人逃亡，为他们提供可以逃命的证件和交通工具，最后这位士兵被纳粹逮捕，审判处决了。

另一个例子是集中营里的一名医生，名叫弗朗兹·卢卡斯。为了救助奥斯维辛的囚犯，他从党卫军的药房里偷药品，用自己的钱给囚犯买食物，想方设法从毒气室中救下一些人。战争结束后，他也被送上了审判纳粹的法庭，当艾希曼这样的人在大言不惭地为自己辩护时，卢卡斯医生却认为自己是有罪的，他说他无法从集中营的经历中平复自己。

阿伦特问道：士兵施密特和医生卢卡斯这样的人，他们与艾希曼的区别究竟在哪里？

据施密特的朋友说，他是一个寡言笨拙的男人，没有什么哲学气质，也不怎么看书读报。纳粹审判施密特的时候，他的律师为他辩护说，救助犹太人是为了给国防军保存劳动力，但施密特本人却否认了这个辩护理由。他坦言自己帮助犹太人就是为了拯救他们的生命。结果施密特被判了死刑。临刑之前，他给自己的妻子写了最后一封信，信中写道："亲爱的妻子……请原谅我，我只是作为一个人类来行事，我不想伤害别人。"

阿伦特认为，施密特和卢卡斯这样的人始终要求"忠实于自己"，他们做出独立判断的前提是始终保持"与自己相处、与自己交谈的倾向"。他们选择不作恶，不是为了服从于纳粹之外的某个戒律，而是因为他们无法接受作为杀人犯的自己，他们不愿意与这样一个自己共存。为此，他们甘愿承受危险、甚至付出生命。

在阿伦特看来，这种独立判断的典范在西方思想的源头中就存在，那就是苏格拉底。苏格拉底说过"宁可自己遭受冤屈，也不愿行不义"，这样他至少能够与自己和睦相处。达到这样的境界并不要求有多么高深的知识，多么聪明的头脑，只是要求你始终过一种自我反思的生活，不断与自己的内心对话。这就是所谓"道德正直"，英文就是"moral integrity"，"integrity"这个词最初的含义就是"完整一致"，后来用来形容一个人品德高尚。因为这样的人能够坦然面对自己，不用规矩和套话来自我欺骗，保全了自己人格的完整。

现在，让我们回到阿伦特在临终时刻写下的那个标题，"判断"。独立判断究竟要怎么做？阿伦特曾经说，"就各种特殊情况做出判断而言，没有什么恒常的通行标准，也不存在什么确定无疑的规则"。我们只能在具体的处境中，冒着风险，真诚地去做出自己独立的判断，并为此承担责任。这是现代社会的公民格外艰巨的道德任务。

我自己阅读阿伦特的作品有近30年了，在过去15年，每年都要给研究生讲解阿伦特的政治思想，每一次我都会重读她的作品。我感到阿伦特的思想非常令人着迷，也令人困惑，因为她的思考是未完成的、探索性的，从未给出完整的答案。但也许这本身就是一个答案：它要求我们必须和阿伦特一同思考，必须自己来思考；如同苏格拉底那样，用思考恢复我们作为人的存在本质。

思考题

你有没有过在承受巨大压力的情况下，坚持做出自己独立的判断的经历？后来的结果又是怎样的呢？

22 | 波普尔 I
科学是怎么被重新定义的

在讨论阿伦特对于道德问题的反思的过程中,我们发现单凭理性很难应对道德困境。前文我们也说到过,理性无法单独解决价值难题。你看,在人类三大永恒的主题,真、善、美之中,好像只剩下"求真"这件事,理性传统还能守住自己的阵地。毕竟,搞科学研究,总归还是理性最擅长的事情。

但这一小节我们要讲的思想家卡尔·波普尔对这块阵地也发起了冲击。在科学活动中,理性难道就没有局限吗?波普尔的质疑直接指向了科学理性本身,他的思想成果改写了启蒙传统下的科学观和真理观,影响极其深远。

这种影响还不仅发生在科学领域。很多人都知道波普尔是科学哲学家,但他还是一位政治哲学家。你会不会觉得有点跨界?其实他的政治理论和科学哲学一脉相承,有一个贯穿始终的洞见:人类是容易犯错的物种,这是人类固有的特征。不管是在科学还是在政治经济活动中,我们都摆脱不了"可错性"(fallibility),就是说人永远可能会犯错。这在今天已经是常识了。

但很多人都不知道,这个常识,包括人们常说的"试错"方法和"纠错"机制,是经过一番惊心动魄的论辩之后才成为常识的。这很大程度上要归功于波普尔的贡献。

接下来这两节内容,我就要带你探索波普尔思想的来龙去脉,看他是如何改写了启蒙理性的思想传统。

什么是证伪主义

先来讨论波普尔最著名的"证伪主义"理论，它可以概括为一句话：科学理论的标志不是它能够被证明是对的，而是它可以被证明为错的。这种概括基本正确，但容易引起误解，好像波普尔是在主张，科学事业追求的不是证实而是证伪，科学家好像都变成了"独孤求败"的武林大侠。这太匪夷所思了，天下哪有这种自找麻烦的科学家呢？

科学家当然会努力证明自己的理论是正确的，波普尔也从不反对这一点。但他进一步追问：科学中所谓"正确"究竟是什么意思？

波普尔给出了回答：科学的正确永远是一种不彻底的正确。要理解这个"不彻底"，我们可以回到波普尔思想的起点，看看他是怎么思考这个问题的。

1919年，也就是波普尔17岁那一年，有这样两件事对他产生了深远的影响。

第一件事，波普尔遇到了精神分析学派的大师，阿尔弗雷德·阿德勒，成为他的助手。但他很快发现，精神分析学不管遇到什么样的事实证据都能自圆其说。比如，一个人把别人推到河里，这是他性压抑的表现；如果这个人把一位溺水者救上岸，又可以解释为性压抑的"升华"。你看，无论发生什么，性压抑理论本身都不会出错。这种总是正确的理论是真正的科学吗？波普尔产生了怀疑。

第二件事，也是在1919年，波普尔开始热衷于爱因斯坦的理论，两年后他还去听了爱因斯坦在维也纳举办的讲座。广义相对论刚提出的时候，只是一个理论猜想。为了检测这个猜想，爱因斯坦提出了三个推论。他表示，根据其中一个推论，在日食的时候通过观测太阳附近的光线，就可以来检验广义相对论的预测究竟对不对。

1919 年，检测的机会来了。在 5 月 29 日的日全食中，英国科学家观察到了光线在引力场中的偏折现象，这符合爱因斯坦的预测，广义相对论第一次得到了经验证明。这个事件轰动了整个世界。但让波普尔感到震撼的不是实验结果，而是爱因斯坦本人的态度。

在实验之前，爱因斯坦明确表示：首先，如果观察的结果和理论预测不符合，那广义相对论就错了。而且，即使观察结果符合理论预测，也不意味着广义相对论就是绝对正确、无法超越的理论。

爱因斯坦当然不希望自己的理论被否定，但他不仅没有回避经验检测，还明确提出了被经验证伪的可能，而且他绝不言称自己的理论是真理。这种态度与精神分析学派的理论家形成了鲜明的反差，让波普尔无比钦佩。他认为这种理性批判精神才是科学家的典范。

这里我要强调一下，波普尔并不是说科学理论必定会被证伪，而是说理论本身必须包括"经验上被证伪"的可能性——你不能事先就排除了任何出错的状况。

我和"得到"App 的创始人罗振宇聊起这个话题的时候，他举的一个例子就非常好。他说有两种关于地震的理论：根据第一个理论，大地被一头大象驮在背上，大象一崴脚，人间就会发生地震。这个理论很离谱吧？但这个理论是可以被证伪的：只要挖到地底下，看下面是不是有一头大象就行了。这当然是一个错误的理论，但却符合科学理论的条件。而根据第二个理论，说地震是阴阳失调引起的，而且它有一套非常系统的论述，能讲出很多道理。但是呢，你就是没办法检测这个理论。这个理论哪怕是正确的，也不是一个科学的理论。

所以，一个理论算不算科学理论，首先不是看它的对错，而是要看它是否能够接受事实的检测，是否可能被证伪。波普尔认为，这才是区别科学与非科学理论的试金石，他把这叫作"可证伪性"。在这个意义上，一个科学理论就不会是"彻底正确"的，因为它自身就包含着被证伪的可能。

科学发现的逻辑

但波普尔说的"不彻底的正确"，还有更深层的含义。

刚才讲到爱因斯坦还表达了一个想法：即使观察结果和理论一致，也不能证明理论就是绝对正确的。波普尔从中得到了启发，意识到证实和证伪是不对称的。什么意思呢？你看，一个理论被证实一百次、一千次、一万次，也不能证明它绝对正确，但只要被证伪了一次，它就被推翻了。

这种不对称性，就对科学传统的"归纳法"构成了挑战。

所谓归纳，就是从已知的事实中总结出普遍的规律。比如看到一只天鹅是白色的，一百只、一千只、一万只天鹅都是白色的，于是就归纳总结出一个普遍命题：凡是天鹅都是白色的。但其实谁都无法保证，会不会在某一天遇到一只黑天鹅。

这个问题其实由来已久，从哲学家休谟到罗素都质疑过归纳法的可靠性。罗素很幽默，他说，一只每天被主人喂食的鸡，怎么也归纳不出有一天自己会被拧断脖子。维特根斯特也曾说过，我们之所以采用归纳法，是因为它是和我们的经验相协调的最简单的规律，但它并"没有逻辑基础，只有心理学的基础"。

但是问题来了：如果归纳法不可靠，那怎么解释科学知识的成长机制呢？难道要把被反复验证过的科学知识全部推翻吗？

波普尔提出了一个解释方案，妥善处理了这个麻烦。波普尔说，传统观点认为，科学发现是靠归纳，就是观察事实—归纳理论—证实理论。其实并非如此，科学发现的逻辑应该是这样：先提出问题，然后针对问题提出理论猜想，再用事实证据来检测这个猜想。如果检测和猜想相符，就保留这个猜想。如果一直没有反面的证据，就一直维持这个猜想的暂时有效性。如果出现了反面的证据，我们就放弃这个猜想，构想新的理论，进入下一轮检测。科学发展就是一个猜想与反驳的不断试错的过程。

这样，波普尔就重新定义了科学发展的逻辑，用经验检测的"可证伪性"代替"可证实性"，用"问题—猜想—反驳"的"试错机制"代替"观察—归纳—证实"的"实证机制"，这就对科学发展提出了新的解释。

这也意味着，科学无法达到绝对真理。很简单，如果一个理论始终都没有被证伪，能不能说它就是真理了呢？不能。因为没有人能保证未来不会遇到反例，不会遇到那只黑天鹅。所以，就算某个理论猜想碰巧是永恒正确的，我们也无法确认这一点，因为未来有待检验的案例是无限的。在这个意义上，科学永远只能获得暂时的正确性，这就是"不彻底的正确"的深层含义。

波普尔就这样改变了我们对科学的理解。科学理论不是真理的代名词，只是一些尚未被证伪的假设。

在波普尔看来，科学是一种特定的认知方式，但并不是启蒙传统以为的那样，能够在思想领域一统天下。有些思想传统虽然不是科学，但本身有丰富的意义和价值，有些还可以成为科学猜想的灵感来源。比如宗教、神话和形而上学，包括之前说到的精神分析学，都属于这一类。

所以，波普尔其实是科学至上论的批判者。在波普尔的词典里，"科学"并不是"有意义"或"有价值"的同义词，也不是"正确"或"真理"的代名词。

那么，当这种思想延伸到社会政治理论时，又会呈现出怎样的形态呢？当科学哲学家波普尔转过身，展现出政治哲学家的一面，我们又会看到怎样的洞察呢？

思考题

在生活中我们常常会说，这是"科学的"或者那是"不科学的"，在这种日常用法当中，"科学"究竟是什么意思，这种用法是否合适呢？

23 | 波普尔 II
为什么人类不能创造出完美社会

在理解了卡尔·波普尔的科学哲学思想以后，你会发现，即使是在科学的领域，理性所能达到的"正确"也只是一种"不彻底的正确"。当波普尔把这个思考延伸到社会政治领域，就形成了他更为基本的哲学思想，叫作"批判理性主义"（critical rationalism）。

这个术语看上去有点高深，其实并不难懂，简单地说包含两句话："人类有理性，理性有局限。"

批判理性主义

在波普尔看来，我们人类是一种"问题求解"的动物，无论是科学研究还是社会活动，都是这个模式：遇到问题，寻求解决方案，找到方案获得进展。但我们无法找到一劳永逸的完美解决，因为解决方案本身总会遇到新的问题。这个"问题求解"之旅就永远没有终点，是一种"无尽的探索"。《无穷的探索》就是波普尔思想自传的书名。

举个例子，为了解决堵车问题，我们修了更多的公路，但是路多了，买车的人就会更多，结果路上反而变得更堵了。我有一个北京朋友跟我说，高速公路就是让我能迅速赶到下一个堵车点。在人类历史中，类似的事情实在是太多了。

波普尔就是从这种问题求解的模式中，总结出了"批判理性主义"的思想。他用这个词，是想同时强调理性的作用和理性的自我批判，或者用波普尔的话来说，就是理性及其可错性。

理性体现在我们能够找到解决问题的办法，可错性体现在，人类的办法总是不完美的，总会出现新的问题。人既是理性的动物，又是会犯错的动物。所以人类总是会一边进步，一边犯错，再从错误中学习。我们总是能够向前迈进，但又永远无法抵达绝对的真理。

在科学领域，波普尔从批判理性主义的思想出发，提出了证伪主义理论，用"问题—猜想—反驳"的三要素机制解释了科学知识成长的逻辑，同时拒绝了科学至上论。到了社会政治领域，批判理性主义要拒绝的，就是所谓"乌托邦社会工程"的理念。这是波普尔社会政治理论的核心。

乌托邦社会工程与历史决定论

什么是"乌托邦社会工程"呢？简单来说，就是认为人类可以依靠自己的理性，按照某种预定的蓝图去改造整个世界，创造出完美的社会。波普尔认为，将这种社会工程的理念付诸实践，往往会导致灾难性的后果。

你也许要问了，不对吧，生活中一直有各种各样的社会工程啊，所有国家都会有社会发展规划，像是城市规划、道路规划等。没有规划工程，社会怎么能发展呢？

波普尔当然不是反对一切社会工程，他批判的乌托邦社会工程有一个鲜明的特点，就是"整体主义"。这是一种空间维度和时间维度上的全方位规划：

在空间上涵盖了所有社会领域，大到国家制度的设计，小到一个家庭的形态，几乎无所不包；而在时间上则是由近到远地设计长久的规划，延伸到遥远的未来，直到人类社会最终的理想状态。乌托邦社会工程具有这种全面而久远的整体性特征，所以他有时候也称其为"整体主义社会工程"。

那么，整体主义的规划工程有什么问题呢？那就是低估了可错性。比如，你想为一场考试做一个复习计划，那当然没问题。因为这是个局部的、短期的计划，出了错也很容易变通调整。今天进度没完成，明天少玩一会儿手机，就补上了。但如果你要制定一个整体的人生计划表，从毕业工作到事业发展，从恋爱结婚到孩子教育，把一辈子的大事小事全都安排好，这种环环相扣、万无一失的规划肯定就行不通了。

社会也是如此。在波普尔看来，想要覆盖一切、规划一切的乌托邦社会工程不可能成功。但为什么还有人会去信奉这种不切实际的规划工程，甚至付诸实践呢？

因为这背后有一种观念非常迷人，叫作"历史决定论"。就是认为历史是被一套规律所决定，向某个确定的目标发展，最终会实现这个确定的目标。也就是说，历史发展是被一套铁的规律所决定的，因此被称为"历史决定论"。

你可能会说，人有主观能动性啊，我们的主观努力能不能改变这种规律呢？而按照历史决定论看法，主观努力只能发挥有限的作用，只能促进或者拖延这个历史进程，但无法改变历史发展的规律。那么，社会科学的任务就是去发现这种规律，并且预测历史发展的未来，从而制定最完美的蓝图来整体性地改造社会。

在 20 世纪的西方思想家当中，波普尔是批判历史决定论的先行者，也是影响最大的代表人物。早在 1936 年他就宣读了一篇论文，对历史决定论的各种形态做出分析和批判，后来经过扩展和修改，在 1957 年成书出版，书名是

《历史决定论的贫困》。他的分析论述涉及许多哲学讨论，我们无法展开讲解，只谈其中两个主要论点。

首先，波普尔认为，我们并不能发现那个历史发展的铁律，或者说人类社会发展的绝对真理。你想，如果在自然科学领域，人们都无法找到永恒的真理，那么对于更为复杂、变量更多更不可控的人类社会，就更不可能找到所谓绝对正确的法则了。

其次，人类社会还有一个特点，那就是人类的知识本身就是影响历史发展的一个重要变量，因此历史进程无法被决定，也就无法用科学方法来预测。

这是什么意思呢？举个有趣的例子，有人说，如果马克思把自己的著作都藏起来不发表，说不定现在资本主义已经灭亡了。可惜马克思把他的理论公布于世，资本主义的内在矛盾就完全被揭露了，成了全人类的知识。工人阶级去学习，但资本家也可以学习。他们意识到了改良资本主义的必要性和紧迫性，提高工人的工资和福利，改善他们的劳动和生活条件，这样一来就缓解了劳资矛盾，改变了，或者说至少是延缓了资本主义灭亡的进程。

所以在波普尔看来，一方面，我们并不能找到历史发展的绝对规律，另一方面，人类知识的增长本身也会改变历史的进程。历史决定论在根本上就是无法成立的。

波普尔还有一本两卷本的巨著，在1945年出版，详细分析考察了历史决定论在思想史上的发展，书名叫作《开放社会及其敌人》。其中有一个观点，认为信奉历史决定论会在思想上把社会发展的可能性封闭起来，塑造一个"封闭社会"的意识形态。而与封闭社会相对立的是"开放社会"，就是以开放的态度接受理性的批判。

那么，"开放社会"的发展是否需要自己的社会工程呢？是的，但不是整体主义的构成，而是波普尔倡导的所谓"零星社会工程"（也译为"渐进社会工程"），就是对传统做出渐进温和的改良，防止激进的革命，通过不断尝试和纠错机制来实现社会发展。

我们来对比一下，波普尔支持的渐进社会工程，和他反对的乌托邦社会工程有三个重要的区别：

第一，前者着眼于克服最紧迫的恶，而后者是要追求最终极的善。

第二，前者要寻求改善人们命运的合理方法，而后者也许有着极其善良崇高的意愿，但在实践中却可能加重了现实的苦难。

第三，从历史上看，渐进式的改良基本上能够成功，而试图整体性地创造乌托邦的规划，基本上都会引发悲剧，最终背离了自己当初的蓝图目标。

所以波普尔会说，"缔造人间天堂的企图，结果总是造就了人间地狱"。他认为20世纪历史留下最深刻的教训之一，就是要警惕历史决定论的神话，防范"乌托邦社会工程"的实践。

卓越而速朽的思想家

我们看到，波普尔在科学方面反对科学至上论，在社会政治方面反对历史决定论和乌托邦社会工程。这两个方面一脉相承，都在反对过去启蒙理性主义中的绝对真理观。所以在我看来，波普尔最突出的成就就在于，他推动了启蒙理性主义的改造升级。

我们知道，启蒙理性主义创造了无数伟大的成就，但它也繁衍出科学至上论和绝对真理观的倾向，这种倾向在20世纪初愈演愈烈。当时在思想界，对这种倾向的批判很弱势，被当成是异端。波普尔的出现改变了局面，他从处理科学内部问题入手，颠覆了科学至上论，受到爱因斯坦等著名科学家的赞赏；后来他的工作又进一步延伸到社会政治和历史的思想领域。不过，波普尔的批判并不是要颠覆整个理性主义传统，而是要修复和升级这个传统，最终形成了"批判理性主义"。

在这个意义上，他既是启蒙传统的批判者，又是继承者。波普尔独特的思想和雄辩的风格，推动了思想史上的这次转折。当年的异端思想，今天已经成为常识。人们对这些理念习以为常，很少意识到，背后有一次真理观和历史观的转折改变。

对我个人来说，波普尔有着特殊的意义。30多年前，正是通过阅读他的著作，我从理工科转向了人文社会科学领域。在2004年，波普尔去世十周年的时候，我写过一篇纪念波普尔的文章，其中说道，波普尔是一位"卓越而速朽的思想家"。他在世的时候获得了非常显赫的声望，去世之后却迅速被人淡忘。波普尔在伦敦政治经济学院执教长达23年，结果在他逝世以后，他生前用的办公室并没有变成一个纪念馆，而是被改建成了一个厕所。难道说，波普尔已经过时了吗？

在我看来，如果说波普尔的名字被遗忘了，他的思想被看成是人尽皆知的常识，那么这种遗忘恰恰体现出他成就的卓越。但如果有一天，人类忘记了历史的教训而重蹈覆辙，也许就会再次想起波普尔的告诫和提醒：理性是有局限的，要警惕科学的自负和决定论的危险。

思考题

你怎么理解"理性的局限性"呢？像这样的说法，"现在还有很多科学解释不了的事情，所以不用太在意科学给出的解释"，它和波普尔所说的"理性的局限性"是一个意思吗，你是怎么看待的呢？

24 | 哈耶克 I
没有设计规划，能够形成秩序吗

我们接下来拜访波普尔的一位好友，弗里德里希·哈耶克。他比波普尔年长三岁，他们都出生在奥地利，最后也都是在英国功成名就。波普尔曾在写给哈耶克的信中说："我从你身上学到的东西可能超过所有其他在世的思想家。"

哈耶克是著名的经济学家，他和另一位著名的经济学家凯恩斯有过一场著名的辩论，持续了 20 多年，被称为"世纪之辩"。哈耶克还获得了 1974 年的诺贝尔经济学奖，声名远扬。但你可能不知道，他还是一位政治理论家。

哈耶克一生中从事的大部分研究并不是严格意义上的经济学。从 1950 年到 1962 年，哈耶克在美国芝加哥大学工作，但并不是在经济学系，而是在著名的"社会思想委员会"[①]担任教授。在我看来，哈耶克首先是一位社会思想家，只有了解了他的社会政治理论，你才会真正懂得哈耶克的思想。

哈耶克的思想非常丰富，甚至有些庞杂，但我们可以找到一个最重要的概念作为抓手，这个概念就是哈耶克提出的"自发秩序"（spontaneous order）。

---

① 芝加哥大学经济史教授约翰·内夫在 1942 年创立的学系，主要培养人文社科方向的研究生。

自发秩序

我们知道，人类社会有许多规则，规则组合构成了社会秩序。那么规则和秩序是从哪儿来的呢？有人认为，这都是人类有意识地设计和创造出来的，换句话说，社会秩序是人类理性的造物。但是，哈耶克反对这种观点。他说，除了人为设计出来的秩序之外，还存在自然生成的规则、自发演化出来的秩序。哈耶克把这种秩序叫作自发秩序。

这里要特别提醒你一句：哈耶克不仅提出了自发秩序这个概念，他还明确表示，"自发秩序"更为优越。理解自发秩序的含义，以及它的优势何在，是学习哈耶克思想的关键。

那么，到底如何理解"自发秩序"这个概念呢？我给你讲三个例子，都是哈耶克本人用过的。

首先，一个最直观的、最"纯天然"的例子，就是"乡间小路"。一开始，田野上并没有路，每个通过这里的人，都会走一条自己认为最好的路线。一条路线只要有人走过，别人就更有可能沿用这条路线，当然后来的人也可能选择自己喜欢的新路线。过路的人多了，田野上就会浮现出一条反复被人采用的路线，这条路会变得越来越清晰，最后就形成了我们看到的乡间小路。

哈耶克解释说，乡间小路的形成当然是人们有意识选择的结果，但它是许多个体分别选择、然后自然叠加形成的。它不是由哪个权贵有意设计出来的，也没有经过集体商议和规划。这条小路在许许多多的个体选择中慢慢浮现出来，是一种自然演化的结果。

乡间小路给我们带来的启发在于，即使没有任何全面组织、理性规划，没有任何权力和政府的强制介入，也能自发产生出秩序，这种自发秩序有一个鲜明的优点，就是在秩序建立的整个过程中没有强制，也没有伤害任何个人的自由。

当然，乡间小路是非常原生态、规模很小的自发秩序。如果把范围扩大到整个社会，情况会怎样呢？哈耶克又举了两个例子。

一个是语言，这是一个特别典型的自发秩序。语言本身是人类活动的产物，其中存在着规则，就是语法。但如果要问，究竟是谁创造了语法规则呢？你几乎找不到有哪种通用语言是被人专门设计出来的。语言规则，基本上都是在自然演化的过程中逐渐形成的。

如果你想人为创造一种语言，就算设计得很精致，也很难成功。比如，有一种语言叫作"世界语"，最初是由一位波兰语言学家提出创立的，世界语的语法很严谨，语音也很优美，它是一个完全由人为设计的语言，当初还形成了一个世界语的运动，但它最终也没有成为一门有生命力的通用语言。

当然，语言的历史太过古老，其中也有很多原生态的成分。那如果我们再往前推一步，在更加依赖人为设计的规则系统里，有没有自发秩序存在呢？哈耶克又举了一个例子，就是法律。

法律是一种规则性和系统性很强的规范秩序，有严格的法律文本、严密的司法解释，还需要专业人士来实践和运用。这样一个高度规范和专业化的系统，难道也有自发演化形成的可能吗？难道不是一群立法者反复研究讨论，制定法律条文，然后由立法程序通过，法律才能诞生吗？这难道不是完全人为设计出来的秩序吗？

哈耶克说，并非如此，把法律当成完全人为设计的产物，这是非常片面的看法。他指出，在法律能够被成文表达出来之前，社会中已经积累了很多不成文的规范，比如"欠债要还钱""伤害要赔偿"等。而立法者的工作首先就是把已经自发形成的规则表达为规范而明确的法律文本。当然，司法实践会对原有的规则做出加工、改造和完善，但不会重新去系统性地设计整个法律规则。英国的普通法体系就是一个典型的范例。

从乡间小路、语言和法律这三个例子中，我们看到，无论是原生态的规则，还是高度依赖人为设计的规则，其实都存在着自然生成演化的秩序，也就是哈耶克所说的自发秩序。

不过，哈耶克并没有把人为因素从秩序的生成中彻底排除出去，因为人有意图、要做规划和选择，这也是自然和自发的。就像在乡间小路的故事中，每个人都做出了选择，乡间小路最终才得以形成。但每个人的选择并不是一个系统规划，而是提供多种可能的选项，然后在类似"优胜劣汰"的自然选择机制中形成了秩序。所以哈耶克把自发秩序看作是"自然演化"的结果，他并不排斥人为因素，但反对把人为设计的意图过度拔高，上升到对社会秩序的整体性规划。哈耶克的核心观点，可以概括为"有意栽花花不发、无心插柳柳成荫"。

继承苏格兰启蒙传统

说到这里，你是不是会想到波普尔？因为我们在之前提到过，波普尔也反对整体性的规划。不错，波普尔和哈耶克算是志同道合的好友，在学术谱系上有重要的关联。在我们的思想之旅中，这两位思想家是两道相邻的景观。回到西方思想史的大图景，哈耶克和波普尔也都属于启蒙主义传统的一个旁支。

谈及启蒙运动，我们都会想到伏尔泰、卢梭等百科全书派的法国思想家，他们代表的是启蒙思想的主流传统：相信人类理性的优越性，相信人类能够发现和掌握关于自然与社会的真理，绘制出未来发展的蓝图，实现不断的历史进步。

但是，启蒙传统并不是铁板一块，它还存在一个重要的分支，就是亚当·斯密和大卫·休谟代表的"苏格兰启蒙运动"。他们的观点和法国启蒙思想家有所不同——他们在承认理性的重要作用的同时，反对"理性万能论"，反对那种好像人类的理性可以扮演新的上帝,去改造和规划世间的一切的观点。苏格兰启蒙运动倾向于把理性看成一种怀疑、反省和批判的能力,而不是掌控一切的能力。

了解了这个思想史的大图景,你就明白了,哈耶克和波普尔不是偶然相似,他们都继承了苏格兰启蒙运动的思想,用审慎和批判的态度去质疑主流的启蒙理性主义,特别是要批判那种认为理性能够认识一切、规划一切的独断论。这种独断也被哈耶克称为"理性的自负"。

我们今天注重批判性思维,很少再有人相信"理性无所不能"。但是,批判理性的观念在20世纪之前都不是思想界的主流。直到20世纪,经过了一系列历史事件和思想界的一次次辩论,苏格兰启蒙这个启蒙传统的旁支反过来改造了启蒙传统的主流,形成了今天的这种常识。

在哈耶克看来,人类20世纪历史中的很多灾难,正是理性的自负所造成的。理性的自负究竟为人类带来了怎样的现实呢?我们留到下一节讨论。

思考题

在生活中你还见到过哪些例子,符合哈耶克所说的"自发秩序"?

25 | 哈耶克 II
"理性的自负"为什么很危险

我们曾提到,所谓"理性的自负",是指对人类的理性能力抱有过度的信心,相信理性能获得几乎完美的知识,从而构建出完美的社会规划,实现理想的人类生活。

哈耶克的这个概念有着非常强的现实针对性。在 20 世纪,西方思想面对的两大核心问题就是,如何解释纳粹德国的灾难和苏联模式的失败。哈耶克正是依据"理性的自负"这个概念对这两大问题提出了自己的解释。

纳粹与苏联的历史和"理性的自负"有什么关系呢?哈耶克的回答有什么特别之处,又对后世产生了怎样的影响呢?这一节我们来讨论这几个问题。

理性的自负

事实上,哈耶克用"理性的自负"来解释德国和苏联的历史,这是不同于当时主流看法的另类观点。

在二战后期,西方主流观点认为,纳粹德国和苏联是两种截然不同的社会经济模式;苏联是超理性的,而纳粹是非理性的,两者相距甚远。但哈耶克认为这两种模式的病根是同源的,都来源于"理性的自负"。具体表现就是,在经济领域中推行计划经济，在社会规划中依赖高度理性化的系统设计。

哈耶克在1944年出版了他的名著《通往奴役之路》，其中对苏联计划经济模式的批评已经非常有名了。但很多读者往往忽视了一点：这本书中还专门探讨了纳粹主义的思想起源。在此之前，流行的观点认为纳粹主义是一个没有思想深度的反理性运动，是一群疯狂之人的所作所为。哈耶克说，事实并非如此，纳粹主义有它深刻的思想起源，它其实是集体主义梦想的一个最高版本。

哈耶克分析指出，推崇组织计划的思想早在20世纪初就在德国产生了很大影响。他引用20世纪20年代德国出版的一部著作《普鲁士主义与社会主义》，里面这样写道：

"普鲁士的观念"要求每个人都应当成为国家的公务员……未来的国家将是一种官吏治理的国家。将来是商业统治国家，还是国家统治商业：必须由德国来为全世界解决这个决定性的问题。

从1930年初期，德国就开始创建一套强有力的计划经济体制。包括建立一系列经济控制机构，通过垄断集团来控制企业，甚至直接由政府来规定商品价格，等等。这种做法一度非常成功，在世界经济大萧条的背景下创造了德国经济复兴的奇迹：国民生产总值在1932年到1937年间增长了102%，国民收入增加了一倍。但在这种奇迹中隐藏着深刻的危险，比如农业的各个细微环节都受到了国家的控制，在相当长的时间内处于发展停滞的状态。在进一步向战争经济转型之后，德国的经济体制最终随着战争失败而破产了。

哈耶克强调指出，这种规划模式表明，纳粹德国并不是疯狂的产物，在它的思想和实践中都包含着高度理性的部分，试图用理性的现代化来铲除所有非理性的东西。甚至在对于犹太人的迫害中，纳粹的口号首先不是仇恨，而是用伪科学来证明犹太人是不符合秩序的存在,因此他们要被铲除。纳粹德国在道德和社会秩序上的"洁癖"都来自所谓科学理性,他们相信自己掌握了人类的终极知识,想要无限度地追求卓越。

这里就体现出了哈耶克的另一个独到之处。和当时西方主流观点不同,他对纳粹德国的批判诊断首先不是道德指控,而是揭露它在认知上的错乱:纳粹的灾难不是一群疯子或恶魔造成的,其根源是对"理性"的错误认知,被"理性的自负"所诱惑。

人们追求的理想可能是极其崇高的,但"理性的自负"会让事与愿违。哈耶克说过,那些统治者"自觉地根据一些崇高的理想来缔造我们的未来,实际上却不知不觉地创造出一种和他们想要奋斗的东西截然相反的结果,人们还能想象出比这更大的悲剧吗?"在这个问题上他和波普尔的看法相当一致。波普尔也说过,要承认某些极权主义的设计者具有悲天悯人的人道主义情怀,又有非常明智敏锐的理论洞察力,但却是因为陷入了一种乌托邦的幻想,才造成了灾难。哈耶克也说过类似的话。他说,通向地狱之路,是用善良的愿望铺成的。

人类的必然无知

既然"理性的自负"如此危险,那我们防范警惕就好了,对吗?这当然是最直接的反应,但哈耶克的告诫还要深刻得多。

哈耶克的《致命的自负》这本书中提到,理性的自负之所以致命,是因为我们很难逃脱一种诱惑,就是想用理性去做整体设计。因为这给了我们一种期望,用整体规划能够摆脱和征服现代社会的高度不确定性,以及它带来的焦虑和不安。但是,这是一个虚幻的期望。

在这里，我们就进入了哈耶克思想的深层。他告诫我们，必须始终清醒地认识到"人类的必然无知"。这不是说人类什么都不知道，而是强调人类的知识总是有局限的，必然包含着无知的一面。

在哈耶克看来，理性有两个作用。第一就是追求知识。但是，理性并不能穷尽所有的知识。有句名言说，你知道的越多，你不知道的也就越多。想用理性去穷尽知识，这就是理性的自负，是一种幻想。所以，理性有第二个作用，就是认识到理性知识本身的局限性，对此保持审慎和怀疑。

所以，计划经济的根本弊端，就是自负地认为人类能够获得充分的知识，设计完美的秩序。在哈耶克看来，这根本是不可行的。

可是，如果承认人类的必然无知，那么社会秩序又如何产生呢？这就回到了我们之前讨论的核心概念：自发秩序。

哈耶克指出，即使没有人为的整体设计，秩序也能够自然生成、自发演化。我们举过乡间小路、语言和法律的例子，除此之外，还有一个最为经典的自发秩序是市场中的价格机制。

商品应该如何定价呢？照理说，这和消费者的需求有很大关系。要合理定价，你就要了解这些需求。但消费者的需求千差万别，同一件商品对不同的消费者很可能有不同的作用和价值，你不可能了解到每一个消费者的具体需求和购买动机。没有充分的知识，怎么能够做出合理的定价呢？

哈耶克说，市场为这个问题提供了解决方案。市场自发地提供了一个交换系统，把千差万别的需求汇聚起来，形成一个市场价格，能够对复杂的需求及时做出反应。在市场价格的形成过程中，一个没有经过刻意设计的秩序出现了，即使仍然没有人能够获得全部的信息和知识，但市场本身也能自发形成相对合适的价格。这就是自发秩序。

而计划经济的定价机制就大不相同了。计划经济中的政府定价，理论上似乎可以通过商品价格来规划和调节整个经济体系，让社会资源得到完美的配置。但在哈耶克看来，这种完美的合理性实际上是无法实现的。因为这要求计划经济的指挥者对整个社会的需求有非常充分的了解，达到一种近乎"全知全能"的状态，掌握所有知识和瞬息万变的信息——这实际上是不可能的。所以，由集中的计划来决定价格、决定资源配置的方案总是片面或者武断的，最后很可能会导致灾难性的后果。

哈耶克的思想影响

哈耶克对于 20 世纪思想的两大核心问题做出了独到的解释和批判，他的思想本身也在 20 世纪遭遇了波澜起伏的命运。

哈耶克的《通往奴役之路》后来获得了巨大的声誉，但在 1944 年这本书出版的时候，他的观点在思想界位于边缘的位置。在和凯恩斯的论辩中，起初也是凯恩斯占据上风，因为当时西方资本主义刚刚经历了严重的经济危机，凯恩斯的国家干预理论更受欢迎。

直到 20 世纪 70 年代，哈耶克的声誉才有所好转。1974 年他获得了诺贝尔经济学奖。人们在那时发现，计划经济模式越来越清晰地暴露出它的弊端。到了 80 年代，以里根和撒切尔执政为标志，放任自由主义的经济政策越来越盛行，哈耶克的声誉也随之提升。到了 1991 年，苏联解体，冷战结束，一时间哈耶克的声名如日中天，他被看作是一个理论先知，在几十年前就预言了苏联的末路，曾经边缘的哈耶克思想变成了新的主流。

然而，随着近三十年来西方社会的贫富差距拉大、经济增长放缓，人们又开始反思和批评以哈耶克为代表的新自由主义。

我们到底应该怎样来看待哈耶克的思想呢？

在我看来，哈耶克既不是异端，也不是先知。他的思想有深刻的洞见，但不应该被当作是教条。记得哈耶克在伦敦经济学院的一位同事，著名政治哲学家奥克肖特曾经说过，哈耶克自己也是一个计划主义者，他是"那种想阻止一切计划的计划主义者"。但这也是对哈耶克做了教条主义的解释。

实际上，哈耶克自己并不是反对一切具有计划取向的实践活动，否则他对中央银行和高等法院的设想就完全不可思议了。他当然明白，人的实践活动中总是存在着有意图的计划，这是因为人类意识本身就具有这样的特性，能够对未来做出设想，以此来引导实践。如果说要强行否定和消除人的这种意识特征，那才是最反自然的"人为设计"呢。

哈耶克真正要反对的"理性的自负"，是那种妄想能够彻底扫除无知的、全知全能式的计划方案。恰恰是因为计划活动是不可消除的，我们才要防范计划像这样被使用。哈耶克和波普尔都提醒我们要警惕理性，这不是因为理性不好，而恰恰是理性很好、很管用，所以才要特别警惕对它的夸大和滥用。

康德曾经说，人类的不成熟状态就是不敢公开大胆地运用理性。哈耶克则进一步揭示出，如果妄想用理性彻底征服无知，消除所有的不确定性，这是人类的另一种不成熟。事实上，人类真正的成熟，是在勇敢运用理性的同时，直面自己永远不可能完全摆脱的无知，勇敢地与不确定性共存。

思考题

你在生活中会害怕不确定性吗，你又是怎样去应对的呢？

26 | 伯林 I
是"狐狸"还是"刺猬"

在思想史的地图上,我们前几节讨论的波普尔和哈耶克算是邻居。这一节我们要拜访的,是他们同时代的一位英国思想家,以赛亚·伯林。

伯林做过一个有名的比喻。他借用希腊诗人阿尔基洛科斯的一句话,"狐狸知道很多事情,但是刺猬知道一件大事",说思想家也可以分成两种类型,有人兴趣广泛、研究很多问题,属于狐狸型;还有人专注研究一个大问题,提出一个思想体系,就是刺猬型。那么伯林自己呢?他说自己就是一只典型的狐狸。

但果真如此吗?伯林的研究确实涉及思想领域的许多主题,但其实他也"关心一件大事",有一个一以贯之的问题意识,这个问题意识的形成和他的人生经历紧密关联在一起。第一节,我们就先来聊聊他的经历。

伯林的人生有一个突出的特点,就是他具有三重身份:他是一个俄国人,又是一个犹太人,还是一个英国人。先来看第一个身份,俄国人伯林。

伯林 1909 年出生在里加,这个城市今天是欧洲东北部的国家拉脱维亚的首都,当年还属于俄罗斯。伯林 6 岁时,全家人搬到了彼得格勒,也就是现在的圣彼得堡。伯林在俄国度过了自己的童年,直到 11 岁。在这 11 年中,他经历了俄国最风云变幻的时代，亲眼见证了二月革命和十月革命。1917年，就是十月革命发生的那一年，伯林还不到8岁，他目睹一名沙皇政府的警察被暴民私刑处死，这个惨烈的场景成了他对暴力和恐怖的最初记忆，让他终生难忘。

伯林对俄罗斯思想家有特殊的感情，从小读这些人的书。1918年到1919年之间，社会上的政治气氛已经非常紧张，伯林一家人在彼得格勒，几乎不跟外人来往。小小的伯林躲在房间里，全心全意就是读书，读托尔斯泰、屠格涅夫、普希金这些俄国大文豪的作品。

你可能也知道，那一代俄国作家最关注的主题就是人间的苦难和不公、社会的陈规陋习、人在社会中受到的禁锢等。伯林在这些书中感受到强烈的道德关怀。这些作品都在努力探寻能让人类摆脱困境的根本方法，而这也给年幼的伯林留下了深刻的印象。

伯林后来说，俄罗斯思想家有一个共同信念，就是相信对于人类的困境存在一个确定的答案，存在一种真理。只要找到了真理，去推动激烈的社会变革，就可以终结人间的苦难。

但伯林又亲眼看到了激烈变革的惨烈状况，他意识到这种"拯救的信念"其实有很危险的一面，它可能会导致暴政。为什么对理想的追求会引发这么惨痛的灾难呢？你看，伯林对俄罗斯经验的思考塑造了他最初的问题意识。

但伯林不只是一个俄国人，他还是一个犹太人。躲在房间里的小伯林，除了读俄国作家的书，还读到一本书，叫作《犹太百科全书》。成年后的伯林常说，自己是出生在俄罗斯的犹太人。犹太意识是伯林思想的一个底色。

伯林表示，全世界的犹太人都有一种共同感受，就是一种"不在家"的感觉。这种感觉之下，你无法全然沉浸于此时此刻身处的环境，总是有一种抽离感，觉得自己不属于这里，这里也不属于自己。这让伯林在思考问题时常常会有一种抽身而出的视角。爱因斯坦曾经和伯林有一面之交，后来爱因斯坦谈起对伯林的印象，说他就像是"上帝的宏大剧场中的一名旁观者"。爱因斯坦这个比喻，抓住了伯林的局外人特质。

这种旁观者视角，让伯林能够注意到一些边缘思想流派的力量。比如德国浪漫主义思想家赫尔德，再比如法国保守派思想家迈斯特。这些名字，很多人可能都没有听说过，他们的观点和启蒙主流思想也是格格不入的。但伯林却发现，现代的很多现象都和这些边缘的思想流派有关。伯林一直坚持的多元主义的立场，就和他关注多种多样的思想流派有很大关系。

另外，作为犹太人，伯林也很关注民族主义问题。他有一个好友，叫哈伊姆·魏茨曼，是以色列的第一任总统，他和伯林一样都是出生在俄国的犹太人。魏茨曼为犹太复国主义运动奔走的时候，伯林也帮了一些忙。

但等到以色列真的成功立国了，魏茨曼邀请伯林来做总统顾问，伯林却谢绝了。作为犹太人，伯林能够同情地理解民族主义，但同时他也非常忧虑民族主义的毁灭性力量。在自由主义和民族主义之间能否达成某种调和呢？这也是伯林一直关切和探索的问题。

说完了俄国人伯林、犹太人伯林，该来说说我们最熟悉的英国人伯林了。1920 年，11 岁的伯林随父母移居到英国。18 岁那年，伯林进入牛津大学学习，后来又在这里工作。除了期间有几年在外为外交机构服务，他一直待在牛津大学，直到 88 岁去世。可以说，牛津就是他的家。

伯林在牛津大学的时候是一个标准的学霸，23 岁的他就被牛津大学的万灵学院录取为研究员（fellow）。万灵学院是牛津大学最特殊的学院，自己不招收学生，而是每年从牛津大学最优秀的学生中邀请一部分人来考试，再从参加考试的人当中挑选出两个人,成为万灵学院的研究员。这相当于从整个英国的精英里再挑选最好的尖子生,而伯林是历史上第一个通过这个考试的犹太人。

伯林进入万灵学院之后,一开始是研究哲学,但后来转向了思想史的研究。他为什么会放弃哲学呢,这个和大哲学家维特根斯坦脱不开干系。

1940年,伯林应邀去剑桥大学做一个讲座,当时剑桥有名的哲学家几乎都来了,其中就有大名鼎鼎的维特根斯坦。可是伯林的报告还没做完,维特根斯坦就打断了他,说伯林的思路是错的,然后提出了自己的想法和问题。在场的人鸦雀无声,伯林尽可能绕开维特根斯坦的问题,做完了这次报告。报告结束之后,维特根斯坦起身告辞,礼貌地对伯林道谢,说"这次讨论非常有意思",说完就走了。其他人挤到伯林身边,说能得到维特根斯坦这样的评价已经太难得了。

但伯林自己很清楚,自己的报告没有给维特根斯坦留下什么深刻的印象。他后来明白了自己并不擅长纯粹的哲学研究,于是就转向了思想史领域,成为20世纪英语世界最重要的思想史家之一。

不过你可能想不到,这么一位文质彬彬的大学者,还做过类似间谍的情报工作。二战期间,伯林在英国外交机构服务,曾经到纽约、华盛顿和莫斯科任职。其中最为人津津乐道的一段故事,就是伯林在苏联工作期间,和女诗人阿赫玛托娃成了朋友。

阿赫玛托娃被誉为"俄国诗歌的月亮"(太阳是普希金),但伯林认识她的时候,她已经有20多年被禁止发表作品了。他们聊了整整一夜,阿赫玛托娃还把这次会面写成了诗。有人因此猜测他们俩有暧昧关系,斯大林阅读了伯林拜访阿赫玛托娃的记录,就对下属说:"这么说来,我们的修女现在又在陪英国间谍了?"结果在伯林离开之后,对阿赫玛托娃的监视变得更加严密了。

伯林离开苏联之后,他在苏联认识的几乎所有人都遭到了更恶劣的待遇,伯林的亲叔叔也受到牵连而不幸去世。这让伯林深感愧疚，也促使他更深入地思考政治自由和历史决定论的问题。

俄国人、犹太人和英国人，这三重身份叠加起来，构成了一个复杂的伯林，但也汇聚起来，塑造了伯林一以贯之的问题意识。

还记得前面说的"狐狸和刺猬"的比喻吧：狐狸知道许多事情，但刺猬知道一件大事。人们习惯把伯林看成是狐狸，其实伯林也有刺猬的一面，他心里也装着一件大事。这件大事就是伯林始终关切的问题：为什么有许多政治实践，原本出于非常美好的愿望，却在某些观念的指导下，造成了灾难性的后果。

伯林说，如果思想有如此致命的力量，那么也只有通过思想家的努力来化解。伯林自己的努力，最终体现在两个重要主题上，一个是价值多元论，另一个是他对"两种自由"的剖析。下一节，我们先来探讨伯林的价值多元论。

思考题

伯林曾经给俄国文学家分类，说普希金是狐狸，而托尔斯泰是刺猬。如果要你来分类，对历史上的那些伟大人物，你觉得哪些人是属于狐狸，哪些人又是刺猬呢？

27 | 伯林 II
价值一元论错在了哪里

伯林的人生有着三重身份，它们叠加在一起，共同塑造了他的根本问题意识。虽然伯林自称是"狐狸"，知道很多小事，但他也有"刺猬"般的关怀，因为他关心一件大事。

这件大事就是探究观念对于社会政治生活的影响。这和前面讲过的波普尔、哈耶克有相通的一面。所以，有些学者把他们都归入一个共同的思想群落，叫作"冷战自由派"。这个思想群落还包括美国历史学家小亚瑟·施莱辛格、法国社会学家雷蒙·阿隆等。但这个标签并不是他们自封的名称，而是后世研究者赋予他们的。

"冷战自由派"并不是一个内部一致、边界清晰的学派，但他们具有一些"家族相似"特点：他们主要活跃在冷战时期，各自的学术专业虽然不同，但都属于广义的自由主义立场。更重要的是，他们都格外重视思想观念的巨大威力，强调所谓"power of ideas"。这一学派的学者认为，一些貌似很深刻、很正确、很有魅力的思想理论往往蕴含着巨大的危险。在反思 20 世纪的教训中，他们特别专注于辨别"错误的观念"，分析这些观念造成的影响。

具体谈到伯林，他究竟关注了哪些观念、发现了怎样的危险呢？这就要说到伯林一生的研究中最重要的两个主题：第一，他主张的价值多元论；第二，他澄清了"自由"这个概念，提出了著名的"两种自由"的理论。

这一节我们将要讨论的价值多元论，也是伯林最为核心的思想主张。

价值一元论的吸引力

我们知道，所谓"价值"指的是那些我们认为重要的理念，比如平等、正义、自由、爱、善良、仁慈……你的价值观，就是指你信奉或者珍视什么理念。这些理念构成了你人生意义的基础，也是你为自己的生活确立目标的依据。

那价值多元论是什么意思呢？就是主张人们追求的价值不是单一的，而是多种多样的。而对于"什么是美好的生活"这个问题，价值多元论者认为，理性无法给出唯一正确的答案。

你可能会惊讶，价值多元论居然这么简单啊！这个想法谁不知道呢？放眼望去，我们生活的世界五光十色，信奉的理想、追求的目标丰富多彩，只要心智正常的人，凭直觉就知道"价值是多种多样的"。这是明明白白的常识，又有什么值得探究的高明之处呢？

要理解价值多元论的高明之处，首先要理解它的对手，也就是价值一元论，究竟说了什么。

价值一元论并不是说世界上只有一种价值，或者人只能追求一种价值，它主张的是，表面上有丰富多样的价值，但这些价值在本质上是和谐统一的。

也就是说，虽然价值多种多样，但它们可以用同一个评价尺度来比较，排出高低上下。价值虽然有很多，但尺子只有一把。有了这把尺子，就能给价值排序——低级的价值就应当服从高级价值，我们最终能找到一个最高的价值，所有其它价值都是从最高价值派生出来的。

比如，我们假设最高价值是幸福，那么你追求的所有其它价值，无论是事业成就、家庭美满，还是身体健康，原则上都可以用"幸福"这把尺子来衡量。当你面对重大选择的时候，衡量一下，哪种选择获得的幸福更多，就能做出正确的决定。

这样一来，表面上有多种多样的价值，实际上它们可以相互兼容，彼此之间也不会发生真正的冲突。于是从价值一元论就可以引申出一个推论，就是对于"什么是美好的生活"这个问题，存在唯一正确的答案，能让你做出最好的选择。

价值一元论其实是相当高深的哲学观点，是西方思想史的一个悠久传统，可以一直追溯到柏拉图。它的高深之处，首先在于挑战了朴素的常识。谁会这么荒谬去反对常识呢？还是有人会去这么做，因为朴素的常识往往并不可靠，甚至是错误的。比如，直觉告诉你，地球是静止不动的，太阳是围绕着地球转动，但现在我们知道，千百年来人类信奉的这种常识是错误的。那么，你怎么就能肯定，自己对于价值多样性的朴素直觉是正确的呢？

在哲学方法论的意义上，价值一元论要求"透过现象看本质"，所以持有这一观点的人们才会去主张，价值多样的表面现象并不等于价值在"本质上"是多元的。

到了启蒙运动之后，价值一元论占据了主导地位。因为启蒙运动的核心是推崇理性主义，理性主义有一种倾向，就是质疑一切直观的经验现象，试图借助理性在表象之后找到一个本质。你看，这和价值一元论是不是很一致？

至于价值一元论为什么会有巨大的吸引力，你想，无论在古代还是现代，世界总是充满矛盾。但如果我们相信，不管世界怎么乱，必定有一个最高的天道、神意或者真理，就算我们自己没法把它弄明白，还有圣人、哲人、科学家，甚至神仙有机会能搞懂。只要掌握了终极的价值，表面的纷争最终会归于和谐。这是不是让人觉得心里很安慰？其实，不光你这么认为，很多聪明人也是这样想的。要不然牛顿也不会总想着用几个公式来为世界立法，就连爱因斯坦，后半辈子不也是一直想找到一个"统一场论"吗？

我们可以从价值一元论引申出一个观点：对于"什么是美好的生活"这个问题，存在着唯一正确的答案。因此，一元论的魅力就在于给出了一个最和谐美好的图景：我们可以用一种特定的价值去统领一切，摆脱多元价值的冲突，这会大大缓解生活的不确定性。伯林说，无论对于理智还是情感，这种观念都是一种深刻的满足。

伯林的反驳

但是伯林认为，一元价值只是一种幻觉。他说，多元价值之间的冲突是不可能消除的。如果执着于价值一元论，就很容易会去压制其它的价值和理想，干涉甚至毁灭多种多样的生活方式，结果往往在实践中造成巨大的灾难。

那么，价值一元论究竟错在哪里呢？

伯林拿出了杀手锏，他提出了一个叫作"多元价值的不可公度性"（又译为"不可通约性"）的概念。这是什么意思呢？所谓"不可公度"，就是说你找不到一把能够通用地衡量多种不同的价值，把它们排出上下高低的尺子。

伯林说，我们追求的许多价值，它们之间是不能换算的，都是彼此独立的"终极价值"。你不能说，自由是 0.5 份的平等，正义是 1.5 份的仁慈。一种价值有它独立的内涵，不能被换算为其它价值。你不能说实现了自由其实就实现了某种程度的平等，反过来也一样。换言之，某一种价值并不是其它价值的派生物，不能被还原为其它的价值。

因为多元价值之间不可公度，我们往往无法同时实现多种价值，这个时候价值之间的冲突就无法避免了。

有一个真实的案例：几年前在某个大学，一个学生在宿舍的饮水机里投毒，导致他的室友中毒身亡。死者的家属要求判投毒者死刑，而投毒者的父母百般忏悔，希望获得被害者家人的宽恕，说死者已死，让另一个年轻人偿命也无济于事——这两对父母依赖的出发点就是两种价值。一种是正义，杀人偿命嘛；另一种，是仁慈，宽恕我们吧，人死不能复生。

如果让伯林来面对这个问题，他会怎么说？他会说，原则上无法解决。正义与仁慈都是人类的终极价值，但这两种价值不可公度，也常常无法调和：如果实现了正义，就无法同时满足仁慈；而如果用仁慈来宽恕凶手，那么就必须牺牲正义。

强调价值冲突无法根除，这是伯林价值多元论的重要特征。伯林有一段话说得触目惊心：

……我们要在同等终极的目的、同等绝对的要求之间做出选择，且某些目的之实现必然无可避免地导致其它目的之牺牲……所以，（我们）需要选择，需要为了一些终极价值牺牲另一些终极价值，这就是人类困境的永久特征。

注意，这不只是说"三观不合"的人才会发生冲突，即便是价值观完全相同的一群人，甚至一个人与自己，也可能陷入这种左右为难的局面。这才是价值冲突最深刻的困境。

价值是主观的和相对的吗

说到这里，你可能会想，那难道人与人之间注定无法相互理解吗？每个人信奉的价值都不一样，那价值都是相对的吗？

这是价值多元论很容易延伸出来的取向。有很多人信奉价值多元论，但他们信念的基础是主观主义，认为虽然物理世界有客观性，而人类重视和珍惜的价值并不客观存在，它们只是来自个人或特定文化的主观偏好。由于大家的偏好不同，所以价值自然是多元的。所有价值都只对特定的个人或文化才有效，"你喜欢番茄，我喜欢土豆"，除此之外没有什么好说的。

但伯林反对这种主观主义的立场。他的价值多元论有一个与众不同的特点，就是价值客观论，他反对价值主观主义和相对主义。伯林强调，价值虽然是多元的，但仍然是客观存在的，不是主观想象的随意构造。

首先，价值虽然多样，但不是无限的。他说，人类信奉的价值可能有几十种或者上百种，但无论如何也不能说，70亿人就有70亿种不同的价值。

其次，伯林坚持认为，人类具有某种最低限度的"共通性"。即使双方价值追求不同，甚至可能会因此开战，但你我仍然可以想象、可以理解对方为什么会追求这种价值。

比如，中国人说"忠孝不能两全"。有人会选择忠，有人则偏向选择孝，但两个人都会理解对方的选择。如果这时出现的第三个人是外国的传教士，他说虔诚敬神才是最重要的，前两个人也有可能能够理解他。但如果来了一个人说，你们都不对，杀人才是最高价值。"杀死一个人和踢开一块石头就是一回事，根本没什么区别"，这种说法就完全不可理喻了，只有疯子或者非人类才会说出这样的话。这种不可理喻的感觉，恰恰表明人类具有最低限度的共通性。

伯林的价值多元论很容易和主观主义、相对主义混为一谈，但伯林自己一直在努力澄清，他的主张不是主观主义，也不是相对主义。

总结一下，伯林认为，人类的生活世界存在着多种不同的终极价值，这些价值是客观的或真实的,但它们之间常常无法公度,不能彼此兼容,甚至可能发生严重的冲突,导致某种无可挽回的损失,这是深刻的人类困境。价值一元论试图克服这种困境,但它本质上是一种概念错误。

一元论对道德与政治生活提供的解决方案,不仅无法摆脱多元价值的冲突,反而引发了更严重的人类悲剧。20世纪的历史就是有力的佐证。为了避免这样的人类悲剧,伯林反复告诫我们:应当抗拒形而上学一元论的诱惑,接受价值多元的人类处境。

许多研究者认为,价值多元论是伯林最深层的理论信念,并塑造了他对自由的思考。而伯林之所以崇尚选择的自由,恰恰是因为这种自由能够让人们在多种多样的生活理想中发现适合自己的目标。

思考题

伯林说,不同价值之间不能换算。但生活中常常有这样一类说法,比如"正义才是真正的仁慈""平等才是真正的爱",你是怎么看待它们的呢?

28 | 伯林 III
你想要的是哪种"自由"

这一节我们来谈谈伯林一生最著名的成就——他澄清了"自由"这个词的含义。

"自由"的含义需要澄清吗？其实自由这个词，说简单好像也很简单，就是不要管我。在美国，小孩子上幼儿园的时候，很早就学会了用"no"这个词。你看，小孩子都知道说不要管我。这就是自由最原始的含义。

可是等小孩再长大一点就会发现：要理解自由没那么简单。比如父母要送他去上兴趣班，小孩说，不，我不要去，我要自由地待在家里。父母不会答应，孩子还是得去。但他去的可能是一个足球兴趣班，他发现在球场上飞奔踢球的感觉太好了，好像体验到了真正的自由。

在球场上奔跑的自由和爸妈别管我的自由，是同一回事吗？

事实上，伯林发现的澄清自由一词含义的方法，就是把它"剖开"，分成两种类型。谈论自由的时候，先要搞清楚说的是哪一种自由。从此之后，人们对自由这个概念的理解推进了一大步。再谈论自由，如果不提伯林的工作，好像就还没有入门。

那么，伯林究竟是怎么剖析自由这个概念的，两种自由有什么不同呢？除此之外，分清楚这两种自由到底又有什么意义呢？

消极自由与积极自由

我们先来看第一个问题。伯林说，在思想史上，自由可能有过两百多种定义，但有两种核心的自由概念贯穿了整个人类历史。伯林把这两种自由叫作"消极自由"和"积极自由"，消极和积极对应的英文形容词，就是"negative"和"positive"，分别有"负面的、否定性的"以及"正面的、肯定性的"意思。

消极自由是什么呢？简单来说就是我不想要什么、就可以不要什么，英文是"free from"。而积极自由就是我想做什么、就可以去做，英文是"free to"。换句话说，一个是摆脱障碍的自由，一个是实现目标的自由。

可能有人要问，摆脱障碍不也是为了实现目标，二者是一回事儿呀，有什么区别呢？

当然有区别。举个很简单的例子，你不想被抢劫，并不等于你已经决定了要把手上的那笔钱花在哪里。你要摆脱一种外来的干涉，并不需要你必须有一个明确的目标。

消极自由强调的是维持一个不受干涉的领域。在这个意义上，消极自由更像是一种机会，只要保留了这个机会，就算什么都不做，你也保持了你的消极自由。

但积极自由就不一样了，它是"实现某个目标"的自由，你要是什么都不做，那就麻烦了。也许你会说，我的目标就是"什么都不做"，不可以吗？这就要说到积极自由的一个特别之处。首先你要知道，自由必定有一个行动主体。但在积极自由的概念里，主体常常有内部的划分：有一个是"真正的""高级的""理性的"自我，还有一个是"虚假的""低级的""非理性的"自我。积极自由的目标往往是指，那个理性的自我能够主导自己，去实现高级的目标。

比如你下决心要去健身房锻炼，却又总是犯懒，一下班就不想动了。你想,反正也没有人催我,玩 20 分钟手机再去锻炼吧;结果玩了两个小时,最终也没有去健身房。在这种情况下,你就是滥用了自己的消极自由,也没有实现积极自由。

现在有一句很流行的话,叫"自律给我自由",这里说的自由,就是克服自己非理性的一面,实现积极自由。

如果你的目标是"什么都不做",那就要检查一下了,什么都不做,是因为懒惰吗,是因为自暴自弃吗?如果是这样,你就是屈服于非理性自我,抛弃了自己的积极自由。

现在搞清楚了,我们说的自由实际上有两种,一种是消极自由,就是不受到外部的干涉和阻碍;另一种则是积极自由,就是可以用理性来掌控、实现自己的目标。

分清楚二者的区别,对现实有什么意义吗?意义很重大。让我描述一个场景故事来解释吧。

你开车去上班,马上就要迟到了,但这时你突然犯了烟瘾,很想绕路先去买包烟。可是这时,坐在副驾驶上的你的好朋友说话了,他劝你不要这样做。你对他说,你别管我,这是我的自由。

你的朋友发脾气了,他说这不是真正的自由。他逼你下车,让你坐到后座,然后他来开车,把你送到了公司。你有点不高兴,但他说这样做是"为了你好",你想了想,觉得他说得也对。

一个月之后,你厌倦了这份需要"996"的工作,想要辞职不干了。你的朋友又出现了,他劝导你说,这个工作最符合你的长远利益,你现在太年轻、不懂事,必须听他的教导,他甚至每天早上亲自来把你绑上车送到公司。他说,这个工作才是你真正想要的,虽然现在你还不明白。那么现在,表面上他强制了你，但在本质上是帮助你实现你一时还不明白的、却是你真正想要的目标，让你得到了更高的自由。

说到这里，你会不会觉得像是在看恐怖片，有点毛骨悚然了呢？

其实，这个"朋友"是一个隐喻，可以代表任何一种权威，他用积极自由的理论，把"强制"变成了"真正的自由"。

伯林说，这是一种危险的"概念魔术"。但敏锐的你很可能会质疑伯林，为什么呢？你仔细想啊，父母送小孩去上学不就是这个道理吗？强制有时候也是有必要的，怎么能说是危险的呢？难道消极自由就一定高于积极自由吗？伯林自己不是说过，多元价值之间不分高低上下吗？

这个质疑非常尖锐，你觉得伯林会怎么回应呢？

揭穿扭曲自由的"概念魔术"

伯林明确说过，消极自由和积极自由都是正当的终极价值，原则上没有高下之分。但这两种自由都可以被滥用和扭曲，伯林想强调的是，积极自由的扭曲和滥用更具有欺骗性，更要对其保持警惕。

伯林承认，在特定情况下，强制可能是必要的，消极自由有可能需要向其它价值让步，甚至做出牺牲。

但是，牺牲就是牺牲。当自由必须被牺牲的时候，我们就应该说"这是牺牲了自由"换来了安全、秩序或者别的什么。而不应当玩弄"概念魔术"，把牺牲改头换面变成"更高的自由"。

如果因为一个人幼稚、蒙昧……必须强制他才能使他不受害，那么就应该说，这是为了他自己的利益而对他实施了强制。但正当的强制依然是强制，不能被曲解为"顺应了他真正的意愿"。

积极自由本身是重要的价值，但它很容易被扭曲和操纵。伯林警告说，很多奴役他人的做法往往就是借助"积极自由"来给自己正名，但这是一种滥用。

为什么积极自由更容易被滥用呢？伯林说，因为与消极自由相比，积极自由离日常生活和经验世界更遥远。

回到经验世界我们就会发现：追求自由，是因为我们能体验到自由的反面。我们有一种普遍、深刻、强烈而朴素的体验，就是强制，而强制的极端就是奴役。"强制"这种苦难的体验与自由有最根本、最切近、最直接的关联，我们对自由的渴望，最直接的来源就是对强制的不满、对奴役的反抗，所以我们会大声喊出"不要强迫我！"

这是一种否定性的愿望，它和强制与奴役相伴相生，跨越了文化和历史，是最为普遍的人类经验之一。所以伯林说，"自由的根本意义是摆脱枷锁、摆脱囚禁、摆脱他人奴役的自由。其余都是这个意义的延伸，或者是某种隐喻"。

自由这个词实在是用得太广泛了，但如果这个词只能用来形容一种状态，那么最有资格被称为自由的，就是"不受强制"。所以，在两种自由中，消极自由更接近这个词最原初的含义。

在这个意义上，你可以说伯林更偏向消极自由。因为他认为，用消极自由的概念来理解自由，能让我们铭记自由最原初的含义，避免在眼花缭乱的概念魔术中迷失，也更有助于我们分辨出"假自由之名行反自由之实"的伪装和欺骗。

总的来说，伯林揭示出消极自由和积极自由的区别，但和很多人的印象不同，伯林并没有否认积极自由的价值。他强调的是，两种自由都可能被歪曲和滥用，但相比之下，积极自由的滥用更具有欺骗性，更需要我们提高警觉性。

毕竟，在伯林看来，20世纪的政治历史中最为触目惊心的一幕，就是以自由的名义来实施强制，并宣称强制的结果是"实现了真正的自由"。这是伯林深恶痛绝的概念魔术。而伯林之所以要剖析自由的概念，一个重大的意义在于，揭露这种概念魔术，提醒人们保持警惕，防止悲剧重演。

> 思考题

你可以想一想今天自己做了些什么，在哪些事情中你保持了自己的消极自由，又有哪些事情，是实现了你自己的积极自由呢？

马尔库塞 I
"舒适的"不自由是怎么一回事

这一小节我们要拜访的思想家是赫伯特·马尔库塞,和伯林一样,他也关心自由和不自由的问题。但是马尔库塞认为,还有一种比"强制"更加危险的控制方式,会让人心甘情愿地服从于制度的控制,陷入一种"舒适的"不自由之中。

为什么人会心甘情愿地丧失自由?为什么不自由会变得很"舒适"?舒适的不自由又会给社会造成怎样的影响呢?这些是我们接下来要回答的问题。

新左派运动的"教父"

在正式进入主题之前,我想先给你介绍一下马尔库塞。现在你可能不熟悉这个名字,但在 20 世纪 60 年代,马尔库塞可以说是名满天下。

当时发生了席卷全球的抗议风潮,比如法国有"五月风暴",美国有民权运动和反战运动,等等。这些运动有着共同的特点:主体是青年学生,带有明显的左翼政治倾向,批判和反抗资本主义。

在这场运动中,西方青年学生崇尚三位精神导师,这三位的名字都以英文字母 M 开头,被称为"3M"。前两位你肯定熟悉,就是马克思和毛泽东,最后一位就是马尔库塞。你看,居然可以和马克思、毛泽东齐名,这位马尔库塞究竟是何方神圣呢?这要从他本人的经历说起。

马尔库塞于1898年出生,是德国的犹太人。他在弗赖堡大学获得哲学博士学位,曾经做过哲学家海德格尔的助手,后来成为法兰克福学派的代表人物之一。在纳粹兴起之后,马尔库塞流亡到美国,后来加入了美国国籍,一直在美国生活和工作,直到1979年去世。

你看,美国不仅收留了马尔库塞这位流亡者,让他成为美国公民,还让他可以在哥伦比亚大学、哈佛大学等名校授课。马尔库塞是不是会对美国抱有深厚的感恩之情,对这个国家大加赞颂呢?

答案是否定的。事实上,马尔库塞不但没有歌功颂德,还拿出了思想的手术刀,深入剖析美国社会的运转逻辑,提出了尖锐的批判,甚至鼓励青年学生起来造反,因此成为"新左派运动的教父"。

不过,我们在这本书里要关注的不是造反,而是造反背后的思想和理论。马尔库塞鼓励造反,背后的理由究竟是什么?他究竟看到了美国社会的哪些弊端呢?

马尔库塞的批判很尖锐,听上去有点语出惊人,他说,美国这样的发达工业社会,是一种"新型的极权主义"。这里的极权不是集中权力的意思,它的英文是"totalitarianism",这个词最初的意思是指一种无所不包的总体性,"totality"。在西方思想界,极权主义原本特指纳粹那样的恐怖统治。马尔库塞作为纳粹政权的受害者,应该非常了解美国与纳粹德国的区别;但他却说美国社会也是一种"极权主义",这是不是危言耸听呢?

对此,马尔库塞在一次访谈中说,他知道这种说法是触犯禁忌的,但他认为这个禁忌本身就是意识形态的限制。他要打破这种禁忌,向人们揭示极权主义不只有纳粹这一种形态,它还有另一种截然不同的形态,马尔库塞把它叫作

"非恐怖的极权主义"。

非恐怖的极权主义,这听上去好像有点自相矛盾——在常识中,极权和大屠杀、大清洗这些恐怖手段密不可分,怎么还会有"非恐怖的极权主义"呢?

新型的控制方式

这里就要讲到马尔库塞的一个特点了。他特别喜欢把褒义词和贬义词结合起来用。比如在他最著名的作品《单面人》(也译为《单向度的人》)中,开篇就写道:"一种舒舒服服、平平稳稳、合理而又民主的不自由在发达的工业文明中流行……"你看,一口气加了四个正面词汇,最后形容的对象却是"不自由"。

这种矛盾的修辞并不只是写作风格,它其实体现了马尔库塞辩证的思考方式。他就是用这种辩证的思考揭示出了资本主义的内在矛盾。

什么叫"舒舒服服、平平稳稳、合理而又民主的不自由"呢?就是说,在发达资本主义社会中,人们虽然享受着富裕的生活,实际上却处在一种总体性的控制之中,不知不觉地丧失了自由。因为这种不自由太舒适了,人们很难察觉,也就无从反抗,结果深陷在控制之中却无法自拔。

那问题就来了,已经被控制、失去自由了,怎么可能还会感到很舒适呢?比如,有的人在家里待上一个星期不出门就会受不了,如果整个社会都被控制了,人们怎么会毫无觉察呢?

马尔库塞说,这是因为这种新型的控制有两个特点:第一,它很隐秘,不需要暴力和强制,你也就不会觉得恐怖。第二,它能够有效应对自己的敌人,能够排斥、化解甚至"招安"反叛者,让总体性的控制生生不息地延续下去。

这种控制看起来也太强大了吧，这是怎么做到的呢？马尔库塞展开了非常复杂的分析。但我认为，其中关键可以归结为两个字：贿赂。这不是说一个人去贿赂另一个人，而是说社会去贿赂人民大众。资本主义让你享受舒适的生活，特别是满足你的消费欲望，用这种方式收买了你，换取了你的服从。而你甚至不知道自己被收买了，就心甘情愿地被它支配和操纵。

社会是怎么贿赂大众的呢？这方面，我还有些亲身的体会。

早在 20 世纪 80 年代，我就读过马尔库塞的《爱欲与文明》和《单面人》，那时只觉得他的思想很新颖，但并没有真正理解。直到 1991 年我去美国留学，第一次走进所谓的"超级市场"，突然豁然开朗，明白了马尔库塞的洞见。

当时，我站在长长的货架中间，真切地体会到了"琳琅满目"究竟是什么意思。但更震撼的是，很多商品我根本不知道有什么用。这可不是说什么高科技产品，而是很普通的日用品。比如，我看到一个小型的木制装置，完全不明白是用来做什么的，一位美国同学告诉我，这是用来放专门的厨房纸巾，美国人叫它"paper towel"。这种纸吸水性强、不容易破，做饭洗碗用这种纸非常方便。

你想，日用品本来是满足日常生活需求的，可美国超市给我的体验呢，是我本来不知道我有这种需求，而在看到这些商品之后才产生了需求。也就是说，我对这些商品的需求，其实是商品制造出来的。

这时，我也就突然领悟了马尔库塞发明的一个术语，"虚假的需求"。

虚假的需求不是源自你自然的生活需要，而是被市场营销制造出来的。拿手提包举个例子，从功能上说，我们有大概十几种手提包也就够用了，但市场上现在有成千上万种手提包。

你可能会说，这是因为美观的需要啊。可是"美观"本身也是可以被制造、被操纵的，广告就是主要的操纵手段。现在很多广告都是去营造一种联想，暗示你使用这个产品就能获得时尚、有品位、令人羡慕的生活，或者就有了健康、阳光、魅力十足的自我形象。

广告把产品和"生活方式""自我形象"绑定在一起，通过各种媒体话语，深深地植入你的潜意识之中。于是，很多时候你不是在为功能付费，而是在为某种"生活方式"或者"自我形象"的想象付费，而且甚至是付出十倍、百倍的价格。

马尔库塞说，资本主义生产出五光十色的产品和服务，它们不只是功能产品，而且还自带了一套规定好的态度、习惯、思想和情感。消费者在购买和消费的同时，也就接受了这些习惯和思想，愉快地把自己和生产者、进而和整个社会系统绑定在一起，形成了一个总体性的消费社会。

这个消费社会是一个自我强化的系统。它无限度地刺激人的物质需求和享受欲望，让人无止境地追逐不断更新换代的"虚假需求"。这个系统循环往复地运转，把每个人都卷进去，最终使"商品拜物教"成了人们习以为常的普遍信仰。这就是"非恐怖的极权主义"的奥秘。

但肯定有人会说，我就是喜欢买买买，我这样做很愉快，而且既然大家都心甘情愿，那又有什么问题呢？为什么不能接受它呢？有什么必要大动干戈去质疑和批判呢？

马尔库塞的回答是：很有必要，因为不能屈服于资本主义的控制，这种生活使我们丧失了真正的自由，我们不仅要揭示和批判资本主义的控制，而且要发动实质性的社会变革。

你会不会觉得，这个马尔库塞，真是饱汉子不知饿汉子饥，物质丰富还不好吗？至少人民过得很舒服啊。而马尔库塞坚持批判，甚至宣言造反，事实上有他的一整套理由,而且对许多人还有相当的吸引力。具体的缘由,我们留到下一节讨论。

思考题

对于消费社会"贿赂"大众这种说法,你有没有自己的亲身体会呢?你觉得"买买买"是让生活更好了,还是带来了更多的负担呢?

我们是"单面人"吗

马尔库塞曾说,像美国这样的发达工业社会是一种"新型的极权主义",它不是用恐怖的手段来控制大众,而是用无尽的消费和享受来贿赂大众,让人们陷入"舒舒服服的不自由"之中,难以察觉社会对自己的控制,也就无从反抗。

但马尔库塞表示,必须反抗,必须改变现状。可是,如果生活很舒适,而且很多人自己也很满意这种生活,为什么不能接受它呢?换句话说,造反真的有必要吗?

这个问题直指马尔库塞批判理论的核心,他对此给出了深刻而犀利的回答。20 世纪 60 年代西方世界之所以会爆发那么大规模的抗议运动,与这些回答不无关系。这一节我们就来看看,马尔库塞呼吁的"造反",必要性究竟何在?

普遍的异化

为什么要"造反",为什么要呼吁根本性的社会变革呢?就算我们承认,资本主义贿赂了人民大众,用满足消费欲望收买了普通人,让人们服从于社会的控制之下，那又怎么样呢？

有人会质疑就算这是贿赂，只要人们心甘情愿，愿意接受这种贿赂，这就不过是一桩你情我愿的交易罢了，又有什么不能接受的呢？

对此，马尔库塞的回答是，因为这桩交易根本不公平，简直就是欺诈！富裕的生活和舒适的享受本身并没有错，但我们为此付出的代价太高了，几乎是无法承受的代价。这个代价，就是我们作为"人"的身份。接受这桩交易，我们就被"物化"，或者说几乎沦为了动物，不再是完整意义上的人。

这个回答听上去铿锵有力，但我猜也许你心里还会犯嘀咕：人的身份是什么，物化又是什么？这里，我就需要你有一点耐心，让我为你讲解马尔库塞思想的脉络和背景，这样你才会明白他究竟在说什么，然后再去判断他的说法有没有道理。

在马尔库塞流亡到美国之前，他参与创立了一个学术流派——法兰克福学派。这个学派影响十分深远，后来成了 20 世纪"西方马克思主义"的代表。

我们中国人大多比较熟悉马克思主义的理论，那这个"西方马克思主义"和我们从小学习的理论又有什么不同呢？一个关键的区别就在于，他们特别重视所谓"青年马克思"的思想。

这背后有一个故事。1843 年，马克思流亡到了巴黎。第二年，他在巴黎认识了恩格斯，同时也开始撰写一些论述经济学和哲学的文章笔记，但生前一直没有发表。这些手稿被雪藏了 80 多年，直到 1927 年才被苏联专家发现，在 1932 年编撰成书出版，书名是《1844 年经济学哲学手稿》。这份手稿蕴含着丰富的哲学思想，马克思写作的时候才 26 岁，所以被称为青年马克思。在这份手稿中，最突出的一个主题就是人的"异化"。

"异化"原本是黑格尔的一个哲学概念。你可能知道马克思年轻时受黑格尔哲学的影响很大。在黑格尔那里，异化这个词指的是主体在自身的发展中，分裂出了一个反对自己的对立面，成为一种外在的异己力量。

马克思借用了黑格尔的这个概念，探讨资本主义条件下的劳动状况，发现了"劳动异化"的现象。你上中学的时候可能学过，马克思说，劳动是人的本质特征，是人的第一需要。你当时可能会感觉，这句话很反常识吧？大家好像都不太喜欢劳动啊。但马克思接着说，在资本主义条件下，工人感到劳动是一种与自己对立的苦役，完全是异己的活动，这就是劳动的异化。

在这份手稿中，有一段话极为精彩，我忍不住要和你分享。马克思说："工人在自己的劳动中不是肯定自己，而是否定自己，不是感到幸福，而是感到不幸，不是自由地发挥自己的体力和智力，而是使自己的肉体受折磨、精神遭摧残……"只要肉体的强制或其它强制一停止，人们会像逃避瘟疫那样逃避劳动。

结果是什么呢？马克思接着说，结果是"人只有在运用自己的动物机能——吃、喝、生殖，至多还有居住、修饰等等——的时候，才觉得自己在自由活动，而在运用人的机能时，觉得自己只不过是动物"。

在这段话的最后，马克思写下这样两句话：于是，"动物的东西成了人的东西，而人的东西成为动物的东西"。马克思的语言从容不迫，但你听这句话是多么的振聋发聩！

我自己读这部手稿的时候，刚好也是 26 岁，青年马克思就有这样的真知灼见，如此的雄辩，让我由衷地钦佩。而且这也激发了我思考，在马克思之后，现代世界又发生了巨大的改变和进步，可我们真的克服了"劳动异化"的问题吗？即使是在今天，又有多少人是把劳动看作自己的第一需要呢？为什么大家都喜欢周末、讨厌周一？为什么"钱多事少离家近"被看成是"最好的"工作？

我想，只要人的异化仍然是现代社会的现实，马克思就仍然是我们的同代人。

"单面人"

插播完青年马克思的思想，现在可以回到马尔库塞了。实际上，马尔库塞就是最早关注和研究青年马克思这份手稿的少数西方学者之一。他在手稿出版的第二年发表了长篇评论，给予其高度的赞赏。他说这份手稿的发现，是马克思研究历史中的划时代事件。

在马尔库塞看来，这份手稿中充满人道主义精神，这种精神贯穿了马克思的整个思想。他认为，马克思所说的人类解放的理想，就是要克服人的异化，这是一种人道主义的理想。

理解了异化问题，理解了马尔库塞对马克思的解读，你也就很容易理解为什么马尔库塞会断然拒绝那种贿赂大众的交易。现代的资本主义与马克思时代相比已经很不一样了。在现代，普通工人也能过上相对富裕的生活，享受消费的快乐。但对于大多数人来说，劳动工作仍然只是赚钱的手段和工具，消费和享受才是目的。在工作中感到累得像条狗，而在吃、喝、性爱等活动中才感到自己像个人。

这就带来了一种奇怪的困境。比如，一位白领女性，经常加班熬夜伤害了皮肤，所以需要购买护肤品。优质的护肤品很昂贵，所以她要追求升职加薪。这就要加更多的班，熬更多的夜，皮肤受到的伤害就更严重，于是就需要更优质、也更昂贵的护肤品和护理服务……你看，在这个循环中每一个环节的决定，这位女性都感到是自由自愿做出的选择，但是最终却陷入了一种受到支配的奴役处境，这就是马尔库塞说的"自由的奴役"。

在这样一个工作、生产、消费的循环中,人陷入了单一的生活模式——如何赚钱然后如何消费——人的思维模式也变得单一化了。这是韦伯讲的工具理性,追求成本最小化、收益最大化的计算模式,主要关注的问题就是想如何赚更多的钱,然后如何享受更优越的消费。表面上看,人好像也有自由,可以自己选择做什么工作,也能自由选择买哪一种商品,但说到底,这些"自由"都没有超出这个单一的生活模式和思维模式,人只是在这个无尽的循环中打转而已。

所以,马尔库塞说,资本主义社会不是真正自由开放的社会,而是"单面",或者说"单向度"的社会,生活在这种体制中的人,也不是立体丰富的全面发展的个体,而是丧失了真正自由的"单面人"。

变革的必要性

马尔库塞相信,如果社会的进步仅仅只是越来越富裕,那就算不上是真正的进步,因为人的异化不仅没有消失,反而更深入更广泛地渗透和弥散在生活的所有领域。这是一个在经济、政治和文化等方面都被商品拜物教所支配的社会,一种平庸而单面的世界。他认为,如果社会的进步只是变得富裕或者只是财产的转变,那就是对"人的解放"这一承诺的背叛,是对马克思人道主义理想的背弃。

因此,马尔库塞呼吁真正的社会变革,摆脱资本主义的异化,去争取经济、政治和精神的全面自由。而这场变革在理论上需要一个前提,就是揭示资本主义这场贿赂的真面目,论证这是一个不可接受的欺诈交易。

马尔库塞的批判深刻而犀利,有很强的感召力。但我们也看到,半个世纪过去了,资本主义社会并没有产生本质性的变化。即使大家承认变革是必要的，但如果大多数人仍然愿意接受这场欺诈，愿意付出自由来换得享受，那呼吁又有什么用呢？换句话说，马尔库塞期望的那种实质性变革，真的有可能发生、有可能成功吗？

|思考题|

你觉得马尔库塞关于变革"必要性"的论述，能够吸引你或者说服你吗？你怎么看待他说的"必须摆脱资本主义的异化"这个观点呢？

31 | 马尔库塞 III
"实质性的变革"是有可能的吗

马尔库塞认为，社会的变革，只有物质和技术进步是不够的，我们有必要做出"实质性的变革"，用他自己的话说，社会需要的是"质变"而不只是量变。

但问题是，即便我们承认变革是必要的，可是变革真的可行吗？在马克思的时代，阶级矛盾那么尖锐，资本主义制度也没有被彻底颠覆。在当今更富裕、大众生活更舒适的资本主义社会中，变革又怎么可能发生呢？

这正是马尔库塞反复思考的一个难题，他发现对于这个问题，现实给出的答案并不乐观。

工人阶级革命意识的丧失

首先，革命行动需要主体。在马克思的理论中，最有潜力的革命主体是工人阶级，可如今，革命的主体似乎已经消失了。

当代资本主义与马克思生活的时代相比，发生了巨大的变化。新的控制方式有效地压制了社会革命的思想理念，也消解了革命所需要的行动者。革命的主体似乎消失了，至少变得难以辨识。

马尔库塞在一次访谈中说,当今社会,工人阶级已经很难被称作"无产阶级"了,因为他们不再是一无所有的。

你可能还记得《共产党宣言》结尾处那句震撼人心的呼唤:"无产者在这个革命中失去的只是锁链,他们获得的将是整个世界。"但现在呢?如果发动一场革命,工人阶级可能会感到,自己会失去很多,而不只是锁链。

在马尔库塞的名著《单面人》中,有一段流传很广的文字:"如果工人和他的老板享受同样的电视节目并漫游同样的游乐胜地,如果打字员打扮得同她雇主的女儿一样漂亮,如果黑人也拥有凯迪拉克牌高级轿车,如果他们阅读同样的报纸",那意味着什么?意味着原本激烈对立的阶级之间出现了同化。

马尔库塞说,"这种相似并不表明阶级的消失,而是表明现存制度下的各种人在多大程度上分享着用以维持这种制度的需要和满足"。说得直白一点,过去,工人阶级是"光脚的不怕穿鞋的",但今天,工人阶级也有"鞋子"穿了,也会变得"投鼠忌器"。

在马尔库塞看来,工人阶级已经被整合到了资本主义体系之内,这种整合甚至深入心理层面。工人阶级曾经因为饱受压迫,爆发出反抗体制的否定性力量,但现在他们更关心如何进入体制之中,获得更多的收益。他们曾经是革命的主体,但现在已经不再具有革命性,成为维护资本主义的保守力量。

对异端的驯服

但这就产生了一个问题,尤其是那些生活在当代的美国人,他们很可能会质疑,难道资本主义社会早就和谐一片了吗?我们知道,发达资本主义"标配"的政治制度是自由民主制,在这种制度下,不是有批判和反抗的空间吗?我们从各种新闻报道中常常听得到各种质疑、辩论、批判和抗议活动。那么体制的控制和整合难道真是那么充分有效吗，它似乎并没有消除这些异端思想和反抗力量啊！

对此，马尔库塞也承认，民主政治给异端留下了空间。但他认为，所有这些质疑、批评、辩论、竞争、投票，甚至包括社会抗议运动，都只是在体制内部起作用，只能带来量变，无法突破体制本身，导致社会的质变。这就好比一个足球守门员说，足球运动需要变革。教练说，好吧，那要不换你去踢前锋，或者后卫？

马尔库塞甚至认为，这些表面上热闹的批评、抗议，它们的存在本身就是社会控制模式的一部分。这些表面上喧嚣的"异端"并不能改变社会体制，反而造成一种假象，让这个单面的社会披上了自由多元的外衣。

马尔库塞的这种分析批判能令人信服吗？许多人都表示怀疑，认为他的批判方式看上去好像很深刻，好像是"透过现象看到了本质"，但仔细想想，似乎又只是一种说辞。

我最初也觉得，他的观点只是"貌似深刻"，但后来我考察了一个真实的现象，想法有所改变。现在我把这段思考分享给你，然后请你来判断，马尔库塞的观点究竟有没有真正的洞见。

这个现象就是摇滚乐。西方的摇滚乐在 20 世纪 50 年代中期兴起，60 年代达到鼎盛期。美国的猫王，英国的披头士，还有著名的滚石乐队，都是摇滚乐的伟大代表。

20 世纪 60 年代的摇滚乐有一个醒目的特征，就是激进的反叛性。他们不仅抵抗传统价值，追求个性解放，而且鲜明地针对政治，积极介入各种政治运动之中，包括民权运动、女权运动和反战抗议，等等。摇滚乐有着广泛的大众影响力和号召力，又如此激进地反抗体制，照理说，应该会形成强大的反体制力量吧？

但我们看到结果是什么呢，结果是资本主义体制把摇滚乐给商业化了。给你舞台，给你排行榜，给你巡演，给你发唱片；摇滚乐手成了大明星，获得巨大财富，进入上流社会，最终被这个体制吸纳。而那些商业化失败的摇滚乐手，则被边缘化，慢慢消亡；有的人陷入颓废和绝望，甚至自杀。

我们看到，资本主义体制的控制力量如此强大，它能够灵活地应对任何寻求反抗和解放的挑战，极其有效地"收编"反抗力量，把异端改造成主流，最终成为体制的一部分。

思考过摇滚乐的历史，我明白了马尔库塞在《单面人》中的一个观点。他说，在这种新的控制模式中，违背或超越主流的另类观念、愿望和目标，只有两种命运：要么被排斥消灭掉；要么就是按照主流世界的原则被转化，转化为现存体制能接受的方式继续存活。

解放的幽灵

你看，虽然马尔库塞坚决地要求变革，但他也深刻地理解到，要让变革发生，难度非常大。曾经明确的革命主体消失了，而其他的异端分子很容易被体制"收编"。要想实现他所期望的"质变"，似乎希望渺茫。

但马尔库塞并没有放弃变革的希望。就像马克思一百年前曾说，"共产主义的幽灵在欧洲徘徊"，马尔库塞也表示，"解放的幽灵"正在发达工业社会中徘徊。他看到一个无法否认的事实，那就是资本主义仍然存在巨大的内在矛盾。比如，在20世纪60年代，帝国主义扩张造成的全球冲突，核军备竞赛对人类安全的威胁，生态环境的日益恶化，阶级、种族和性别之间持续的不平等，还有不断加剧的人的异化……这些危机显示，资本主义的内在矛盾并没有消失，它所维护的那种表面上的和谐统一只不过是幻觉。

但幻觉不可能没有裂痕,"解放的幽灵"就潜伏在裂痕之中。马尔库塞剖析这个社会,致力于揭穿这种欺骗性的统一,就是要把裂痕撬开,将解放的幽灵释放出来,在思想层面上为变革创造条件。

可是,在工人阶级被收买之后,变革的主体在哪里呢?马尔库塞把希望寄托于体制的边缘人群,包括青年学生、失业者、流浪汉以及其他被压迫的社会底层。他们不是体制的既得利益者,还没有被收编。他们的抗争虽然缺乏自觉意识,但这些被压迫者的抗争,最有可能撕开体制伪善的一面。

马尔库塞希望,这些自发的反抗和斗争能够从他的批判理论中汲取思想养分,产生出自觉的政治意识,再进一步扩展到更广泛的人群。他呼吁一种"大拒绝",呼吁人们去否定现状,不再沉湎于消费和享受,用"变革的主体性"取代"消费的主体性",让抗议和反抗演变为真正改变世界的解放运动。

但是,尽管怀抱如此宏大的期望,对于运动的最终结果,马尔库塞并不乐观。他说批判理论并不许诺成功,但仍然怀有希望。在《单面人》的最后,马尔库塞引用了本雅明写下的一句话:"只是因为有了那些不抱希望的人,希望才赐予了我们。"

到这里,你可能也发现了,马尔库塞一直说要变革,但却没有指明变革之后该怎么办。他展开了全面的批判,却没有给出具体的建设性目标。还记得前面的例子中,那个要求变革足球运动的守门员吗?马尔库塞可能会说,守门员变成前锋,这不是实质性的变革。那怎样才算实质性的变革呢?大概在足球场上游泳才算吧?但这根本不可能实现。实际上,马尔库塞也没有提出任何可实现的制度性方案。

马尔库塞的思想对20世纪60、70年代的青年抗议运动有很大的影响,但他拒绝接受"导师"之类的称号,认为自己只是辨析和阐明运动本身所蕴含的想法、目标和意义。站在今天,我们来回看那场席卷世界的青年抗议运动,它并没有在根本上改变资本主义的政治经济制度,甚至后来还引发了保守主义的强劲反弹,尤其体现在里根—撒切尔时代的经济政策上。

不过,这场运动仍然带来了重要的文化变革,在种族、民权、社会正义与平等、女权,以及性别和性取向这些身份认同的领域,几乎全面改写了传统的主流观点。这场运动造就了整整一代"进步主义"知识分子,在此后的数十年间,持续在校园和公共领域中发出批判性的声音。

> 思考题

我们到底如何来评价这场运动的成败呢?按照马尔库塞的标准,运动并没有实现社会的"质变",但它算是被收编了吗?还是说,即使没有质变,它仍然带来了一些有意义的变革呢?

第四章

自由主义及其批判者

32 ｜ 路标
自由主义为什么会不断遭到挑战

上一章，我们讲解了几位重要的思想家对于 20 世纪历史教训的反思。西方的三种主要政治模式及其意识形态都出现了各自的困境与危机。德国的纳粹主义随着二战的终结而覆灭。此后不久，苏联模式与欧美的自由主义形成对峙，进入了长达 40 年的冷战状态。在二战之后，西方有不少左翼知识分子对苏联模式抱有同情并寄予期望。然而，当赫鲁晓夫在苏共二十大的"秘密报告"流传到西方，苏联社会的现实状况逐渐被媒体揭露，大多数左翼人士也放弃了对苏联的幻想。自由主义的理论与实践似乎成为西方现代性方案的唯一选项。

然而，一个反讽的现象出现了。虽然自由主义一直是西方现代思想的主流，并在 20 世纪下半叶逐渐占据了支配地位，但却不断遭受新的挑战。只要你对西方媒体稍有了解，就会发现，无论在公共舆论界还是学术界，始终存在着对自由主义的尖锐质疑和批评。近年来，宣告自由主义正在衰落，甚至已经死亡的言论更是不绝于耳。

那么，自由主义在西方是不是已经奄奄一息，只是垂而未死呢？

其实不然。宣告自由主义死亡的言论在历史上屡见不鲜。我读过一篇 2019 年发表的文章，作者是美国印第安纳大学的两位教授，题为《自由主义的多次死亡》。这篇文章对谷歌收录的 3000 万本以上的图书做了词频分析，发现自由主义的最初死亡发生在 19 世纪 70 年代，在进入 20 世纪时又多死了几次，到了 1920 年之后，几乎就在连续不断地死亡。相比之下，威权主义似乎从来不死，而保守主义只是偶尔死亡。

一种思想，怎样才算是死了呢？我认为就是它不再能够成为社会生活实践的指南，只能进入博物馆成为考古研究的对象。

自由主义不断被宣告死亡，恰恰表明它还活着，仍然具有很强的生命力，但同时也表明，人们对于自由主义的主导地位心存许多深刻的不满。这是为什么呢？原因可能有很多，但主要的原因是自由主义在现代的发展中遭遇了越来越强的平等主义的压力。也就是说，自由面对着来自"平等"的挑战。

从"特权"到普遍的自由

过去的自由和我们今天理解的不太一样，在古代社会，自由本来是一种"特权"。现在说到"特权"，通常是指"一般人没有的权利"。但其实"特权"最初的含义恰恰是"个人特有的权利"。英文中的特权叫作"privilege"，在词源学上说，它来源于两个词：一个是"private"（私人的），一个是"lex"（法律），特权就是这两个词合成的。它指的是"私人享有的法律权利"。

那自由和特权又有什么关系呢？在古代，特权与等级制联系在一起。等级结构中，每个阶层都有自己的特权：领主有领主的特权，商人有商人的特权，农民也有农民的特权。比如，领主有权向佃农收税收粮，而佃农有权要求领主保护他们。这里的"特权"，实际上是指"你能够如何自主行动"的意思。换句话说，根据等级位置，你有特定的不受侵犯的自主空间，这就是你的自由。

然而随着历史的发展，等级制被打破了，"自由"的内涵也发生了变化。

标志性的事件就是法国大革命。大革命摧毁了等级制度，推动了新的普遍自由观念的广泛传播。人们开始认识到，人生而平等，应当平等地享有同样的自由。

但是你稍微想想就能发现，自由和平等之间很容易产生冲突。比如让一个健硕的小伙子和一位天生腿部残疾的人赛跑，让他们自由竞争，结果怎么可能平等呢？那么为了平等，是不是要让竞争的优胜者，把赢得的奖品交出一部分来补贴失败者呢？但这是不是侵犯了优胜者的自由呢？

在大革命一开始，普遍的自由权还只是理想。但随着历史的发展，越来越多人开始要求平等地享有自由，形成了巨大的社会压力。传统的自由主义就面临一个选择：要么被社会发展淘汰出局，进入历史的博物馆；要么就必须认真对待平等的问题，也就必须平衡兼顾自由和平等这两种价值。

在自由主义的发展中，确实出现了这样的变化。如果把我们熟悉的自由主义思想看成一个大家族，家族里辈分最高的，理应是17世纪英国思想家约翰·洛克所代表的自由主义，强调个人自由和基本权利，限制国家的干预，这被称为古典自由主义。而到了19世纪，约翰·密尔这一代人提出了所谓的现代自由主义，在坚持自由的同时非常重视平等的价值，也就特别关注社会正义和政治民主的问题。

更复杂的是，随着历史继续演进，平等的压力不断上升。这是因为，要求平等的民众越来越多，而平等的内涵也越来越丰富。比如，法国大革命虽然宣称人人平等，但当时并没有把女性包括在内。再比如，最初的平等诉求主要是公民权利的平等，像是投票权和宗教自由的权利，后来就延伸到了经济和文化领域的平等。平等的范围一直扩张，自由主义就需要不断地面临新的挑战，不断做出新的回应。

而且自由权利的内涵本身也在发展演变。比如今天有人主张，我们应该有权自由选择自己的性取向，甚至自己的性别。这恐怕是三百多年前的约翰·洛克做梦也想不到的自由问题。

你看，来自"平等"的挑战层出不穷，而自由本身的含义也在不断被丰富。最终结果就是，自由主义衍生出多种多样的派别，它并不是一套融贯统一的理论。

有学者研究发现，存在着近 30 种自由主义的不同定义。在政治实践的历史上，自由主义被用来指称许多不同的治理体制：法国有过自由放任的"重农学派"，德国有过秩序自由主义，英国有过"福利国家"制度，美国有过强调国家干预的"罗斯福新政"。并且，在里根—撒切尔时代，英美两国都出现了新的放任自由主义。

自由主义思想确实像一个大家族，成员之间血统相近，但每个人又不太一样。

自由主义的家族特征

那么，自由主义这个大家族难道能容纳无限的多样性吗？当然不是，它必须有其边界，否则就不是一个有意义的概念了。我想通过讲解自由主义的"一个界限"和"两个维度"，来简要阐述它的特点。

首先是界限，这是指内外差别，就是自由主义和其它思想传统之间的差别。自由主义顾名思义当然特别重视自由，但这一点还不足以和其它思想传统做出区别。"自由"这个概念，本身有许多不同的含义。我们在上一章节讨论过伯林划分的消极自由和积极自由，这两种含义也不能穷尽自由的概念。马克思主义最终也是追求人类的自由解放，但我们不能因此就说马克思主义也是自由主义的一种。自由主义必定强调自由，但强调自由的未必就是自由主义。所以，倡导自由是自由主义思想的必要条件，而不是充分条件。

事实上，自由主义倡导一种特定的自由，是个人自由，特别重视保障个人权利，视其为优先甚至首要的价值。这可以作为这个家族的共同相似特点。

其次来看看两个维度，我认为可以从空间和时间的维度考察自由主义家族内部的差异。

第一个维度是从空间上看地域差别的类型，主要是英美自由主义和欧洲大陆自由主义的传统，前者的代表人物是休谟和洛克，后者的代表人物是法国的卢梭和德国的康德。前者有很强的经验主义取向，强调免于强制的消极自由；后者有很强的理性主义取向，强调自我主导的积极自由。当然，这个说法是比较粗线条的。

我认为第二个维度更重要，它是从时间上看代际差别，你可以把它理解为自由主义家族不同辈分的特性。我们曾在前文提到，这个家族辈分最高的成员是 17 世纪英国思想家洛克，他强调个人自由和基本权利，主张国家最少干预，在政治上提倡宪政自由原则，被称为古典自由主义。后来到了 19 世纪，英国的约翰·密尔那一代，出现了所谓现代自由主义，他们非常注重社会公正和平等的价值，转向强调政治民主。

这个代际转变当然有历史变迁的原因，最重要的就是大革命摧毁了等级制度，每个人生而平等，有天赋人权。从此自由就是每个人的自由，权利就是平等的权利。所以到了现代，自由主义如果不顾及平等问题，就会变成少数精英的理论，慢慢失去其主导地位。所以，现代自由主义的一个特点，就是必须认真对待平等问题，兼顾自由和平等这两种价值。伴随着现代转变，平等的自由权利带来更多样化的人生理想和生活方式。

现代的"三全其美"

我们提到了自由主义是一个大家族的说法,它就像家里有一大堆孩子,都去学校上学,有的特别会考试,有的会打篮球,有的会跳舞,但同时呢,有的数学不好,有的语文不好,有的和同学关系不好。于是这个大家族三天两头就会听到表扬和赞赏,也受到接连不断的批评和抱怨。

这就解释了开头的那个问题,为什么自由主义一直在"死亡"。其实是因为,自由主义有着丰富的内在多样性,多样性造成了它的一个特点:某种自由主义的没落甚至消失,不会牵连自由主义思想整体的命运。比如,在20世纪80年代之后,福利国家版本的自由主义衰败了,但与此同时倡导法治宪政、自由市场和个人权利的自由主义却开始活跃。面对这种情况,喜欢自由放任市场经济的人会欢呼自由主义的复兴,但特别注重平等的进步主义者会认为这是自由主义的严重颓败。同一个人可能会批评其中的一种,却又赞同另一种。于是,自由主义总是会遭到各种攻击,同时也会获得各种支持。

当然,自由主义成为主流思想,不仅仅因为内部的多样性。更重要的原因是,西方社会很难找到另一个方案去替换它。这是因为,进入现代社会,人们追求普遍的自由平等,而在现代世界已经祛魅的大背景下,一旦有了普遍的自由平等,就一定会衍生出第三种诉求,那就是生活理想的多样化。

这样一来,自由、平等、多元,就成为现代世界无法逆转的基本条件。如果放弃其中任何一种,世界就会变成和现在完全不同的平行宇宙。而要兼顾这三种诉求同样是一件复杂困难的事情,很难找到一个完美的方案。

比如,激进主义可能更注重平等和多元,但很可能忽视了权利的自由;保守主义强调自由,但可能忽视了平等,也压制了多元性。相比之下,现代自由主义或许最有潜力来同时回应自由、平等和多元这三种诉求,兼顾三种价值。

也正是这个原因，自由主义虽然一直在被"宣告死亡"，但整体上它依然有着强大的生命力。

在接下来的这一章节，我们要探讨的是，自由主义在应对现代世界产生的新问题，尤其是来自"平等"的挑战时，究竟提出了哪些方案。同时，我们也将讨论这些方案遭受的质疑和批评。

"全明星阵容"

最后，简要介绍一下本章出场的七位思想家，他们是：罗尔斯、诺齐克、德沃金、桑德尔、沃尔泽、泰勒和哈贝马斯。他们七位相互都认识，都出生在 20 世纪，也都活到了 21 世纪。其中三位已经去世了，有四位仍然健在。我还有幸见过其中的三位，和他们有过交谈。

这些思想家有一个相似之处，就是倾向于建立规范性的理论。

什么意思呢？他们最关注的问题，不是如何来描述和解释社会政治现象，这是社会科学家做的工作。所谓规范性理论，就是致力于论证社会政治应该怎样安排才是好的。

这些思想家都深受英美分析哲学的影响，他们的论述往往非常抽象和深奥，但他们也延续了哲学分析的一个传统做法，就是用日常生活或者思想实验的例子来激发人们的直觉，帮助思考和理解。在后面的讲述中，我会尽可能把他们本人所举的例子分享给你。

当然，这七位思想家的观点并不相同，有的还发生过激烈的争论，有些人还算作自由主义的批评者，被称为社群主义或者共和主义者。但在我看来，在宽泛意义上，他们都属于自由主义大家族的成员，至少是亲戚。他们的研究论述，代表了 20 世纪最后 30 年西方自由主义发展的最高水平。下一节，我们就来了解其中的第一位,可以与康德、密尔等人相提并论的大哲学家,罗尔斯。

> 思考题

关于自由和平等之间的冲突,你有什么看法,你认为两者之间有没有相互兼容的可能呢?有什么例子能说明吗?

33 | 罗尔斯
怎么才能实现社会正义

这一节我要向你介绍的人物约翰·罗尔斯，是20世纪最伟大的政治哲学家，甚至可以不加之一。美国前总统克林顿说，罗尔斯"几乎以一人之力，复活了政治和道德哲学"。

要说罗尔斯具体的研究成果，最著名的当然就是他在1971年发表的《正义论》。这本书正文开篇是这样一句话："正义是社会制度的首要价值，正像真理是思想体系的首要价值一样。"

不错，《正义论》要探讨的就是正义的社会制度。只是，这本书有600多页，理论性极强，要是照本宣科来讲，肯定会让你抓狂。那么我们就换一种方式，从一个故事开始，这个故事很简单，就是"怎么分蛋糕"。

"无知之幕"遮蔽了什么

你参加生日聚会，到了大家一起吃蛋糕的环节，这时存在一个问题：蛋糕要怎么分才公平呢？

最直接的做法就是平均分，而且你肯定知道，要让切蛋糕的人最后选，这样才能分得最平均。

但有人反对，说每个人胃口大小不一样，应该按照需求来分才合理。

又有人说，蛋糕也不是天上掉下来的，是我们自己做的呀，应该按照做蛋糕的贡献大小来分配，这才公平。

马上就有人不同意了，他说，我没参加做蛋糕，可是整个聚会都是我张罗的，今天最辛苦的人就是我了，你们不觉得应该按照努力辛苦的程度来分配吗？

这时，寿星终于忍不住了：今天是我过生日好吗，分蛋糕为什么不是我说了算啊？

这么争论下去，还能不能好好过生日吃蛋糕啦？然后你说，一个蛋糕而已，至于这样吗？

一个蛋糕当然不至于，但如果这不是一场聚会，而是我们共同的社会生活；要分配的也不是蛋糕，而是一笔巨大的社会财富，是上大学的机会，是住房、就业、医疗的待遇，还有公共政策和生活方式的决定权，那又会怎么样呢？是不是值得我们认真对待、一起来严肃思考呢？你现在意识到问题的重要性。那这个"蛋糕"到底怎么分，才是公平的呢？

这时，罗尔斯出场了。他先指出分蛋糕的问题，难点究竟在哪里，然后提出了一个绝妙的解决方案。

难点在哪里呢？罗尔斯会说，你们每个人的意见都有些道理，也都很难反驳，所以会有分歧。但你仔细想想，分歧到底是哪来的呢？是因为每个人都带着自己的偏好。这样就算一直辩论下去，也不能化解分歧。为找出一个真正公平的方案，大家必须放弃所有偏见，一起来讨论，签订一个契约。

你可能会想，这有多天真啊，你怎么可能让大家都不带任何偏见呢？

罗尔斯提出了一个天才性的构想。他化身成一个发明家，拿出一件神器，是一道大幕布，名字叫作"无知之幕"。

这面无知之幕有什么神奇的功用？很简单，你站到无知之幕的后面，就看不见自己了。不仅看不见，而且遮蔽了你的一切个人特征，不管是种族、性别、身体素质，还是年龄、智力、家庭背景，或者职业、财产、宗教信仰，这些特征你全都忘记了。

不过，你只是对自己的特点一无所知，其它方面完好无缺。你有正常的理性能力，也知道要对自己好，知道怎么盘算才对自己最有利。你也知道一个人要正常生活，需要哪些基本条件，了解衣食住行和文化政治生活的基本状况。简而言之，你只是忘记了"自己是谁"。

好了，现在每个人都站到了无知之幕后面，罗尔斯把这个位置叫作"原初位置"。在这个位置上，你完全不知道自己的特殊性，大家处在绝对平等的地位，每个人都是理性自利的人，而且是完全自由的，你可以用一切最有效的办法来争取自身的利益。可以说，"原初位置"上那些绝对平等、彻底自由、完全自利的理性人，一起签订了一份契约。

签订这份契约当然不只是为了分蛋糕，而是确立一套分配原则，用它来决定如何分配收益和责任的社会基本结构。其实，这个契约就是我们应当如何生活在一起的规范原则。

大家都承诺，签订了契约之后不可反悔，也不能修改。签订契约之后，无知之幕就落下了，每个人都恢复了对自己的记忆，其实也可以说是重新投胎。

那么，站在无知之幕背后的人们，最终会达成一个什么样的契约呢？

如何理解正义二原则

在《正义论》这本书里，罗尔斯用详细而严密的推理，考虑了各种不同的选项，得出了契约的基本内容。他六万多字的论证，最后得出来的关键原则，主要就是两条。

第一条原则叫作"平等的自由"原则，就是每个人都平等地享有一系列基本的自由，包括言论自由、信仰自由以及拥有个人财产的自由，等等。

这个原则是怎么得出来的呢？很简单，在无知之幕后面，大家最关心的事情，就是签订了这个契约之后，揭开了无知之幕，这个契约会不会让我活得很惨啊？因为你是理性而自利的人，最重要的计算就是规避风险，这就会淘汰许多选择。

这样一来第一个原则就很好理解了。比如，你肯定不会同意搞奴隶制，要是无知之幕一揭开，你碰巧是个奴隶，那就惨了。同理，你不会选择任何等级制的社会。当然，你也不愿意把基督教定成国教，因为无知之幕揭开后，万一你是个伊斯兰教徒，那就对你很不利。你知道社会是多元的，但不知道自己属于哪一元，所以要让每个人都有平等的自由权利，自主地选择自己的生活方式。

总之，为了确保自己特定的生活目标和方式不会低人一等，无知之幕后的人都会同意要保障每个人平等的基本自由。这就是第一条"平等的自由"原则。

第二条原则稍微复杂一些，它和社会经济的分配原则有关。罗尔斯得出的结论是，默认的选项就是应当完全平等分配。但他做了重要的补充，我们能够接受某些不平等分配，但必须满足两项限制条件。

第一项限制是，相关的职位和工作必须在"公平的机会平等"（fair equality of opportunity）前提下，向所有人开放。直白地说，你要是说一家企业的CEO应该多赚钱，那前提是，所有人都有平等的机会成为CEO。

这里特别要强调，罗尔斯说的"公平的机会平等"要比一般的机会平等条件更严格。比如，大家想做公务员，机会平等就是大家都有资格去参加公务员选拔考试，然后择优录取。这不就满足了机会平等的要求吗？

但罗尔斯认为，这还不够公平。为什么呢？因为考生的背景差异太大了，比如家庭出身、居住地点、教育资源甚至身体状况等差异，这些都会影响考试的结果。而且关键在于，其中有很多因素是你自己无法控制的。罗尔斯认为，如果让这些自己无法掌控的因素影响了你的处境和命运，那仍然算不上公平。

换句话说，公务员考试设置了一条平等的起跑线，这是普通的机会平等。但仔细一想你就会发现，这条起跑线根本不是平的，它其实是前一场赛跑的终点，已经有人在你前面，也有人落在你后面了。

罗尔斯认为要从最早的比赛开始就设置尽可能平等的起跑线，或者说，要把起跑线的平等往前延伸，从幼儿园开始一直到大学，来保障你成长背景的公平。这样才能满足"公平的机会平等"这个限制条件。

好了，我们不搞平均主义，也照顾了"公平的平等机会"，尽量拉平大家的起跑线了，这样一来"无知之幕"背后的人都会同意吧？

罗尔斯说，别着急，这个契约关系到我们每个人一辈子的生活，要再仔细想想，还有哪里需要改进。

你很快就想到了，不管起跑线再怎么拉平，竞争的结果总会有输赢。你在无知之幕背后，根本没法确定你能赢得胜利；你可能会输，而且输得很惨，是最后一名，那该怎么办呢？你要怎么来规避这个风险呢？

当然，有人这样认为：竞争的条件已经那么公平了，输了只能怪自己啊！罗尔斯不同意。他认为，造成社会不平等最深刻的原因，并不是自由竞争，而是人们的天赋差异，以及家庭背景和社会阶级地位的差异。把起跑线拉得再平，也无法消除天赋的差异。

比如你可能先天残疾，可能先天智力不高，也可能天性就不适应激烈的竞争，或者你的天赋才能可能是打猎，但你生错了时代，现代社会不需要靠打猎谋生……你看，你生活在什么时代，以及你有什么样的天赋因素，都是自己无法选择、无法控制的。罗尔斯把这些自己无法掌控的运气或偶然因素，称作"道德上任意武断的因素"。如果这种偶然因素让你在竞争中落败了，难道你就活该受穷受苦吗，难道应当让你自己来承担所有不利的后果吗？无知之幕背后的人们不会答应，因为揭开了无知之幕，自己完全有可能就不幸地属于当今社会的天赋最差、最弱势的群体。

所以，罗尔斯认为，社会经济的不平等分配，还需要满足第二个限制条件。罗尔斯把它叫作"差异原则"，就是这种不平等，能够让处境最糟糕的人改善状况。也就是说，除非不平等的分配能使得最弱势群体的处境得到改善，否则，不平等在道德上就是不可接受的，是不公平的，也是无知之幕背后的人不会接受的。因为不只是你，每个人都可能会成为最弱势的群体。在竞争中出现的优胜者，他们获得的优势如果能够改善最弱势者的处境，那么就是可以接受的。

怎么改善不平等分配的情况呢？最容易想到的办法，就是让富人缴更多的税，用税收来创造福利资源，其中一部分对最穷苦的群体予以救济。当然，通过税收来做二次分配方式并不是唯一的方法。罗尔斯认为，这也不是最好的方式。但这涉及更复杂的学术研究，我们在此就不做展开分析了。

到这里，我们来做一个总结：罗尔斯通过无知之幕的思想实验，推理论证了一个正义的社会契约中最关键的两条原则。第一条原则是要保障平等的基本自由，第二条原则是，社会经济的不平等分配，必须满足两个限定条件，一个是"公平的机会平等"，一个是要满足差异原则。

罗尔斯的正义理论中，有一个符合我们道德直觉的思想，就是应当尽可能排除那些偶然的和天生的运气因素对命运的影响。正因如此，我们才会把废除奴隶制和封建等级制，把克服种族主义和男权主义的历史过程看作通向公平正义的道德进步历史。

我们曾讲过，自由主义在现代面临来自"平等"的巨大挑战。从罗尔斯的理论中，你能看到为了回应平等问题，他做出了多大的努力。当然，他的成就也获得了极高的赞誉。那么，罗尔斯如此严谨的理论还会有人质疑吗？是的，而且有一种批评就来自他身边的朋友。这个人是谁？他又如何反驳罗尔斯的观点呢？

思考题

假如你站在无知之幕的后面，你最关心的事情会是什么呢？

34 | 诺齐克
最自由的国家是什么样子

我们在上一节的最后留下了这样一个悬念：罗尔斯有一位朋友，对他的理论提出了针锋相对的批评，这位批评者就是我们这一节的主角，罗伯特·诺齐克。诺齐克比罗尔斯小 17 岁，他们在哈佛大学哲学系做了 33 年的同事，最后都在 2002 年去世。

诺齐克这个人特别有意思。他外表十分英俊，有人开玩笑说他"too handsome to be a philosopher"，意思是说诺齐克太帅了，帅到不像一个哲学家。

两种哲学风格

诺齐克和罗尔斯在许多方面是对立的两极。罗尔斯为人极其谦逊温和，认真对待自己受到的批评质疑，也做出了许多细心的回应。而诺齐克呢，他的名著出版之后，同样是评论如潮，但诺齐克一律不搭理，转向了别的研究领域。

在学术风格上，他们两人的反差也很鲜明。罗尔斯是典型的刺猬型大师，一生专注于正义问题的研究。而诺齐克却像是一只活跃的狐狸，研究主题涉及广泛的哲学领域。他在哈佛教了 30 多年书，一门课从来不讲第二遍，只有一个例外。那门课非常精彩,名字叫"生活中最美好的事物",探讨"友谊、爱情、智性的理解、性快乐、成就、历险、游玩、奢侈、名望、权力、启迪以及冰激凌",也就是所有这些事物对于生命的意义和价值,因为这门课实在太受欢迎了,所以诺齐克讲过两次。

诺齐克和罗尔斯差别这么大,并不妨碍他们成为好朋友。诺齐克对罗尔斯的《正义论》评价极高,称之为在约翰·密尔之后百年来最杰出的政治哲学著作,他说"从此之后的政治哲学家,要么在罗尔斯的理论框架内工作,要么就必须解释为什么不这样做"。人们在评价罗尔斯的时候,几乎都会引用诺齐克的这句赞语。

但是,诺齐克自己恰恰就是罗尔斯理论最著名的反对者。在《正义论》出版三年之后,36岁的诺齐克发表了《无政府、国家与乌托邦》一书,提出一种不同的正义理论,引起热烈的反响,还获得了美国国家图书奖。这本书有相当大的篇幅就是在批判罗尔斯的正义论。

可以说,在西方自由主义内部,罗尔斯和诺齐克形成了对立的两极,罗尔斯在最左端,诺齐克在最右端,构成了当代西方国家社会制度的选择边界。比如,北欧国家更接近罗尔斯,而美国更偏向诺齐克,但欧美国家都落在这条光谱上,不会越过他们确立的边界。所以,著名哲学家内格尔才会说,罗尔斯和诺齐克的理论在100年之后还会被人铭记和阅读。

你已经学习过位于光谱左侧的罗尔斯,再来了解一下诺齐克的理论,就可以对这个制度选择的整体范围有一个初步的把握。

对罗尔斯的挑战

诺齐克对罗尔斯究竟做了什么批评呢?最关键的一点就是,他认为,罗尔斯没有完全充分地尊重个体权利，理论不够自洽，只能算"半个自由主义者"。

比如，罗尔斯说，一个人天生的优势完全是偶然的运气，不应该由此获得分配的优势，除非这种优势能让处境最差的人获得改善。诺齐克说，这岂不是把个人天赋当成了公共资源来分配吗？这样就侵犯了个人自由权，完全不可接受。

诺齐克举了个例子，你天生有两只明亮的眼睛，而我天生双目失明，那为了公平，你是不是应该捐一只眼睛给我呢？这听上去太恐怖了，显然不符合我们的道德直觉。

当然，罗尔斯也不是主张要直接分配人的天赋，而是说，如果天赋优势让一个人获得了更高的社会经济收益，那么收益的一部分应该用来补偿处境最差的人。

而诺齐克又举了一个例子。假如有四位男生向一位女生表白，她接受了一个高大英俊的男生开始交往，这就影响了其他三位的处境，其中一位颜值不高，天生情感脆弱，感到痛不欲生。那么应该怎么来补偿这位处境最差的男生呢？是不是要让那位被选中的英俊男生额外缴税，用来帮那位"落选"的颜值最低的男生做整容手术？这似乎也不符合我们的道德直觉。

当然，恋爱交往与经济分配并不相同，但诺齐克认为，它们都可以看作一个市场。在相亲市场中，我们只要有自愿交易就是正义，没有谁应该对谁做出补偿。在经济市场中也应当如此。比如，有两家蛋糕店，一家生意兴隆、门庭若市，而另一家经营不善、门可罗雀，最后倒闭，员工全部失业。那么生意好的那家蛋糕店，难道就应该出钱救济隔壁失业的员工吗？

在诺齐克看来，罗尔斯在政治权利方面坚持了自由主义原则，让每个人享有基本自由，但在社会经济领域，却没有一以贯之地坚持这个原则，而是把平等分配当作默认选项，认为唯一可以接受的不平等的分配，必须满足两个限制条件("公平的机会平等"原则和差异原则的限制)。所以,罗尔斯被称为"平等主义的自由主义者"——在政治和文化上坚持自由主义,但在社会和经济问题上采取了平等主义的立场,这在诺齐克看来是一种不够融贯自洽的理论——所以只是半个自由主义者。

诺齐克的正义理论

那么,诺齐克自己的主张是什么呢?就是一种完全彻底的自由主义理论,无论是政治领域还是社会经济问题上,都要把个体权利放到最高位置。这种自由主义被称为"自由至上论"(Libertarianism,也译为"放任自由主义")。

诺齐克的论证有两个关键要点,我先给你摆出来。

第一点,他所有论证的起点是个体权利的绝对优先,对个体权利做出任何限制,都要给出很强的正当理由,方可被接受。

第二点,他主张要在政治、经济和社会等领域全方位地坚持自由原则。尤其在社会经济问题上,他对一种不受任何干预的自由市场资本主义做出了道德辩护。

请你特别注意"道德辩护"这四个字。通常人们谈论资本主义的各种好处,都着眼于经济效益的方面,比如生产效率高、经济发展快、生活水平高,等等。但这些特点都不是诺齐克关心的要点。他支持自由放任的资本主义,主要是出于道德的理由,因为它最充分地尊重和保障了个人基本权利,所以能造就一个最为正义的社会。

这听上去违背我们的常识啊,资本主义怎么可能是正义的呢?诺齐克的观点当然不一定正确,但我们可以再来看看,他是如何论证自己的正义理论的。

诺齐克讲的正义不是"分配的正义",而是"持有的正义"。他认为,首先要考虑的不是如何分配，而是我们持有（holding）的东西。核心问题是，在什么条件下，我们持有的东西在道德上才是正当的呢？

围绕这个核心问题，诺齐克开始了自己的论证。

诺齐克的论证有一个出发点：我们最初能正当拥有的是什么呢？当然就是我们自己，诺齐克称之为"自我所有权"（right of self-ownership）。我们作为人，对自身的所有权是不可剥夺的，应当免于一切外部的侵犯和干涉，这理所当然是正义的（因此，所有奴隶制肯定都是不正义的）。自我所有权的正当性是诺齐克理论的前提。

但仅仅拥有自己是活不下去的，我们还需要获得资源和财产。这里，诺齐克就提出了他的三项正义原则。

拥有财产的第一步是获得财产，所以第一条正义原则就是"获取正义"。就是你所持有的财产在起点上，也就是最初获取的时候必须是正当的。要么通过劳动占有了天然资源，比如"无主之地"，或者接受了别人自愿的馈赠，比如来自父母的遗产；反正是不能侵犯任何他人所有的财产，否则就失去了"获取正义"。

第二条原则是"转让正义"：如果财产从一个人转移到另一个人手里，整个过程没有巧取豪夺，是通过自由自愿的交换或者馈赠，那转让就是正当的。

如果最初获取财产是正义的，转移的过程也是正义的，那么你持有的财产在道德上就是正当的。比如，父母给你留下一块地，你种了些苹果树，收获的苹果就是你正当持有的财产。然后你拿苹果和别人交换大米，或者卖苹果换了钱，再用钱去买建材造房子，开了一家民宿，开始收租金。只要在整个过程中，所有的环节都是自由自愿的交易，那么你获得的一切都是正当的，你有"资格"持有这一切，这个资格英文叫"entitlement"，和权利的意思接近，但语意更重一些，就是你正当应得的权利，它也因此而不容侵犯。

诺齐克认为，如果整个社会的财产分布都满足这两项原则，那么这个社会就是正义的社会。

不过你肯定也想到了，哪有这么理想的事，肯定会有违背两条原则的事情发生啊。对此，诺齐克提出了第三条原则，就是"矫正正义"。对那些通过不正当的方式得来的财产持有，不管经历了多少变化，都必须予以矫正。诺齐克相信，有了这三条原则，就可以评价所有关于财产持有的正义问题。

最小国家理论

诺齐克的持有正义理论，注重持有的历史来路，而不是看结果。这对弱势群体必定不利吧？也不一定，要看弱势是如何造成的。比如，黑人由于种族歧视被侵犯的自由权，他们的不利处境就需要按照矫正正义原则来补偿；再比如，北美的印第安人，他们被剥夺的土地也应当获得补偿。

但其它一些不利处境，比如天生残疾、不够聪明，或者个人因为懒惰而贫困，只要不是他人强制造成的，那就无法正当地要求补偿。

诺齐克认为，这种贫困肯定是不幸的，但不幸并不等于不正义。正如前面提到的那位表白被拒绝的男生，他痛不欲生的困境是不幸的，但应当予以补偿吗？万一他寻了短见，那更是悲剧；但我们应当谴责谁吗？

你也许会说，这会不会太冷酷了，难道穷人就不能得到救济吗？诺齐克会认为，只能依靠慈善救助，因为慈善完全出于自愿，满足转让正义的原则，你获得的捐助无论多少都是正当的持有。但你不能要求国家提供福利救济，因为国家本身不拥有财富，国家如果要提供福利，大多通过征税来实现社会财富的二次分配，但征税是强制的而不是自愿的，因此二次分配的"转移支付"无法满足"转让正义"原则。在诺齐克看来，这实际上是迫使其他公民做出不自愿的转让，等于盗窃或者强制劳动，在道德上是不可接受的。

难道诺齐克反对一切税收吗？也不是，他同意最低限度的征税，只用于国家履行安全保障功能，而不是财富分配。这就要提及他的国家理论。

诺齐克心目中理想的国家形态，是一种"最小国家"（minimal state）。这样的国家行使的功能非常有限（因此是"最小的"）：只要保障个体公民的基本自由和安全，以及确保合法契约的执行，就不应当再有其它功能。对于个人之间自由自愿的交易活动，政府也无权干预。

"最小国家"根本不会担心社会经济的分配模式是什么，而只要保障人们持有的程序正义，也就是满足持有正义的三个原则。

诺齐克认为，这样的最小国家，把个体自由置于绝对优先地位，会是一个美好的乌托邦，或者说是一个乌托邦的框架，可以容纳各种各样的小乌托邦群体。佛教徒可以自由结成佛教社群，共产主义者也可以组成共产主义社群，唯一的条件是彼此自由自愿的同意。在诺齐克看来，这才是一个百花齐放的社会，可以最大限度地让人们自由追求自己向往的生活。

两种不同的正义理论

总的来说，诺齐克的正义理论关注财产是怎么获得的，又是如何转移的，这是一种"历史正义"理论。只要财产的来路清白，无论多寡都是正义的，最后社会形成怎样的财富分布都是正当的。相比之下，罗尔斯的理论是一种"模式正义"理论，就是社会经济的分配必须满足某种结构模式。

诺齐克反对任何"模式正义"理论。他认为，只要你允许人们的自由交易，那么任何既定的结构模式都无法维系，必须通过强制的再分配才能回到既定的模式。在他看来，"模式正义"在道德上是不可接受的，因为这样做就是把一部分人当作了其他人福祉的工具，违背了康德"人是目的，而不只是手段"的道德理想。

诺齐克的持有正义理论和哈耶克的思想一样，成为"里根—撒切尔"时代新自由主义经济政策的理论资源，受到右翼保守派的偏爱，也因此而备受争议。

有意思的是，罗尔斯出生在一个典型的美国富裕家庭，但他的理论却特别注重平等，为弱势群体说话。而诺齐克出生在纽约的布鲁克林，是第二代俄罗斯移民，家境并不富裕，学生时代曾是激进的左派，还参与过社会主义的团体。直到在普林斯顿大学撰写博士论文的时期，他才第一次深入接触为资本主义辩护的观点，被深深吸引。但诺齐克在感情上却十分抵触，他对自己说，"那些观点是不错，资本主义是最好的体制，但只有坏人才这么想"。

最终他的情感向理智做出了让步，从一名激进的左翼青年转变成为一位支持自由至上论的哲学家。

> 思考题

对于罗尔斯和诺齐克的正义论，你会更支持哪一边呢？

35 | 德沃金
什么样的平等才合理

在这一章的路标中,我提到过现代社会的一个发展趋势,就是平等的压力不断上升。平等一开始只是理想,理想落实为现实需要过程。

首先是对公民法律地位的平等要求。如果这方面做不到平等,就明显违背平等的理想。1776年,美国《独立宣言》宣告"人人生而平等",可到了1787年美国立宪的时候,宪法规定,众议院的议员名额要按各州人口多少来分配。但在计算各州人口的时候,黑人奴隶还不能算一个人,只能打折,按五分之三个人计算。这种情况一直要到南北战争之后才有所改变。

在今天,公民法律地位的不平等已经很少见了,公民权利的平等是最基本的平等。这个问题解决了之后,另一方面的平等问题显得越来越突出,那就是社会经济领域的平等。

平等的难题

社会经济领域的平等是一道特别困难的考题。且不说实践的困难,就是在理论上,都还没有找到一个比较理想的规范原则。现有的每一个分配模式都有明显的缺陷。

举个例子，假设有一天你到公司上班，不小心看见了部门主任的工资单，大吃一惊。然后就向邻座的同事抱怨：主任的工资比我们高出一倍，这太不平等了！同事可能会说，这有什么大惊小怪的，世界上就不存在绝对的平等，你的想法是"平均主义"。

但是，为什么不能追求"平均主义"呢？你可能知道，搞"平均主义"肯定是不行，因为平均主义会让经济效率变得低下。这是经济学家告诉我们的。

但你想过没有，平均主义其实也损害了平等——假如现在有一场跑步比赛，平均主义就意味着，每个人都要同时抵达终点。如果是这样，那你就必须放弃起点的平等，所有人不能站在同一条起跑线上，或者必须给跑得快的人腿上绑上沙袋才行。大家都是来参加跑步比赛的，凭什么有人要绑沙袋、有人就不用绑呢？这不也是一种不平等吗？

你看，平等的问题就是"随便说说挺简单，仔细想想很困难"。实现一种平等，往往会损害另一种平等。那么，你究竟要哪一种平等呢？

20世纪80年代，西方学术界发生了一场著名的辩论，主题就是"什么的平等"（equality of what），有一位学者在这场辩论中非常引人注目，他是这一节我要介绍的人物，罗纳德·德沃金。

德沃金是著名的法学家和政治哲学家，他和罗尔斯、诺齐克都是好朋友。他曾在牛津大学担任"法理学首席教授"长达20年，然后回到美国，在纽约大学任教，直到2013年去世。

德沃金的学术成就非常丰硕。我们在这一节只能简要讲解他对平等问题的见解。

德沃金的理论很复杂，但可以从一个非常朴素的问题开始，那就是，我们研究了这么多平等，但我们追求平等到底为了什么呢？他的答案也很朴素，就是为了对每个人好嘛！更确切地说，是要一视同仁地对每个人好。

怎么才能对每个人好呢？德沃金提出了两个原则：平等的尊重、平等的关怀。

平等的尊重

首先，要把每个人当作人。把人当人是什么意思？就是尊重每个人的自主性。德沃金说，我们要平等地尊重每个人自己选择的生活目标和方式。这就是他的第一条原则，"平等的尊重"。

人和人的生活方式不一样，有人每天读莎士比亚，听"得到"App上的课程，思考哲学问题。还有的人呢，下班之后就喜欢看连续剧，刷搞笑视频，一边喝着啤酒或奶茶，一边说"这才是生活的滋味啊"，把这种时刻当作最高的享受。

如果有人站出来说，后面那种生活简直太庸俗了，国家应该引导大家过高尚的生活，天天刷搞笑视频的人必须缴更多的税，国家再把这些钱拿来扶持博物馆、歌剧院这样的高雅文化设施，让大家都来追求高雅的生活。

对此，德沃金会怎么说呢？他会反对这种建议。因为这就是把一些人当成了工具，而没有当作人来尊重，违背了"平等的尊重"原则。他认为，对于各种不同的生活理想和方式，只要本人自愿而且不伤害他人，那国家就不能干涉，也不应当偏袒，应该一视同仁，保持中立。这就是德沃金说的自由主义的"国家中立性原则"。

平等的关怀

平等尊重的原则很好理解，在自由主义内部基本上没有争议。但德沃金认为，只有平等尊重还不够，因为尊重本身可以采取消极不干涉的方式。你完全可以对一个人说，我尊重你的选择，然后就再也不理他了。但德沃金认为，尊重还应该有更积极的方式。因为实现各种不同的生活理想，都需要一定的资源，那么公平的做法就应该是，为实现这些生活理想提供平等的资源，这就是他主张的另一个原则："平等的关怀"。

那怎么做到平等的关怀呢？一般常识的直觉是给大家"平等的待遇"。比如，肺炎疫情暴发，大家都需要口罩，国家给每个人免费发放5只口罩，这似乎就是平等的待遇了。但你仔细想想，如果你生活在疫情重灾区，处境和疫情轻微地区的人大不相同。那么，这种平均分配式的平等待遇，形式上是平等了，但实际上并不平等。

所以德沃金认为，平等关怀的原则不是简单地给所有人"平等的待遇"（equal treatment），而是要把每个人"当作平等的人来对待"（treating as equals）。这就要考虑处境不同造成的不同需求。

比如，你家里有两个孩子，哥哥视力良好，弟弟患有近视，你给弟弟配了眼镜，哥哥没有。形式上看，两个孩子没有得到平等的待遇，但其实这样做才能让弟弟获得和哥哥差不多的视力，这才是把他们当作平等的人来对待了。回到疫情中分配口罩情境，当我们按照疫情严重程度的不同做出差异化的地区分配时，才实现了德沃金所说的平等的关怀。

敏于志向，钝于禀赋

平等的关怀要考虑实际需求的差别，然后给予差异化的待遇——这就是德沃金的意思吗？并不是。

想象这样一个情景，我们要发放食品津贴，如果要考虑需求差异，那如何来分配呢？一个人喜欢花生酱，这比较容易满足，另一个人喜欢苹果酱，这也没问题，但还有一个提出"我的需求和他们都不同，我喜欢鱼子酱"。这就麻烦了，鱼子酱的价格要比花生酱高出十倍以上，那么是不是要给那个喜欢鱼子酱的家伙更高的津贴，比前两个人高十倍，才算是实现了"平等的关怀"呢？

这听上去好像就不太合适了。可是，为什么前面在口罩分配问题上，差异化分配让人觉得合理，但它在食物津贴分配的情境里就让人觉得不可接受呢？

德沃金指出了其中的区别，对于资源的需求，有些是出于自己的选择偏好，比如对鱼子酱的需求；而有些是环境所迫，比如对口罩的紧迫需求，这两种需求不能混为一谈。

所以，要实现"平等的关怀"，首先要识别哪些需求是自己不能选择的处境造成的，哪些是个人自愿选择的偏好造成的。对于前一种情况，应当弥补处境造成的差别，而对于后一种情况，应当接受选择造成的差异，让个人为自己的选择负责。你喜欢吃鱼子酱，那你自己花钱去买就好了。

德沃金为什么会考虑"个人无法选择"的环境因素？他持有的观点和罗尔斯有相似之处。他们都认为，所有自己无法选择的偶然因素不应当影响一个人的命运。因为这些先天因素和外部环境因素都是偶然任意，说白了就是运气，无论是好运气还是坏运气，对你生活造成的后果，从道德角度看，都是你不应得的。

那么，什么是道德上应得的后果呢？就是由你自己的选择和努力造成的命运。你努力学习，考出了好成绩，这就是你"应得"的。但如果你先天听觉能力有障碍，这也是一种坏运气，让你和大家一样参加英语听力考试，当然就考不好，但这就不是你"应得"的。这时候，应该为你提供助听设备才算公平。

在德沃金看来，一个社会如果实现了"平等的尊重与关怀"，那么社会对个人的奖赏或惩罚，就应该是针对个人的选择，或者说个人的"志向"，而不是针对那些个人无法选择的天赋因素。换句话说，我们应该敏感地回应个人的志向，也应当尽可能排除天赋因素，也就是"迟钝地"对待个人禀赋造成。这个观点有一个很典雅的中文翻译，叫作"敏于志向，钝于禀赋"。

那么，德沃金的主张和罗尔斯理论的区别在哪里呢？

罗尔斯也提出了差异原则，关注那些处境最差的群体，但他没有去问，他们的处境是如何变差的呢？如果那个爱吃鱼子酱的人，每个月都把自己的工资用来买鱼子酱，几顿就吃完了，然后陷入穷困潦倒的境地，变成了处境最差的人，那么他应该被救助吗？

罗尔斯没办法回答这个问题，因为他没有区分"导致处境最差的原因"是什么。但德沃金可以回答，他会说对鱼子酱的偏好造成的困苦，是他的志向所致，是他自己选择的结果，那么这就是他应得的处境，就不应该得到救助。

我们可以试着来总结德沃金的基本思路：在现代西方社会，公民的基本自由权受到宪法保障，这已经是根深蒂固的社会共识，无论是激进派、保守派还是自由派，在原则上都没有异议。对于自由主义来说，要去处理的最突出的问题就是，确立一种恰当的平等观。所以德沃金提出了"平等的尊重和关怀"原则，他相信，这就是"自由主义的平等观"，能够同时回应现代人对于自由、平等和多元价值的三种诉求。这是德沃金对于自由主义理论的重要贡献。

思考题

你怎么看待德沃金的"平等的尊重和关怀"的原则呢？你觉得它能处理好你在生活中看到的一些平等问题吗？

36 | 桑德尔
当代人需要为历史事件负责吗

哲学家迈克尔·桑德尔是本书讨论的最年轻的思想人物。我有幸在 10 多年前和他有过两次会面，还发表了一篇对他的访谈。所以，我先来谈谈他的故事。

桑德尔这个名字，你可能早就知道。还记得几年前网上的"哈佛公开课"吗？其中有一门特别受欢迎的课程，就是桑德尔主讲的《正义》（也译为《公正》）。这门课在哈佛已经开了 30 多年，深受学生喜爱，选课人数常常超过千人，再大的教室也装不下这些学生，所以安排在哈佛一个古老的多层大剧院上课。

2007 年我在美国访学，去现场观摩了桑德尔的教学。亲眼见证了他如何通过生动的例子，启发性地阐明深奥的哲学理论，如何游刃有余地与如此众多的学生展开现场交流互动，而且还能掌控节奏，保持教学进度。他的教学技艺让人叹为观止。

桑德尔在学术界的"成名之作"和罗尔斯有关。我们之前讨论过《正义论》的作者罗尔斯，他被誉为 20 世纪最伟大的政治哲学家。而桑德尔在牛津大学完成博士论文，其中对罗尔斯的理论提出了尖锐的批评。论文修改成书，在 1982 年出版，书名是《自由主义与正义的局限》，引起了热烈的反响和辩论。桑德尔也在这场辩论中脱颖而出，成为社群主义向自由主义发起挑战的标志性人物，那一年他才29岁。

从牛津大学毕业后，桑德尔回到美国，到哈佛大学哲学系任教，而罗尔斯恰恰也在这里工作。你可以想象，面对一位比自己年长32岁的大哲学家，又是自己批评挑战的对象，桑德尔肯定是"压力山大"啊。我就很好奇，桑德尔和罗尔斯第一次见面会是怎样的情景呢？

桑德尔告诉我，那简直是一个传奇。在他刚到哈佛不久的一天，桑德尔接到一个电话，对方说，"我是约翰·罗尔斯"，接着就开始拼读自己的姓氏，"R-A-W-L-S……Rawls"。桑德尔当时就晕了，他说这种感觉，"就像是上帝亲自打电话邀请我共进午餐，还特意拼了一遍他自己的名字，生怕我不知道他是谁"。

桑德尔被罗尔斯的谦逊深深打动。虽然他始终没有放弃对罗尔斯理论的批评意见，但他对罗尔斯本人抱有最深的敬意。那么，桑德尔究竟对罗尔斯的理论提出了怎样的挑战呢？我们从他自己举过的一个例子说起。

当代人要承担前辈的历史罪责吗

有一个你可能听到过的话题：一个国家是不是应该为历史上的罪责道歉？照理说，这是一个完全正当的要求，比如德国应该为二战时纳粹的暴行道歉，德国政府也确实这样做了。同样地，美国应该向北美的印第安原住民道歉，日本也应该为侵华战争道歉。

国家需要为历史罪责道歉，这似乎是天经地义的事情，难道还有人反对吗？还真的有。比如澳大利亚前总理约翰·霍华德就反对向原住民正式道歉，他说"我并不认为当代的澳大利亚人，应当为前辈人的行为道歉，并承担相应的责任"。

说当代人不应当为前辈犯的错道歉，理由是什么呢？其实就是宣称，"人不应该为自己没有做过的事情负责"。那么，有些日本的年轻人可能会承认，日本侵华战争是罪恶滔天、十恶不赦，但同时可以争辩说，这和我有什么关系？那是我曾祖父一辈犯下的罪行，我既没有参与也没同意他们这么做，甚至都不认识他们。他们做什么，我根本无法控制，为什么要我来道歉呢？

桑德尔认为，这样的理由是站不住脚的，但它并不容易反驳，因为"当代人不必为历史负责"这种说法，背后的依据是一种道德理论支持，叫作"道德个人主义"。因此，我们必须深入这种道德理论的内部逻辑，才能展开有效的批评。

道德个人主义的主张是什么呢？就是相信每个人作为道德主体，都是自由而独立的个体。每个人自主选择自己的目标，为自己选择的结果负责，也仅仅需要承担这种责任，不受任何超出个人选择的道德纽带约束。也就是说，个人道德责任的来源只是自己的自由选择，这和自己所属的群体、习俗、传统和历史等都没有关系。

如果这种理论是正确的，那么个人就没有什么"集体责任"可言，也就无须为历史事件承担责任。这样一来，我们很难要求当代的日本人或者德国人来忏悔和弥补二战时期的罪责，也很难说当代的美国人有责任去努力纠正奴隶制和种族隔离制造的社会不公。

批评自由主义的个人观

但桑德尔认为，道德个人主义是错误的理论，因为它对"何为个人"的理解有误，又或者说，它所依据的"个人主义"观念是错误的。这是桑德尔对（包括罗尔斯理论在内的）自由主义的批判要点之一。

在他看来，自由主义的基础是个人主义，是将单独的个体作为所有理论出发的原点：先有个人，个人之间签订契约，形成公共道德以及社会与政治的制度等，一切都从个体延伸展开。

但桑德尔追问：个体究竟从何而来呢？这就好像把"蛋生鸡"的假设倒过来问了一句"蛋从哪里来的呢"？他认为，个人并不是先于社会存在的一个"原子"。作为个体的"自我"不是凭空产生的，而是在社会关系中被造就的，是被生活的共同体塑造而形成的。共同体的英文是"community"，这个词也常常被翻译为"社群"，可以指家庭、社区，或者学校和工作团体，也可以指民族、国家这种大的社群。

在这里，桑德尔采取了一种不同的理论视野，就是"共同体主义"，也常常被翻译为"社群主义"（Communitarianism）。社群主义强调，"个人是社会构成的"，先有社群，社群造就了个体，而不是先有孤立的个人，然后再由个人组成社群。这对自由主义所依据的个人观念提出了挑战。

桑德尔在后期的著作中引用了另一位社群主义哲学家麦金泰尔的一个观点：人类是一种"讲故事的存在"。如果你要回答"你是谁？需要什么？以及想做什么？"诸如此类的问题，那么答案就在你的故事之中。只有讲通了自己的故事——理解自己成长的过程，以及这些经历如何形成了你的目标，后来又发生了什么变化——你才能真正回答这些问题。

但是，任何一个人的故事，从来都不是孤立的个人故事。离开了社会关系的塑造，你就讲不通自己的故事。

比如，你的母亲是一位工程师，家里订了些科普杂志，你从小就爱读这些杂志，高中就选了理科；而你特别喜欢的物理老师还是个科幻迷，在学校搞了个科幻文艺的兴趣小组，你在小组活动中写了篇科幻小说，老师同学都大加赞赏。最后你高考没去考理科，而是考进了电影学院，学编导专业，梦想是要拍出最棒的科幻电影……

只有像这样讲通了自己的故事，你才能真正解释自己生活中的选择有什么"意义"。而当你面临多种不同的选项时，做出一个"有意义的选择"意味着什么呢？就是这个选择能够让你更好地、更连贯地讲明白自己的故事。但重要的是，你的故事是在社群关系中形成和展开的，也正因为如此，我们才能明白彼此的故事。所以，意义无法仅仅从个人的自由意志中产生。这就是社群主义的个人观。

讲到这里，我们就可以来解释桑德尔为什么会质疑罗尔斯。

还记得罗尔斯的"无知之幕"吗？就是大家在无知之幕后面，会忘记自己所有的特殊性，一起来商议签订一个社会契约。桑德尔会说，无知之幕背后的人完全失去了自己的故事，是毫无个性的抽象的个人，所有的人都完全一样，其实就只是一个人，也就根本谈不上"一起商议"社会契约了。

在桑德尔看来，自由主义的个人观，把个人看作是孤立的原子，完全凭借自己的自由意志来行动，他称之为"无所牵绊的个人"。他认为，这是对个人的错误理解。

批评自由主义的社会观

这种错误的个人观，也会导致对社会的错误理解。

自由主义往往倾向于"工具性的社群观"，就是认为社群只有工具性的意义。比如，在诺齐克的理论中，国家唯一的功能就是保障个人权利，是个人追求自身福祉的工具。如果只是工具，那个人对国家就谈不上什么情感与忠诚。这就好像你不会说，我爱一把剪刀，我要忠于这把剪刀。

罗尔斯这样的自由主义者，可能比诺齐克要温和一些；他主张"情感性的社群观",认为社会是一个合作互惠的体系,人们在合作中会产生善意和情感,建立共同的价值。但桑德尔认为,这种情感性的社群仍然没有真正的相互依赖,也就无法形成真正的团结。你想啊,恋人之间也有感情,但要分手还是会照样分手。

那么,桑德尔的社会观是什么呢?他认为,社群不只是工具,也不只是合作团体中的情感依赖。事实上,社群有一种纽带关系,它在根本上定义了"你是谁",它塑造了你的身份认同、生活理想、道德感与责任意识。用桑德尔的术语说,这是"构成性的社群观":社群是"构成性的",社群实际上"构成"了你这个人。

个人当然会做出选择,但个人的目标并不是随意选择的,而是与社群紧密联系在一起。比如,作为中国人,你会更加看重对父母尽孝,你也会认同孟子说的"舍生而取义"。你还可能觉得,陶渊明诗中的生活理想也挺令人向往的。也正是在这种纽带关系中,你才具有归属感,才能完整地讲述你自己的故事。

既然社群和个人具有这么紧密的"构成性关系",那么个人就有了一种特殊的义务,桑德尔称之为"团结的义务"或者"作为社群成员的义务"。这与道德个人主义所主张的义务相当不同。道德个人主义的义务是自愿同意签订契约而形成的义务,没有自愿同意就没有义务。但"作为社群成员的义务"不是你选择的结果,而是被社群所赋予的义务,是一种给定(given)的义务,它并不取决于个人的自愿同意。

没有自愿选择,也能带来责任和义务吗?其实你想想,你并没有选择自己的父母,但你是不是被施加了赡养父母的义务呢?这是你作为家庭这个社群成员的义务。同样,在国家这个共同体中,你继承了前辈的遗产,同时你也被施加了对于国家的特殊义务。

这就是"作为社群成员的义务",它的道德约束性源于社群主义的道德认知：你生而带有一种历史，你的生活故事是更为宏大的社会故事的一部分，也蕴含于无数他人的故事之中，包括历史上你的前辈的故事。隔断了这种联系，就割裂了你的存在。

正因如此，人们应当为自己（哪怕未曾谋面的）祖辈的行为担负责任。

桑德尔现在已经成为国际"学术明星"，也多次到中国访问讲学，获得了热烈反响。可是，他后来出版的多部著作都较为通俗，似乎从未达到他博士论文的学术深度，这会令人遗憾吗？在观摩了他现场授课之后，我含蓄地提及了这个问题。

桑德尔拿出他的两本书送给我，其中一本叫《公共哲学》。他说哲学不应该只是少数哲学家的事情，应该成为公民教育的活动。所以，他后来的写作与第一本书不同，尽可能用现实中的具体事例来引发问题，然后再展开哲学的讨论，这样就能做到深入浅出。

桑德尔的公共哲学写作与演讲获得了巨大的成功，在我看来，这是意义重大而值得尊敬的成就，也是绝大多数学者难以企及的。

思考题

在和桑德尔交谈的最后，我还向他提出了一个问题：如果社群对个人的塑造如此深刻，那么，当下流行的那种"原子化个人观"又是从哪里来的呢？不也应当是社群造就的吗？为什么社群生活会塑造出这样一种脱离社群的个人观念呢？我并没有从桑德尔那里获得满意的回答，但我想把这个提问作为本小节的思考题留给你。

37 | 沃尔泽
"原子化的个人"是怎么诞生的

2007年的冬天，我在哈佛大学与迈克尔·桑德尔教授会面之后，又去了普林斯顿大学高等研究院拜访了另一位教授，就是这一节要为你介绍的人物，迈克尔·沃尔泽。他是著名的政治理论家，也被称为是社群主义的代表人物。和桑德尔比起来，沃尔泽就是老前辈了。

沃尔泽出生于1935年，1961年在哈佛大学获得博士学位。他先去普林斯顿大学任教，中间又回到哈佛工作了14年。1980年，他被普林斯顿高等研究院聘为终身研究员。这个高等研究院在学术界的地位非常高，爱因斯坦生命中最后的20年就是在这里度过的。

1971年，沃尔泽在哈佛教书的时候，和另一位教授合作上过一门课，主题是"资本主义与社会主义"。合作者是谁？就是那位才华横溢的狐狸型哲学家诺齐克。前面我们讲过，诺齐克是一位自由至上论者，但沃尔泽的立场偏左，属于社会民主派。两位教授在课堂上展开了精彩的辩论，学生们看得不亦乐乎。

可能是感到课堂上的辩论还意犹未尽，他们各自都去写了书，把自己的观点充分阐发出来，结果就产生了政治哲学的两部名著：一部是前面讲过的诺齐克的《无政府、国家和乌托邦》，另一部是沃尔泽的《正义诸领域》。

沃尔泽发表过大约30部著作，其中《正义诸领域》和另外一部《正义与非正义的战争》，都被视为当代政治理论的经典之作。但在沃尔泽那么多作品中，我特别偏爱他在1990年发表的一篇论文，题目是《社群主义对自由主义的批判》。

所以，我在拜访沃尔泽教授的时候，刚刚坐下来不久，就谈起了这篇论文。我向他请教，你能算是社群主义者吗？社群主义和自由主义的辩论还重要吗？他回答说"这种标签不适合我，其实标签对大多数学者都不适合"。他还认为，社群主义的批评总会再次反复，"但那场辩论已经过去了"。

沃尔泽教授的这篇文章，不仅仅在社群主义和自由主义的辩论中很有影响，它还帮我解决了困扰我很久的一个大问题。下面我就来和你分享，我究竟从这篇文章中获得了什么重要的启发。

个人主义是虚构的吗

那个困扰我很久的大问题，就是个人主义怎么可能会出现。

不知道你想过没有，个人主义这个观念其实非常奇怪。它假设，先有单独的个体，个体组成了社会，社会又造就了国家。但这种想法明显违背历史事实，也不符合我们的经验感知。

在整个人类文明史上，从来就不存在单独生活的个体。每个人一出生，就生活在家庭、邻里、社区以及更大的共同体之中。

比如你出生以后，首先知道我是爸爸妈妈的孩子，知道自己是隔壁小红的邻居，知道自己是学校里哪个班级的成员。可能要到十几岁才会想到，我是一个完全独立的个体。

对每个人来说，群体当然是在个体之前就已经存在了，个人也总是在社会关系中成长的。所以社群主义的观点似乎才更符合现实，明明是社会构成了个人，而不是个人形成了社会。

可是，个人主义这种"奇怪的"观念居然出现了。它不但出现了，而且它从霍布斯、洛克、康德一直延续到罗尔斯，形成了一个思想传统。你可能会说，思想家嘛，奇思异想是他们的特权。但更奇怪的是，这种观念竟然会在现代社会大行其道，成为自我理解的主导模式。普通人也会觉得个人是社会首要的、最基本的单位。这一切究竟如何来解释呢？

如果社群主义的批评击中了要害，如果所谓"原子化的个人"观念根本是虚构的，却成为自由主义的基础，那么自由主义的整个理论大厦就是建立在不可靠的沙滩上，随时都可能轰然倒塌！

这个问题一直让我困惑不解。直到 1994 年，我读到了沃尔泽的那篇文章，才一下子豁然开朗。

相互矛盾的两种批评

沃尔泽在那篇文章的开篇就指出，社群主义对自由主义的批评有两个要点：一个针对理论，另一个针对实践。

针对理论的批判，我们已经有所了解了——自由主义的理论根本歪曲了现实世界中的个人，把人当作脱离了所有社会义务的存在，每个人都是自己生活唯一的创造者，没有任何尺度与共同标准来指导这种创造活动。但这是对人的虚构，不存在这种"无所牵绊的个体"。

至于针对实践的批判，自由主义创造了自我中心的社会，这是一个"非社会性的社会"。社会只是一群孤立自我的聚集地，每个人都是理性的自利主义者，受到个人权利的保护，也因为各自主张自己的权利而分裂。这就是当代西方社会（尤其是美国）的现实：到处都是相互疏远的孤独个人，对公共和政治事务十分冷漠。

归纳一下这两点批判：第一，自由主义的理论是虚假的，现实中根本不存在这种无所牵绊的原子化个人；第二，自由主义的实践是有害的，造成了自我中心，相互分裂的冷漠社会。

但是问题来了：一种现实中根本不存在的人，怎么可能造成有害的现实？这就好像是说，你在故事里虚构了一个小偷，结果这个小偷在现实中偷走了你的钱包。

如果你相信自由主义的理论虚构了不存在的个人，那你就无法谈论虚构之人的任何实践后果。或者，如果你同意自由主义的实践是有害的，那你就必须首先承认它的个人理论真实地反映了现实。换句话说，你不能既批评这种原子化个人是虚构的，同时又批评这种虚构的个人实际上造成了有害的影响。

沃尔泽锐利的目光，穿透了这两种批评之间的逻辑裂痕，指出这两种观点是相互矛盾的，无法同时成立。

高度流动中"后社会的自我"

那么，沃尔泽自己的观点是什么呢？

他认为，自由主义的理论真实反映了现实，所谓"孤立的自我"确实存在。他们并不是脱离社会的存在，而恰恰是被现在这个社会所塑造的结果。也就是说，个人确实是被社会塑造的，社群主义的这个观点没有错。但它的错误在于，没有看到现代社会已经改变了，正是这种新型的社会造就了"孤立的个体"。

现代社会的转变，一个突出的特点就是高度的"流动性"，总是在不停地移动和变化。沃尔泽分析指出，高度的流动性主要体现在以下四个方面。

首先是"地理上的流动"。这很好理解，现代人的迁徙越来越方便了，越来越多的人进行着越来越频繁的移居。人们自愿地迁徙工作、财产和居住的所在地成为日益明显的趋势。而在全球化的时代，迁徙流动的范围甚至突破了国家、语言和文化的边界。"这种地理上的广泛流动必然使人们对居住地的感觉大为削弱"，对单一的故土与故乡的忠诚被淡化，代之以对"外面的世界"的新探索。当然，社群并不是单纯的地理概念，社群的归属感也未必凝固在一个特定的地域。但是"当它们永久地固定在一个地方时，它们往往更为成功"。因此，地理上的流动使得"社群感的重要性似乎下降了"。

其次是"社会身份的流动"。人们的社会身份和地位（收入、教育和社会等级）越来越有可能与他们的父辈相左。过往"子承父业"的传统越来越难以维系。现代社会中，我们在"很大程度上过着与父辈相当不同的生活"。这就意味着对社群的信仰与习俗的传承不再是确定的。如果对自我的理解来自一种叙事，那么今天的人们很可能会与自己的父辈讲述截然不同的故事。

再次是"婚姻关系的流动"。现代社会的分居、离异和再婚比例比传统社会要高得多，私人生活中最重要的亲密关系变得更加不稳定。这意味着孩子们更有可能从属于不同的家庭，也就难以从"一起生活的成年人那里听到连续的或同样的故事"。由于家庭是个人的第一个社群，也是第一所种族认同与宗教信仰的"学校"，所以这种流动性必定具有反社群主义的后果。

最后是"政治上的流动"。人们的政治信仰会有更多的变动，对特定党派的忠诚也不再稳定。随着居住地、社会地位以及家庭成员身份对形成个人认同所起的作用日益减小，人们对领导、组织、党派、俱乐部以及城市机构的忠诚似乎也在急剧下降。

脆弱的自愿联合

那么，在高度流动的现代社会中，社群还存在吗？人们还有社群关系吗？当然存在，但主要的类型改变了，沃尔泽把它叫作"自愿型的社群"。它和传统社群的最大差别在于它是一种"自愿的联合"，你可以把"自愿"理解为可以决裂或退出的权利。就像一桩婚姻，如果说它是自愿的，就意味着选择离婚总是可能的。一种自愿的身份认同或归属关系也是如此，我们永远有可以改变的权利和机会。因此，我们很容易获得不同的身份认同或归属关系。

新型的社群也是如此。比如，你参加一个马拉松俱乐部，参加一个公益环保组织，参加一个读书会……这些都会构成你的社群关系，都会塑造你的身份认同或者归属感，但它们都是你自愿加入的，你也可以自愿地退出。

你可能会说，这不是很好吗？我们既能拥有社群，不再孤立，又没有失去自由和选择的机会。但沃尔泽指出，并没有两全其美的事情，自由总是有代价的。因为越是容易获得和改变的关系，就是越不稳定的关系。原因未必是现代人总喜欢改变主意，更重要的是整个社会都在高度流动。比如，你很喜欢自己参加的那个马拉松俱乐部，但因为你要搬家到另一个城市，就不得不退出。如果其他人也有自己的原因放弃了，那俱乐部就只好解散。

由于前面所说的四种流动性始终存在，现代社会永远都处于运动之中，沃尔泽把这种特征称作"后社会的状况"（post-social condition）。

从这个角度来分析，那种孤立的、近乎原子化的自我，就并不是自由主义虚构出来的"先于社会的自我"（pre-social self）观念，而是"后社会状况"造就的。沃尔泽称之为"后社会的自我"（post-social self）观念。这种自我观念反映了自由流动社会的现实，它从根本上失去了确定性和统一性，个人不得不随时重新创造自己。

许多自由主义者赞赏这种"后社会的自我",这让我们可以"自愿地联合"并不断"自我创造",去追求自己喜欢的生活。但大多数社群主义者却为此悲叹,这种失落感也是现实的反映。

那么,有没有可能恢复传统的社群?让人们重新获得那些稳定的依恋关系、深刻的归属感以及可靠的生活理想呢?

这很难做到,原因很简单——除非我们在根本上改变现代社会的基本结构,否则我们无法限制那些自由的流动:移居自由、社会阶层流动的自由、婚姻自由以及政治认同的自由。

正是在这个意义上,沃尔泽说"社群主义不可能战胜自由主义"。但与此同时,自由流动社会造成的忧伤、失落和孤独,以及政治冷漠等后果也会如影随形。所以,社群主义对自由主义的批判不会消失,它注定会周期性地出现。

个人主义源自古今之变

最后,我就来和你分享沃尔泽这篇文章给我的重要启发。

我们常常听到这样一种说法,说中华文明是集体主义的,西方文明是个人主义的。但如果理解了前面的分析论证,你就知道事实并非如此。

所有文明起初都是群体主义的。在传统社会中,无论是在东方还是西方,个人与特定的群体是不可分割的整体,这是一个"有机共同体"。我们都是先诞生在一个社群之中,对自我的理解都是从"我是父母的孩子""我是家族的一员"开始的,最终依附于一个特定的地方性社群。所以人们常说,个人与家庭、与自己的故乡"血肉相连"。

但在高度流动的现代社会,个人总是可以脱离任何一个特定的地方性社群。这并不会让你变成一个完全孤立的原子,因为你总可以进入新的社群,各种自愿型的社群。你会发现，真正"血肉相连"的，只是你和你自己。于是，那种无法分离、"血肉相连"的有机共同体就此成为一个过时的神话。

毕竟，人类存在的生物"界面"是个体的，这是基本的生物性事实；但它一直要到现代才展现出了它重要的文化意义。随着社会流动性的加剧，人要先把自己看作独立的个体，才更容易讲通自己的故事。个体的重要性和优先性突显出来以后，生物界面的个体性在文化中的意义才得以彰显。个人主义这种"奇怪的"观念也就开始流行，成为自我理解的主导形态。这就是现代社会的"个人主义"转向。

所以在我看来，从集体主义到个人主义的转向，并不是东西文明的差别，而是古今之变所致。

| 思考题 |

你是怎么理解自己的？你会把自己首先看作一个独立的个体吗？

38 | 泰勒
如何"成为你自己"

这一节我们要拜访的思想家是查尔斯·泰勒,他是加拿大人,退休之前在麦吉尔大学工作。这所大学是加拿大最古老的高等学府,被看作是"加拿大的哈佛大学"。

不过,在人文社会科学领域,泰勒的声望可能比这所大学的名气还要大。在当今仍然在世的西方思想家中,如果要说谁称得上是无可争议的大师,可以找到两位,一位是下一节出场的哈贝马斯,另一位就是泰勒了。

泰勒是非常有历史感的哲学家,他的学问兼容了欧洲大陆与英美的学术传统。他的研究主题非常开阔,尤其关注现代性问题,真正称得上博大精深。2003 年,泰勒到中国访问,我在讨论会上和他有过交流,后来还参与翻译了他的巨著《世俗时代》。这本书可以说是泰勒一生研究的总结,你感兴趣的话可以找来看看。

泰勒是前面讲过的桑德尔的老师。和桑德尔一样,他也被看作是社群主义的代表人物,但他对自由主义有很深的同情理解。这或许是受到他自己的老师影响。泰勒曾在牛津大学攻读博士,他的老师就是提出"两种自由概念"的以赛亚·伯林。

不过,泰勒并不完全认同老师的观点,对伯林所说的"坚持消极自由,警惕积极自由的滥用"的观点提出了质疑。对此，伯林有什么反应呢？伯林说，其他人的批评都不值一提，只有泰勒的意见值得重视。

那么，泰勒究竟提出了什么样的批评，能够得到伯林如此重视呢？我们还是从一个故事讲起。

唯我论的诱惑

"盲人摸象"的故事，大家应该都听过。可是小时候听到这个寓言，我就觉得它是"道理很正确，编得很离谱"。

你想过没有，现实中的盲人会犯那种"以偏概全"的错误吗？根本不会。盲人很清楚自己在视力上的缺陷，根本不会那么自大，只摸到一条象腿就说这是整头大象。他们了解自己的局限，也就很少会犯这种"以偏概全"的错误。

实际上，恰恰是那些自以为能看清一切的明眼人才最容易犯这种错误。好在现实生活中，大家一般不会那么骄傲，多少都会承认自己的认识存在着"盲区"。

但只有在一个问题上，几乎每个人都非常自信，认为对于这个问题，只有自己才独具慧眼，看得比别人都更清楚。这个问题是什么呢？就是每个人对自己的认识。

绝大多数人都相信：还有谁比我更了解自己、更懂得自己呢？当然是我本人。认为只有自己才对自己具有绝对解释权，这种观点叫作"唯我论"，常常和"个人自主性"联系在一起。

如果你认同唯我论，可能会有一个优势。如果有人对你说，"我才理解你的根本利益，只是你现在还不知道而已"，用这种话来哄骗你，你就不太会陷入这种骗局。还记得吗，这就是伯林指出的那种"概念魔术"。伯林说，我们要警惕这种概念魔术,来抵制积极自由的扭曲和滥用。

但是泰勒认为,如果仅仅从消极自由的角度来理解个人自主性,就可能陷入"唯我论"的盲区,会带来很糟糕的后果。

现代性的两难困境

许多人都相信,所谓个人自主性就是"别管我,别管我,我的地盘我做主"。自主性意味着我们能够自由地选择和决定自己的生活。可是,你如何做出选择呢?尼采和萨特都告诉过你了,选择没有什么标准。你选择,你负责,这就是一切,其它没有什么好说的。

可是,没有客观标准的选择可能会错,结果可能会让自己不满甚至痛苦。这样一来,自由就变成了一个太过沉重的个人负担。于是,有人平庸无聊,有人失落迷茫,也有人孤独无助……这些都不是他人的评判,不是外在的感受,而是我们自己能够真切感受的困苦。这样的精神困境在现代社会相当普遍。

面对这种局面,有人会呼吁,自由主义的自主性理想是有害的,现代社会已经沦为一个放任的社会,人们毫无顾忌地标榜自我中心的理想。现代文化陷入了相对主义、享乐主义和自恋主义的歧途。这完全是自由的滥用,文化的堕落,还会损害民主政治。

这是许多保守派人士的看法。所以他们主张,必须限制自由、平等和多元化倾向,要由政治权威、宗教领袖或文化精英重新确立真善美的标准,用教育和传媒等各种方式引导教育大众。这样才能拯救现代人的道德迷失,防止文化的堕落和民主政治的失败。

当然有很多人不会同意这种观点。20世纪的教训留下了太多惨痛的记忆,让人们对威权主义天然抱有戒心,从而抵制道德和文化的家长制方案。人们无法放弃个人的自主性,哪怕为此付出沉重的代价。

这就是现代性的难题:个人自由带来的病症是真实的,但威权式的精英主义的解药可能是毒药。这让人陷入左右为难的困境,现代人不能放弃自由,但却不知道如何解决自由带来的问题。

本真性的理想

泰勒看到了难点所在,并针对这种困境提出了自己的观点。他在《本真性的伦理》一书中,回应了自由派和保守派的观点,并试图突破这种两难困境。

泰勒就此提出了两个主张。首先,他不完全认可保守主义的立场。泰勒认为必须坚持个人自主性,也相信伯林主张的消极自由不可忽视。其次,泰勒想要比自己的老师往前多走一步。他要去探索,除了坚持消极自由、主张"我的地盘我做主"之外,我们还需要做些什么,去应对自由产生的问题,更好地实现自主性的理想。

让我们来看他的第一个主张。为什么我们不能放弃个人自主性?因为没有自主性,我们的生活就像是一个赝品,失去了"本真性"(authenticity)。

在西方哲学中"本真性"有特定的含义:就是人忠实于自己的内心,而不盲从于外在的压力与影响,这不仅是我们应对外部世界的一种方式,而且是一种道德理想。

泰勒的研究发现,西方在道德思考的历史中发展出了一种"内在化"的要求:道德不只是迫于外界压力去做正确的事情,而是要和自己内心的良知相契合。比如,奥古斯丁就说过,"通向上帝的道路经由我们的内心"。卢梭把这种与自己内心的接触感,表达为我们的"存在之感受"。再到后来,本真性成为伦理世界的重心,是我们作为真正的、完整的人不可缺少的要素。

泰勒支持本真性原本是一种积极的、强有力的道德理想，它伴随着自由、责任感和生活的多样性，是现代文化的重要成就。

在现代文化中，本真性的理想就是要忠实于我自己。否则，就没有领会对我而言"做一个人"是什么意思，就没有获得真实的存在感受。所以，本真性和现代人的自主性有非常密切的关系，就是特别注重自己的内心感受。

还记得尼采说的吗？要"成为你自己"。现在大家也常常说，我要什么、我好不好，自己的感受最重要，"不要你觉得，而要我觉得"。

但你可能会质疑：由于这种特别主观化的意愿，现代人陷入了迷茫和孤独，保守主义的悲观和担忧好像很有道理啊。对此，泰勒怎么回应呢？

泰勒认为，保守派指出的许多问题是真实存在的，但这只是"本真性的扭曲"形态。如果因此就要放弃本真性，那就好像是说，你家小孩身上弄脏了，你就要把他赶出家门。我们应该做的是，给孩子洗澡，而不是抛弃这个孩子。

泰勒相信，本真性并不注定要体现为一种低级扭曲的样子。所以，我们不能抛弃，而是要拯救本真性的理想。

拯救本真性的理想

这时候，泰勒就转过身，针对自由主义展开批评了。这就是他比老师伯林走得更远的地方。

泰勒认为，消极自由只是本真性的必要条件，但不是充分条件。不能把本真性与消极自由画等号。他指出，自由主义的观点存在一个盲区，就是把本真性强调的"忠实于自己"等同于"唯我论"的主张。只要依据自己的内心，就足以创造出生活的价值和意义。于是，外部世界要么是多余的，要么是"自我实现"的障碍或敌人。但这恰恰是唯我论的盲区。

泰勒把这种唯我论的想法叫作"独白式的幻觉"。他说:"内在生成这种事情,如果理解为独白式的,则是子虚乌有。我对自我同一性的发现,并不意味着我独自创造了它。"

那么,我们的"自我"是从哪里来的?我们的道德和价值标准又来自何处呢?泰勒的回答是:来自我们和他人的对话,以及对话中的反思。我们无法单单依靠自己来构成自我,形成有意义的独特性标准。自我的理想是在对话关系和反思中塑造的。

在这里,泰勒提出了一个认知转变:要把本真性和"唯我论"之间的虚假联系一刀劈开。追求自主性,追求独特的自我,并不需要接受"唯我论",而且恰恰应当拒绝"唯我论"。

泰勒举了一个例子:有个人宣称自己非常独特,因为他的头发正好是3732根!谁会赞叹这种独特性吗?不会的,这反而会让人觉得可笑。因为这种"独特性"完全不足挂齿。相反,一个人如果有钢琴演奏才华,或者能表达深刻的哲学思想,或者总是真诚友善地待人接物……那么我们会认为这些独特性是有价值的。

为什么这两种"独特性"会让人感到这么大的差别呢?泰勒解释说,一件事情是否重要、是否有意义,需要依据一个背景框架来衡量。这个背景框架,定义了在人类活动最基本的方面,什么是重要的、什么是有意义的,并塑造了我们的"道德与精神的直觉"。

你觉得待人友善是特别好的品质,这并不是你内心凭空产生的衡量标准,而是来自你在与他人的交往中感知到的背景框架。

可是这个框架由不得我们选择,它是"给定的",是我们共享的"无可逃离的地平线"。我们所做的选择,在最根本的意义上,恰恰要依据这个作为深度意义的背景框架。因为我们的生活是共同的生活,这个背景是我们共同生活的前提。如果离开了这个框架，个人的感觉、选择和决定会变得完全不可理喻。

在这里，泰勒展现出他的社群主义视野。

如何"成为你自己"

泰勒说得有道理吗？想想我们在生活中，到处可以听到各种本真性的宣言："成为你自己""做真实的自己""忠实于自己""实现自己"……这些口号听起来非常励志，肯定了独特个性的优越性，显示了特立独行，但也会让我们产生一种错觉，好像自我的独特性只有从自我的内部才能获得。

现代社会有一种很流行的看法，认为事物的价值是主观的，是"自我"赋予的。我珍视或看重某种事物，不是因为它本身内在固有的价值或意义，而恰恰是因为我看重它、珍视它，它才变得有价值。

但是，这种价值主观论可以成立吗？你可以问问自己："你为什么会珍视或看重它？"你当然可以回答说，"我认为""我相信""我感觉"或者"我决定"。

但这类回应完全没有回答"为什么"。如果你进一步去追问来龙去脉，只要你认真给出理由来回答，那么就会显示，那个单独的"自我"实际上并没有独自赋予或创造价值。

比如，你有一盏自己非常喜欢的台灯，从来不让人碰，有人问你为什么要这么宝贝一个台灯，你第一反应也许会说，我就是喜欢，没有什么为什么！

但如果你仔细一想就会发现，其实你能够解释为什么，你喜欢是有理由的：也许是因为这盏灯曾陪伴你度过无数孤独的夜晚，也许它是家人送给你的礼物，也许它是你用第一笔工资买给自己的奖励……于是你会发现，那些看似

"自我赋予"的价值和意义，实际上仍然是有渊源和来路的，是由许多经历和故事造就的，也是在社会生活的关系中形成的。

所以泰勒认为，自我无法凭空创造发明自己的价值和意义标准。自由选择和价值判断需要依据价值尺度，而价值尺度不可能由"自我"来发明创造，我们只能"选用"和"改造"价值尺度，这正是泰勒的社群主义观点带来的启发：个人自主性的来源不可能是"唯我论"的独白，而只能来自关系性的对话。

在祛魅之后的现代世界，我们好像失去了任何标准，但泰勒告诉我们，意义和价值的标准依然存在，就存在于我们生活的共同背景之中。

但现代和古代不一样，这个共同背景并不是一套清晰固定的规则或公式化教条，而是一种资源。它有着丰富的多样性，为意义和价值的选择标准提供了资源；它并没有机械地决定我们具体的生活理想和选择。正因如此，个人的选择仍然必要，对话和反思才有意义。

本真性的理想，一方面让我们忠实于自己的内心感受，一方面要求我们不要陷入唯我论的独白，积极地介入对话和反思，这是自我通向共同背景的通道，把我们和一个更开阔的世界联系在一起。最终，向对话和反思开放，让自我变得更加清醒、更加丰富，才能更好地"成为你自己"。

> **思考题**
>
> 你怎么看待"价值都是自我赋予的"这种观点呢？有什么事情，你本来以为完全是你自己赋予了它的价值，但其实背后还有更丰富的理由呢？

39 | 哈贝马斯

为什么"交谈"是一件非比寻常的事

本章最后一节,出场的人物是德国的大思想家尤尔根·哈贝马斯。他有两个众所周知的特点。

第一,哈贝马斯非常有名。他可能是当代西方最为著名的哲学家和公共知识分子。德沃金曾说过,"哈贝马斯很有名这件事本身,也已经非常有名"。

哈贝马斯常常被看作第二代法兰克福学派的代表。但实际上,他已经超出了这个学派的框架,创立了自己的理论体系。他的学说捍卫和发展了启蒙理性传统,被人称作"最后一位伟大的理性主义者"。

第二,哈贝马斯的理论特别难懂。有一次,哈贝马斯在歌德大学演讲,途中被一位同学打断。同学表示,您老的理论实在太深奥了,能不能讲得通俗点?这个要求获得了一半观众的鼓掌赞同。哈贝马斯马上说,好吧,我会尽量讲得通俗简单。但这番话却引来了另外一半观众的嘘声,他们显然不愿这场演讲为了"通俗易懂"而损失理论的深度。哈贝马斯赶忙安慰他们说,"你们别担心,我虽然愿意讲得通俗,但其实我肯定是做不到的"。

这一节,让我们来尝试一件哈贝马斯自己也做不到的事情:通过阅读不足5000字的内容,"拿下"哈贝马斯——这位当今世界上最有名、最难懂的理论大师!这样一来,我也有可能作为文科教师中最大胆妄为的冒险家而被载入史册。

哈贝马斯研究非常广泛，今天我只讲其中最重大的一个问题。我把这个问题叫作"韦伯难题"。哈贝马斯挑战了这个难题，也获得了他一生中最重要的成就。

韦伯难题

那么，什么是韦伯难题？我们先简单回忆一下前面讲过的韦伯对现代性的诊断：世界祛魅了，现代社会越来越理性化了，但理性本身却分裂了，分成了工具理性和价值理性。

工具理性很好懂，就是把理性计算作为工具，去实现给定的目标。工具好用不好用，是一个事实判断，很容易达成共识。所以，工具理性能够大行其道：建立普遍通用的规则与统一标准，广泛应用于科学技术、经济生产和官僚管理系统等领域。工具理性大大提升了现代化的速度、规模和效率，这是了不起的成就。

但相比之下，价值理性却严重衰落了。因为事实判断有统一标准，而价值判断则各有各的尺度。在祛魅之后的现代社会，人们失去了古代人信奉的自然、天道和上帝等客观标准。在价值问题上，大家很难达成共识。

你要"诗和远方"，他要功成名就；你要个人自由，他要集体温暖。现代社会在人生理想、道德规范和政治生活这些涉及价值判断的领域，陷入了相互争执的多元主义，韦伯把这个局面叫作"诸神之争"。

在这个意义上，启蒙理性主义的雄心抱负只实现了一半——韦伯看出了这个问题，但他找不出解决办法。只好说，让我们接受工具理性的巨大成就，同时承受价值理性衰败的后果。他告诉我们，这就是现代性让人悲喜交加的命运，我们没有更好的办法，只能看清世界，放弃幻想，然后从容面对。

在韦伯去世半个多世纪之后,他的德国同胞哈贝马斯出场了。

哈贝马斯心有不甘。他认为,在人生信仰和生活理想方面,百花齐放是好事,但如果这种多样性瓦解了公共生活的客观性原则,现代社会的道德和政治生活就失去了共同规范,那会怎么样呢?

没有规范的冲突是什么?就是弱肉强食、成王败寇的野蛮。

没有规范的妥协是什么?就是迫不得已的让步。

没有规范的宽容是什么?就是"井水不犯河水"的回避,或者"大人不见小人怪"的恩赐。

这样下去,就会威胁到社会的正义和人的尊严。难道我们只能指望这样的公共生活吗?

哈贝马斯决心挑战韦伯难题。他相信,理性的潜力并没有被耗尽,启蒙的理想还可能再往前推进一步。20世纪80年代,哈贝马斯发表了两卷本的巨著《交往行动理论》,英译本长达970页,其中韦伯的名字出现了两三百次。他当然知道韦伯问题的深度和难度,但最终,哈贝马斯出色地回应了这个挑战,也获得了堪称伟大的思想成就。

在人间:主体间的交往行动

韦伯难题之所以困难,就是因为公共生活的规范性原则失去了共同依据:你不再可能诉诸高于人类的神秘存在,因为世界已经祛魅;你也无法依靠人本身,因为每个人各有主观的判断标准。

不能靠天,也不能靠人,那么希望在哪里?哈贝马斯说,这个希望不在天,也不在人,而是"在人间"!

我只用了三个字为你概括了哈贝马斯的回答,这可能是全世界最简洁的概括。记住这三个字,你"拿下"哈贝马斯的任务已经有了一个成功的起点。接下来,我就把这三个字的意思解释给你听。

公共生活的规范性原则为什么难以确立?就是因为许多时候人与人的想法无法达成一致,甚至不可调和。但哈贝马斯没止步于此,他继续追问:那为什么不可调和呢?因为人是主体,每个人都有"主体性",如果只讲人的主体性,就难免会变得主观。

但是,在现实生活真是如此吗?我们都是靠自己的主体性面对世界的吗?

哈贝马斯发现,人不只是一个主体;我们生活在人间,通过和他人交往,继而展开社会生活。

你说,我今天要开会。这何止是你自己的想法?这是多少人和人的合作,才让你冒出来今天要开个会的念头啊。你今天中午点什么外卖,也是参考了外卖 App 给你的推送、销售的排名等因素,才做的决定啊。这些决定不都是产生在人与人之间吗?

如果人类所有的活动都发生在人与人之间,那么主体与主体之间就会形成一种关系,哈贝马斯称之为"主体间性"(inter-subjectivity)。

这个词听起来有点拗口,不太符合现代汉语的表达习惯,所以我用了"在人间"这三个中文字来概括。这三个字不只是简单,而且意味深长。中文的"在人间"是指人们生活的社会,但同时也暗示了人类生活是发生在人与人之间的活动。

为什么生活"在人间",就会形成哈贝马斯说的"主体间性"呢?他的回答是,因为我们说话。我们无论做什么,劳动工作,娱乐游戏,亲密恋爱……所有这些活动的共同点是什么呢?就是彼此之间说话交谈,可以用有声语言、文字、手语、符号以及身体语言等交谈。人类是语言的动物,所以人不是独白的存在，而是在人间交往对话的存在。语言交流，互相交往是我们所有行动的共同基础。

你可能会怀疑，什么交往对话啊？语言还能用来骂人呢！

是的，语言可以用来吵架、威胁、欺骗和污染，但也可以用来交流沟通。在这里，哈贝马斯区分了几种不同的言谈行动。主要有两种，一种是"策略行动"，你的言谈只是要达到特定的功利性目标。这时候你好像在和人交流对话，但语言只是你的策略工具。这时候你使用的理性，其实就是工具理性。打赢一场诉讼案，完成一个被指派的任务，或者把意中人"追到手"，这些都是策略行动。

但还有另一种不同类型的行动，是为了真正理解彼此而展开的对话交谈，哈贝马斯称之为"交往行动"（communicative action），也可翻译成"商谈行动"或"沟通行动"。比如，我们和同事在工作之余聚餐，或者你在追求伴侣成功之后还继续谈恋爱，这些都是为了真正理解而交谈，属于交往行动。

如果要用更通俗的方式来解说交往行动，让我们来想想日常生活中的交谈情景。比如，在大街上有路人发生争执，最后变成了吵架，这时候常常会有人出来劝说，大家不要吵，都要讲道理，好好说话。

的确，我们和人谈话，有时候谈得好，但有时候谈得不好，甚至谈崩了。这时候为什么会有人要求"讲道理，好好说话"？因为我们有可能做到好好说话，而且我们常常希望能好好说话。

交往理性的作用与条件

哈贝马斯认为，好好说话这件事本身有很深的道理。这不只是解决矛盾的调解机制，他从中发现了一种理性的类型，这种理性既不是工具理性，也不是主体性的价值理性，而是存在于人与人之间交往中的理性，哈贝马斯称之为"交往理性"。

这种理性并不是杜撰。哈贝马斯借助大量的语言学、道德心理学和社会学的研究，发现并且论证交往理性是客观存在的。这个论证过程，我们无法在此展开讲解，但请你注意这个术语。

如果说哈贝马斯为"韦伯难题"找到了解药，那"交往理性"就是这个药的名字。

那么，这副解药能有什么疗效呢？哈贝马斯发现，"交往理性"，也就是好好说话这件事，其实是我们生活中规范性共识的源头。

比如，有对夫妻发生争议：10岁的孩子该不该有自己的手机？丈夫说应该，妻子却不同意。那怎么办？他们可以对话讨论，从孩子的身心健康和文化养成等方面找依据，甚至还可以查文献做研究，然后双方在讨论中来权衡利弊。这种讨论，最后未必能达成共识，但比任何其它方式都更有可能达成共识，因为他们都在运用交往理性。

但如果丈夫说，哪来这么多废话，家里的事情我说了算；或者妻子说，孩子的事情我才有发言权，这时候策略行动就压倒了交往行动，哪怕最后双方还是有了一个结论，却不是通过"交往理性"达成的共识，只是前面提到的，没有规范的妥协或宽容。

这样的例子有很多。你常常会发现：在很多情况下我们和别人达成共识，并不是某个人的"道理"振振有词，说得我们都哑口无言，而是因为在好好说话的氛围下，出于彼此的信任和平等尊重，大家一起把道理讲通了。

你看，我们能合作，能建立良性的公共生活，不是因为消除了主体性的主观分歧，而是通过运用"交往理性"，绕了一个弯，才达成的。交往理性从来不是一个人的道理，而是大家一起来把道理讲通。讲道理达成的规范共识有真正的约束力，因为这种共识有真正的理由，能够让彼此心悦诚服。

哈贝马斯的研究当然不止于此，他还提出了"交往理性"的运用条件，就是去发现人与人之间需要满足哪些条件才能谈得好，才可能达成彼此心悦诚服的共识。

这包括两个方面。首先是"言谈的有效性"，需要四个条件：可理解、真实、正当和真诚。你可以用这四项"有效陈述"的标准来检查一下自己平时的谈话。

其次是交谈需要的"理想言谈情景"，这个情景也有四个条件，总的来说就是保证所有参与者，能够平等地、自由地展开理性的讨论。如果你有兴趣进一步探索，可以去读哈贝马斯的著作。

交往理性是乌托邦吗

看到这里，你可能会说，哈贝马斯太不现实了！人怎么可能这么理性？有谁能做到？哪有这么理想的言谈条件？这完全是空想的乌托邦吧？

这些问题在课堂也有同学问过我，我是怎么回应的呢？

我先让同学们用笔在纸上画圆圈，不许用工具，就是徒手画。然后，让他们评比谁的圆画得最好。大家发现，他们可以很容易地判断出谁画得"最圆"。所谓"公道自在人心"，圆也自在人心。

为什么呢？因为他们心里都有一个"完美的圆"，这是几何学定义的圆，现实中谁都画不出。最接近它的是用圆规画出来的圆，但严格说来，圆规画出来的也不是"几何圆"。

谁都画不出的"几何圆"还有意义吗？大家明白了，如果没有几何上理想的圆这个标准，我们就没办法比较谁画的圆更好，也不知道怎么才能画得更圆。

交往理性也是如此。理想的交往行动在现实中非常罕见，但有了哈贝马斯确立的标准，我们能够更清晰地分辨谁在好好说话、谁更讲道理，以及在日常交往中如何改进自己的言谈行为。

提出一个概念，确立一个标准，大家都知道应该往哪里走。这就是思想家工作的价值。

顺便问一句，你知道几何学中的圆是怎么定义吗？告诉你吧："在同一平面内到定点的距离等于定长的点的集合叫作圆。"这听上去几乎不像人说的话，但却很接近哈贝马斯的写作风格。

哈贝马斯的著作那么深奥晦涩，为什么还能吸引无数不同领域的学者来研读探讨？因为他的理论意义重大。

只要你知道韦伯命题的意义，你就会理解哈贝马斯的贡献有多重要。哈贝马斯认为，工具理性有自己适用的领域，在技术、经济活动和官僚体制中有不可替代的作用，他把这个领域称作"系统"。但人类活动在"系统"之外还有一块是精神生活、道德生活和政治生活的领域，哈贝马斯称之为"生活世界"。

韦伯非常担忧工具理性的无限扩张，哈贝马斯也格外重视这个问题。他认为如果"生活世界"的规范原则仅仅屈从于工具理性，那就是"系统对生活世界的殖民"。而交往理性为我们的生活世界确立了理性规范的原则基础，以此能够抵御"系统的殖民"。这关乎我们的自由、尊严、爱和正义。

读到这里你或许会发现，在某种意义上，"韦伯难题"真的有了应对的出路。人类的现代生活，不会因为价值判断的多元化而注定陷入"诸神之争"的命运。

现在，祝贺你完成了一次思想的极限挑战，"拿下"了哈贝马斯。

当然，说"拿下"完全是夸张的玩笑。但至少你获得了一个线索，这是一个珍贵的线索，可能引领你去探寻伟大的思想，并且从此开始努力好好说话。

|思考题|

哈贝马斯并不是"为问题设定了一个理想的答案"，而是指出了"我们有一种讨论问题的理想方式"，你觉得这两者有什么区别吗，它们的区别在哪里呢？

尾声

后冷战时代的争论

40 ｜ 路标
后冷战时代的世界秩序

1989年柏林墙倒塌，1991年苏联解体，美苏两大阵营持续了40多年的冷战就此结束。从1991年至今的岁月，被称为后冷战时代。因为它还在"进行之中"，尚且无法盖棺定论。

那么，如何理解我们身处其中的这个时代呢？这是所有人都面临的新问题，也是本书尾声的主题。

这里出场的思想人物只有两位：弗朗西斯·福山和塞缪尔·亨廷顿。或许会有人质疑，为什么只选他们两位？在当代那么多重要的西方思想家当中，难道他们的水平最高、观点最正确吗？

学术水准高低，观点是否正确，当然可以争论。但在我看来，福山和亨廷顿的著述论说有一种难以争议的重要性。因为他们是后冷战时代西方思想辩论的议程设定者——关于如何理解全球秩序这个大问题，福山与亨廷顿各自提出了新的理论模式。

有趣的是，亨廷顿和福山原本是一对师生，但他们的理论是相互冲突的，对应着后冷战时代的两种世界趋势。什么趋势呢？我们可以从一个故事说起。

全球化与逆全球化

1997年8月31日,西方许多媒体都报道了一个大新闻,就是"戴安娜王妃之死"。你可能知道,那一天,戴安娜王妃因为车祸在巴黎去世。

这可能是一条令人悲伤的消息,但美国有一位著名的经济学家,贾格迪什·巴格沃蒂教授却从这个事件中看到了另外的东西。他说,戴安娜之死是"全球化的缩影"。

何以如此呢?他是这么解释的:

英国的王妃,带着埃及的男友,在一个法国的隧道里撞车,开的是一辆德国车,安装着荷兰的发动机。司机是一个比利时人,喝多了苏格兰的威士忌。追赶他们的是意大利的狗仔队,骑着日本的摩托车。为她治疗的是一位美国医生,用的是巴西的药品。这个消息是一个加拿大人传出的,使用的是比尔·盖茨的技术。而你可能是从一台电脑上读到了这个消息,电脑用的是中国台湾制造的芯片,韩国生产的显示器,在新加坡组装,运到硅谷,最后由一个墨西哥非法移民送货给你……我的朋友,这就是全球化。

是的,随着冷战的结束,曾经分裂的世界开始融合,开始了新一轮的全球化,这正是后冷战时代最显著的特征。全球化不仅是一种宏观趋势,它还广泛地渗透了人们的生活细节。我们每个人的生活都越来越密切地与异国他乡的生活联系在一起。

但在另一面,越是紧密的关系未必就越是友好融洽。日常生活的经验告诉我们,彼此保持一定的距离比较容易做朋友,至少能相安无事。如果相互的距离太近,比如住在一起做了室友,或者恋人同居了,也可能更容易出现摩擦和冲突。

世界也是如此。不同的国家、民族、宗教和文化之间总是存在差异，随着相互之间的距离越来越近，一些原本容易彼此包容，或者至少可以漠不关心的问题越来越凸显，甚至爆发出难以想象的冲突。2001年的"9·11"恐怖袭击就是一个例子。你看，与全球化浪潮一同到来的，还有反全球化的浪潮。

最初兴起的反全球化力量，大多来自国际秩序中的一些弱势国家或群体，它们感知到需要抵御来自西方的冲击。但在最近几年，西方发达国家也出现了强劲的反全球化势力，民粹主义和民族主义崛起，体现为排外、反移民和脱欧等现象。

如果我们把视角拉开，俯瞰这个世界，就会发现两种相互抵触的大趋势：一个是全球化，世界不断走向相互依赖与融合，强调人类的共同性；而另一个趋势在抗拒这种全球化，可以叫作"逆全球化"，也有学者称之为"部落化"。

"历史终结论"与"文明冲突论"

和全球化和逆全球化这两种现实趋势相对应的，是两种相互竞争的论述。福山提出了"历史终结论"，而亨廷顿则提出了"文明冲突论"，这两种理论甚至在格式上都很相似。我曾开玩笑说，这对师生好像是给大家上了一副对联。

福山先写了上联，他在1989年发表的文章是《历史的终结？》，标题末尾打了个问号。三年之后，他去掉这个问号，把文章扩展成了一本书，书名就叫《历史的终结与最后的人》，给之前的标题加了一个尾巴。

亨廷顿则对了下联，他在1993年发表的文章是《文明的冲突？》，标题末尾也有一个问号，三年之后他也去掉这个问号，把文章扩展成了一本书，书名就叫《文明的冲突与世界秩序的重建》，给之前的标题加了一个尾巴。

你看这对师生：学生福山写了上联，老师亨廷顿对了下联。但其实亨廷顿是在批评福山——他 1993 年发表的文章，虽然没有直接点福山的名字，但文章第一句就提到了"历史终结论"，整个文章的意思就是，不同意。

为什么他们提出的两种理论会引起热烈的讨论呢？他们之间的分歧究竟何在呢？这需要回到历史情景中才能理解。

福山在冷战的末期提出了"历史终结论"。他的观点用最简单的方式来概括就是，西方的自由民主政治是最好的制度选项，历史发展到这一步就抵达了终点，在这之后不管发生什么，意识形态的竞争已经结束。他的文章发表两年之后，苏联解体了，西方赢得了冷战。"历史终结论"成为这种胜利的理论解释，福山也被视为先知般的思想人物。

但此后不到十年，就发生了"9·11"事件，几乎像是当头一棒，敲醒了沉醉在喜悦中的胜利者。西方思想界开始追问：为什么会出现这样的悲剧，又要如何理解新的冲突？于是，"文明冲突论"走到了台前。

"文明冲突论"的要点是什么？最简单的概括就是，世界上有七种主要的文明类型，西方文明只是其中的一种，还有中华文明、印度文明、伊斯兰文明等。亨廷顿认为，在意识形态的冲突结束之后，"文明之间的冲突"会成为世界冲突的主要形态。"文明冲突论"最早发表在 1993 年，2001 年的"9·11"事件发生后，它也被看作对历史发展的准确预言。

你看，福山和亨廷顿，一个说历史终结了，一个说并没有终结，还有文明的冲突。师生两人的观点针锋相对，争议自然也不可避免。但仅仅着眼于观点的对立，只是触及了双方分歧的浅表层面。

那么，他们之间更深层的争论焦点是什么呢？

"制度"与"文化"之争

在我看来，福山与亨廷顿的争论，重新开启了我们对政治学领域一个经典议题的讨论，那就是"制度"和"文化"之争——制度的选择在多大程度上依赖文化？究竟是文化决定制度，还是制度改变文化？

福山认为，政治上的自由民主制和经济上的市场资本主义是现代的政治经济制度，并不专属于任何特定的文化。它们只是因为起源于西方，就被误以为是西方特有的制度。但实际上，这种制度选择，虽然会受到文化因素的影响，但文化并不是决定性的。福山相信，这种制度在本质上是现代化的结果，而现代化是全人类发展的普遍逻辑。

这就好像是说，咖啡树这种植物最早出现在非洲，但其实种植咖啡树也可以在其它地方，只要这些地方具备一定的光照、热量和水分条件就可以。如今，美洲和亚洲都能够种植咖啡树、生产咖啡，咖啡已经成了全球性的饮料。这时候，如果你反复强调咖啡是一种"非洲饮料"，才让人感到奇怪。

当然，文化也会对制度产生影响。但福山强调，文化不是一成不变的，制度也可以转变文化，也许转变的过程漫长而曲折，但不同的民族国家终究会在制度选择上越来越相似，同时仍然能保留自己文化的特色。福山是日裔美国人，而日本就是能够印证福山观点的一个典例——它既有最现代的政治经济制度，又很好地保留着自己的传统文化。

但亨廷顿不同意，他认为福山低估了制度对于文化和宗教传统的依赖。在他看来，自由民主政治和市场资本主义都高度依赖于西方文明，尤其是民主政治，它是基督教文化的特定产物。所以，非西方文明很难接受西方文明的制度，日本只是一个例外。

如果制度是特定文化的产物，那么它就只能适用于特定的文化。但如果制度本身可以塑造和改变文化，那么即便文化传统不同的国家也可以采用大致相似的现代制度。

亨廷顿与福山的争论，导致师生二人相互疏远了很久。直到老师生命的最后几年，他才与弟子和解。不过，感情修复了，他们的思想分歧依然存在。

"正在进行时"的问题

那么，后冷战的世界会发生什么呢？福山与亨廷顿都同意，冷战时代的那种意识形态的冲突结束了。他们的分歧在于，福山认为世界各国的制度会趋同，变得大同小异。而亨廷顿主张冲突不会结束，只是改换了类型，转变为文明之间的冲突。

不同文化之间会在制度选择上越来越相似吗？纷争甚至冲突是必然存在的吗？这是后冷战时代的西方思想界深切关注的重大问题，也是现实世界正在面临的严峻问题。

对此，我们还没有最终的确切答案。但我们应该去了解，观点相左的思想家如何观察、解释和论述这个问题，在此之后，你可以展开自己的思考。

思考题

我们在上文讲到经济学家用"戴安娜王妃之死"来解释全球化，在具体事件中折射出全球化的大趋势。你能想到类似的例子吗？

41 | 福山

"历史终结论"究竟在说什么

我在本章节的路标向你介绍了亨廷顿和福山这一对师生,他们分别提出了自己的理论模式,对应着全球化和逆全球化这两种现实趋势,也因此为后冷战时代的西方思想辩论设定了议程。

虽然福山是学生,但在这场辩论中,是他先提出了"历史终结论",先老师一步走上了辩论台。现在我们就来探讨,这个被人们谈论得太多,但或许理解得太浅的"历史终结论"究竟说了什么。

"历史终结论"提出的背景

在进入理论阐述之前,我们先来了解一下福山其人。

福山的全名叫弗朗西斯·福山,他是日裔美国人。早在 1905 年,他的祖父就已经在美国定居了。福山算是第三代移民,从小在曼哈顿长大,不会说日语,也没有很强的日本文化认同,基本上就是一个美国人。

福山经历的学术训练有点奇特:本科在康奈尔大学学习古典学和哲学,毕业后到耶鲁大学读文学专业的研究生,中间还跑到巴黎留学了六个月,学习后现代的文学理论,结果是一头雾水,回到美国就果断放弃了文学理论,进入哈佛大学攻读政治学博士。正是在这里，他成为亨廷顿的学生。

1979年福山到著名智库"兰德公司"工作，其间还有两三年在美国国务院从事外交政策研究。1989年，福山到芝加哥大学做演讲，演讲的内容后来修改成文章发表，就是那篇著名的《历史的终结？》。论文发表在1989年夏天，几个月后，柏林墙倒塌，又过了两年，苏联解体。福山一下子声名鹊起，他被看作预告了冷战的终结。1992年福山出版了《历史的终结与最后的人》这本书。从此，"历史的终结"成为后冷战时代的一个标志性词语。

如果仅仅从字面上看，"历史的终结"这个表述有点荒唐，我们的历史不是一直在继续吗，难道地球要毁灭了吗，怎么就说"历史的终结"了呢？

其实，"历史的终结"并不是在宣称由一个个故事构成的历史终结了，它是福山的一个哲学论断，紧接着他又用政治科学的方法论证它。政治学教授塔克夫评论说，福山的知识结构是"相当罕见的结合"。福山在大学本科是先学哲学，后来在博士阶段又学习政治科学。《历史的终结与最后的人》是福山的第一本书，他可能想要把自己的"武功"在这本书里都展示出来吧。

所以，这本书包含了两种论证方法：历史哲学的论证和政治科学的论证。福山希望把这两种论证结合起来强化他的论点。而我们就可以把这两种论证剥离开来，分头讲解。

历史哲学的论证

"历史终结论"这五个字看起来很玄，但我们中国人其实比较容易理解，因为我们学过马克思主义。

马克思告诉我们，历史有一个普遍的规律，这个规律可以解释所有的历史事件。历史有自己发展的过程和方向，会从低级阶段走向高级阶段，最终在全世界实现共产主义。这是马克思主义的历史观，学术名称是"普遍历史观"。

福山也采用了类似的历史观。"历史终结论"主张，历史发展有自己的方向，我们最后会走到历史的终点。但是，福山说的这个终点是自由主义民主。

如果深入"历史的终结"的英语词义"End of History"，我们会发现，在"History"和"End"这两个关键词中，暗藏着玄机。

首先是"History"，这个词的原意就是"他的故事"。但福山强调，他说的这个"History"，其中的"H"必须大写。这个大写的历史是什么呢？简单地说，不是实际发生的一系列"故事"，而是一种故事的讲法。这种讲法很厉害，能把所有故事一网打尽，全部纳入自己的讲法中，整理出一套规律，这就是大写的历史，即"普遍历史"。

其次是"End"，我们都知道"End"有终结或者终点的意思，但它还有另一个含义，就是"目的"。"历史的终结"也是"历史的目的"。福山自己说过，他是在双重意义上使用这个词的。历史为什么会终结呢，因为已经抵达了目的地，不会再往前走了，所以它就终结了。

黑格尔早在1806年就提出了历史的终结，后来马克思发展出一个重要的升级版。而现在，福山又提出了自己的更新版。只是，福山的版本至少在两个方面与马克思的版本不同。

我们先来看第一个方面：福山设想的历史目的地与马克思的构想不同。马克思说，共产主义是人类未来要抵达的理想社会。而福山说，没有那么远，"历史的火车"提前到站了，自由民主制就是最终目标，人类（在意识形态的意义上）已经到达这个终点，也就不用继续前行，走向马克思的共产主义。

那你肯定要问：凭什么说自由民主就是终点，你怎么知道"历史的火车"不会继续往前跑了呢？

这就要讨论福山和马克思的观点在第二个方面的区别，就是关于"什么是历史发展的动力"。马克思说，阶级斗争是历史发展的动力。而福山认为，根本的动力是"为承认而斗争"。

在福山看来，人生在世有一种根本需求，就是"获得承认"，要求别人承认自己作为人的尊严和价值。人类对于承认的需要绝不亚于对经济的需求，要不然怎么会说"不为五斗米折腰"呢？因为如果你"折腰了"，你就失去了尊严，没有获得承认。但赐予你"五斗米"的那个人却因此获得了你的承认。所以，人们获得承认的过程总是蕴含着斗争。

福山的这个观点其实借鉴了早期学者对黑格尔历史哲学的研究阐释。在某种对黑格尔思想的阐释中，为了"获得承认"的斗争从奴隶社会开始贯穿了整个人类历史的发展。奴隶承认奴隶主，满足了奴隶主的承认需求。但奴隶没有获得承认，就开始反抗奴隶主。在历史发展的不同阶段，始终有不同阶层和身份的群体加入这场斗争。

福山相信，这种斗争比阶级斗争更加根本。只要人类获得了承认不是相互对等的，历史就有矛盾冲突，也就有了发展的动力。直到有一天，普遍而平等的相互承认来临了，发展的动力就被耗尽了，历史的火车头也就停下来了。对福山来说，自由民主制在原则上已经实现了这种平等的相互承认，所以他宣告"历史终结了"。

这就是福山展现的第一套武功，为"历史终结论"做出了历史哲学的论证。

政治科学的论证

接下来，福山又给出了一套政治科学的论证，其中援用了一种普遍化的现代化理论。什么叫普遍化？就是说一个国家，不论文化有什么特殊传统，只要搞现代化，最后都趋近普遍的共同模式。现代化的国家虽然各有特色，但在制度上大同小异。

福山为现代化的普遍化进程，做了个三阶段的推论。简单地说，只要人类追求现代化，就会发展科学技术；发展科学技术，就会采用市场经济；而发展了市场经济，就会导致自由民主制。稍微展开讲解，它有以下三个步骤。

第一步，作为推论的起点，任何现代化发展都必然要发展现代科学技术。所以，科学技术的模式必定会普遍化，这是现代化进程的基本动力和共同平台。这很容易理解，大多数人也都同意。

第二步，从科技推论经济。福山认为，科学技术的成果要实现效益最优化，就会引导自由市场经济的发展，因为市场经济是效益最优化的经济制度。虽然这两者之间的逻辑递进关联并不是决定论式的，但仍然相当紧密。

第三步，从市场经济推出自由民主政治。这个推论稍微复杂一些，需要一些中间环节。虽然，经济与政治之间存在比较强的关联，但它们不是直接简单的因果关系。

福山认为，市场经济的发展和人均收入的提高，会导致一系列社会结构和文化价值的变化。这包括城市化、产业工人阶级的扩大、教育的普及提高、信息传播渠道的丰富多样、专业阶层的兴起、财产的积累和产权意识增强、市民社会的丰富发展，等等。伴随着这些发展，会有越来越多的人希望参与政治。

可是，为什么经济发展了，人们会想要参与政治呢？这就需要参考福山的哲学论证。

人的生活好了会要求什么呢，"饱暖思淫欲"吗？福山说，不对，应该是"饱暖思承认"。人们有"获得承认"的需求，希望自己作为人的尊严和价值能得到认可。福山考察了各种类型的政体，认为自由民主政体才能最大限度地让每个人平等而自主地参与重要公共问题的决策，从而感受到生活的自主权，也就获得了尊严和价值感。因此这种政体最能满足（市场经济发展带来的）"获得承认"的需要，这就解释了经济发展会引向自由民主政治的逻辑。

到此，福山完成了三个环节的推论，论证了他的"历史终结论"。你觉得这套论证具有说服力吗？

争议和批评

福山提出"历史终结论"至今已经 30 年了，其间受到了无数的质疑和批评。比如有人说，自由民主制需要变革和改善的方面还很多，怎么能它就抵达终点了呢？

在福山看来，这种批评是对他的误解。历史的终结并不是说世界上不会再发生新的事件了，现实的冲突和斗争还会持续，但就意识形态而言，他认为自由主义是最优的选项，因此，在它的所有竞争对手中胜出。但福山强调，这不是实践的胜利，而是理念的胜利。许多对西方社会现状的不满，恰恰是因为实践没有达到理念的标准。这并不意味着，自由主义的理念本身还有任何能真正与之匹敌的竞争对手。

还有人会说，福山难道是瞎子吗，他看不到当今世界明明还有其它的意识形态存在，其它的政治模式不也活得好好的吗？福山看到了，但他会说，其它这些政治模式，通常都说自己是本民族文化的产物，或者是特殊国情的产物，而不会宣称自己的模式是一种普遍的政治正当原则。因此，作为普遍历史的终点，在自由主义民主之外，没有其它选项。

那么，"历史终结论"难道就没有漏洞吗？当然不是，还有许多批评并不是出于误解，而是正当合理的反驳。我们先来看以下这段分析。

首先要追问的是，"历史终结论"究竟是一个哲学理论，还是一个政治科学理论？如果是一个哲学主张，只要逻辑自洽，你就可以坚持自己的一家之言。但如果这是一个社会科学理论，那就要接受事实证据的检测，而且必须是"可证伪的"。如果遇到经验反例，"历史终结论"都可以自圆其说，那它就"涉嫌"伪科学。还记得前面讲过的波普尔吗？他的证伪主义告诉我们，永远都可以自圆其说的理论就是伪科学。

实际上，福山自己后来很少谈论他的历史哲学，他更像是一位政治科学家，主要依赖现实政治中的经验证据展开论述。但你会发现，目前对政治发展现实的考察，既存在对"历史终结论"有利的证据，也存在不利的证据。

比如，20 世纪 70 年代之后，许多东亚地区在威权政体下获得了高速的经济发展，似乎可以脱离民主化的普遍进程。因此，西方学界曾流行过所谓"东亚例外论"。但到后来，韩国等东亚地区开始了民主化转型，就打破了这种例外论。

福山就此专门写过一篇文章，题为《例外论的幻觉》，表示东亚民主化的证据对自己有深刻的影响。当然，后来东欧阵营的剧变以及苏联的解体，更强化了他"政治发展殊途同归"的信念。

但是，福山的政治科学论证也曾遇到不利的证据。比如"9·11"恐怖袭击事件，还有委内瑞拉的查韦斯"红色风暴"。这些反例带来了比较大的冲击，但它们后来似乎被平息了或者有了反转。

来自中国的挑战

事实上，真正对福山的理论具有挑战力的经验证据来自中国。福山本人相当重视中国40年来的发展经验，也发现中国政治文明的独特传统，以及中国对亚洲地区现代化发展的深远影响。他公开承认，中国模式具有重要的研究价值，可能成为检测他理论的一个重要案例。

福山认真对待中国的发展经验，但他并没有改变自己的基本观点。早在2007年，福山在布朗大学演讲，在演讲后的酒会上我问他如何看待中国的挑战，他回答说现在下结论还太早。2014年福山发表文章，仍然坚持"历史终结论"基本上是正确的。在2019年的一次访谈中，他也表示了相同的看法。

福山承认，民主化的进程可能会出现回潮和逆转，也承认这个进程比他最初预想的更漫长，也更艰难。但是，他至今仍然没有放弃他的一个核心观点：自由主义民主体制之外的现代化模式，迟早会面临民主化的压力，会遭遇巨大的挑战而难以长期维系。在这个意义上，他表示"就长远来说"，自由民主政体具有难以抗拒的优势，仍然会在曲折发展中越来越盛行。

但是，福山反复指称的"长远"到底有多远？经济学家凯恩斯有句名言："就长远来说，我们都会死的。"我也质疑：如果福山设想的历史终点，在现实世界中并没有显示出离我们越来越近的趋势，那他究竟如何回应呢？如果只是说，这没关系，因为"长远以后"这种趋势会出现的。但这种回答的有效性依赖于未来的证据，似乎总是可以通过延迟判断来回避反例，那就不足以满足"可证伪性"的要求。

关于"历史终结论"的辩论还有很多，这一节只能讲到这里。

你或许知道，福山后来还发表了许多的研究论著。2020年，在武汉的方舱医院，有位小伙子躺在病床上阅读福山的《政治秩序的起源》，被记者拍了下来，发布到社交网络上。后来，福山本人看到了这张照片，给小伙子寄送了一本签名版。

福山仍然在关注中国的发展，因为就检验他的理论而言，中国的经验呈现出相当具有潜力的挑战。

思考题

在你看来，中国社会的发展现实，在哪些方面对"历史终结论"提出了最有力的挑战？

42 | 亨廷顿
"文明的冲突"是不可避免的吗

"历史终结论"之后，我们将转向福山的老师塞缪尔·亨廷顿提出的理论，那就是与"历史终结论"针锋相对的"文明冲突论"。

亨廷顿出生于 1927 年，他天资聪慧，16 岁就考入了耶鲁大学，18 岁提前毕业。在美国陆军短期服役之后，他相继到芝加哥大学和哈佛大学求学，不到 24 岁就获得了博士学位。从 1950 年开始，他一直在哈佛大学政治学系任教，直到 2007 年退休。第二年，亨廷顿就去世了。

在半个多世纪的学术生涯中，亨廷顿一共发表了 17 部著作，在学术界声誉最高的是 1968 年出版的《变化社会中的政治秩序》，而在公共领域影响最大的著作，就是 1996 年出版的《文明的冲突与世界秩序的重建》。

2001 年 9 月 11 日上午，亨廷顿登上了从波士顿飞往华盛顿的飞机。而就在同一天，另一架从波士顿起飞的客机被恐怖分子劫持了。亨廷顿安全着陆后才知道发生了恐怖袭击事件。他惊魂未定，就有记者到处找他。为什么呢？

八年前，亨廷顿曾因提出"文明冲突论"受到许多严厉的抨击。但"9·11"事件发生之后，亨廷顿立即被视为有先见之明的预言家，受到众人瞩目。

当时《华盛顿邮报》的记者问他，"现在你是不是感觉自己得到了证明？"

亨廷顿断然回答，"不，我感到愤怒和惊恐！恐怖分子并不代表伊斯兰文明，这不是一场真正的文明的冲突"。但他补充说，这有可能导致一场真正的文明冲突。

从此以后，世界上发生的所有争端和冲突，只要和文化差异有关，亨廷顿的名字就会"上热搜"。无论是讨论巴黎恐怖袭击事件，还是分析欧洲的反移民浪潮，甚至是中美贸易摩擦，都会有人引用亨廷顿的"文明冲突论"。他的理论好像成了万能膏药，随时可以拿来涂抹。

那么，亨廷顿的"文明冲突论"究竟说了什么？是否令人信服？这就是下文要探讨的问题。

当代世界的认知地图

"文明冲突论"，最简单的概括就是，一张地图和一个警告。亨廷顿先画了一张新的世界地图，叫作世界"文明圈"地图，然后发出了一个警告，告诫西方注意防守，避免扩张，不要去推广那些普遍性的价值。

先来讨论亨廷顿的这张地图。通用的七大洲五大洋的世界地图，你很熟悉了；但如果要理解世界政治格局，你还需要另一种认知地图。在冷战年代，这张认知地图比较清晰，按照对立的两种意识形态划分为美苏两大阵营。在这张地图中，你会看到谁和谁是朋友，谁和谁是对手。但冷战结束之后，旧地图不管用了，新地图该怎么画呢？

亨廷顿说，可以有许多画法。比如，用经济贫富概念，把世界分成南北两大块。或者用东西文化概念，分成东西两大半球，但他觉得这个地图线条太粗了。当然也可以用国家划界，但世界就变成200多个板块，这个地图似乎又太细了。在亨廷顿看来，最好的画法，就是用"文明"作为分界单位，把世界划分为七八个板块，把不同的国家置于文明这个概念框架之中。这有利于我们来理解世界的格局，不会太粗而变得笼统，也不会太细而变得一堆乱麻。

亨廷顿将世界划分为七个主要"文明圈"：西方文明、拉丁美洲文明、东正教文明、印度文明、中华文明、日本文明和伊斯兰文明。还有非洲，它有可能成为第八个文明。

每个文明圈像是个同心圆，其中可能会有一个核心国家。比如中华文明的核心是中国，西方文明的核心是美国。但有的文明圈还没有核心国家，比如伊斯兰文明和非洲文明都没有。而日本文明呢？就只有日本一个国家。所以这张地图其实也有点模糊。而且，"文明"这个概念，主要是依据宗教、语言、文化传统和习俗界定的，本身也有很多弹性和含混之处。

但亨廷顿认为，选择"文明"作为分界单位，不只是因为它大小合适，还因为文明重要。他相信，文化价值和宗教具有持久性，是影响国家政治发展和国际关系的最重要的因素。

理解文明的冲突

那么，依据这张"文明"板块划界的地图，我们如何来看待世界秩序呢？

首先，亨廷顿怀疑"西方文明优越论"。在他看来，所有的文明都更重视自己的价值——我觉得我的文明好，你觉得你的文明好，彼此之间没有什么高低优劣之分。

其次，亨廷顿认为文明很难改变。他当然知道世界不是静止的，会随着历史发展而变化。科学技术会普遍化，甚至经济方式也可能变得相似。但是，他不同意福山的最后一个推论——经济发展会导致文化和政治制度的趋同。亨廷顿坚持主张，一个文明的核心价值几乎是不可改变的。比如，西方的自由、平等、个人主义、民主等价值，都是基督教文明的产物，并不是普遍性的价值。你要是认为这些东西人人都喜欢，要推广到其它文明并改变其核心价值，就会激起人们的反感和抵抗。

再次，他认为当今世界西方文明在相对的衰落，美国不再可能成为全球的霸主，虽然以美国为核心的西方文明仍然重要，但中华文明圈的力量随着经济发展正在增长。所以，西方再也不可能让其它文明"西方化"，必须放弃这种幻想。

亨廷顿强调，要承认文明之间确实存在差异，他称之为"文明的断层线"（the cultural fault lines）。冲突的危险就蕴藏在断层线之间，文明的差异不可能消除，所以冲突的危险也持久存在。

那么，我们还有可能建立世界秩序吗？亨廷顿那部名著的标题，后半句就是"世界秩序的重建"。他认为，要重建世界秩序，最好的办法是让每个文明圈内部的核心国家来主导"圈内秩序"。然后在文明圈之间，展开平等对话协商、彼此妥协让步，以此控制冲突，防止冲突激化走向战争。也就是说，冲突不可避免，但不能让势态升级。

总的来说，亨廷顿是一个政治现实主义者，他认为文明差异不可消除，冲突不可根除，只能管控；世界秩序只能建立在多种文明共存的基础之上。

批评与争议

读到这里，你觉得"文明冲突论"令人信服吗？具有足够的解释力吗？让我们来看看它遭受到了哪些批评。

有一种批评指出，人类冲突的原因有多种，宗教以及文化的差别可能是其中一种原因，但未必最为重要。"文明冲突论"首先就解释不了冷战，冷战对抗的两大阵营并不是按"文明的断层线"展开，而是根据意识形态来划界。虽然亨廷顿针对的是后冷战时代的问题，但他理论的依据是更大尺度的人类历史。

还有一种批评指出，文明圈内部也会发生冲突，而且常常比文明之间的冲突还要激烈。比如，历史上基督教文明内部就有过血腥的宗教战争，而伊斯兰文明内部也发生过"两伊战争"，还有逊尼派与什叶派之间的长期争斗。如果说文化和宗教的隔阂是冲突的最重要因素，那如何解释同属一种文化的人们会发生那么严重的冲突，甚至比不同文化之间的冲突还要激烈呢？

另外，亨廷顿相信文明的核心价值基本上不可改变，但你可以找到不少反驳的例子，而最有力的颠覆恰恰来自亨廷顿自己。2004年，亨廷顿出版了一本新书，题为《我们是谁？》，其中阐述了他心目中的美国文化核心，主要是英国新教徒的价值观念和文化传统，包括职业道德规范和个人主义、英国的语言、法律制度、社会制度和习俗，等等。但他在书中表示担忧，外来移民的涌入和文化多元主义的盛行，使美国出现了文化的分裂，正在失去自己的文化传统。

那问题来了，作为西方文明核心的美国都有可能丧失自身文化传统的危险，那么文明怎么可能是牢固不变的呢？比如，韩国被亨廷顿划入儒家文明圈，但韩国的基督教徒不断增多，已经占据了人口的三分之一。这不也是文明发生变化的例证吗？

在我看来，因为文化会相互接触，所以也会互相影响和改变。

这里可以给你讲个故事，它发生在英国殖民时期的印度。当时印度的一些地区有"殉夫陪葬"的传统风俗，叫"萨蒂"（Sati）：丈夫去世了，寡妇要作为陪葬，在亡夫火葬的柴堆上一起被焚烧。19世纪中叶，英国殖民者想要废除"萨蒂"这个风俗，却遭到当地部落首领的反对，他们理由是："这是我们的传统习俗，不可改变。"

当时，担任英国驻印度总司令官的是纳皮尔爵士，他回答说：那好吧，烧死寡妇是你们的风俗。但我们英国人也有一个风俗：如果有男人把一个女人活活烧死，我们就会把他挂到绞刑架上绞死。你们就先遵循你们的风俗吧，然后再来让我按照我们的风俗行事。

显然，纳皮尔爵士的回答在表面上主张"文化多元主义"，实际上他是借助殖民者的权力强制，让英国的"风俗"凌驾于印度的"风俗"之上。

但我们还可以多想一想，问一问："殉夫陪葬"所体现的价值是正确的吗？因为这是"当地传统"，就不可以评判它的是非对错吗？当部落首领声称"这是我们的风俗"时，这里的"我们"究竟是谁？那些被送去陪葬的寡妇是不是也能算在"我们"之内？她们是不是在地方强权的胁迫下不容分说地"被代表了"呢？

后来的故事你可能也知道，印度最终获得了独立。但"殉夫陪葬"的风俗恢复了吗？当然没有，它早已被废除了。在今天印度的法律中，还有专门的条款明确禁止"殉夫陪葬"。

那么，文化真的不可改变吗？

让我们回到亨廷顿，对比总结他和福山的理论之争。他们之间的分歧其实可以用中国的两句老话来表达：福山相信"人同此心，心同此理"，而亨廷顿认为"非我族类，其心必异"。

这两位理论家，到底谁更有道理呢？如果转向现实世界，我们就会发现，文化变迁一直在发生，但也有些文化价值如此根深蒂固，在特定的时间内很难改变。

在我看来，他们两人分别揭示了文化变迁的一面与文化固化的一面。你倾向谁的理论，就会选择相应的特定视野。比如，对于"9·11"这样的事件，你如果相信福山，会认为这是通向历史终点的一段弯路；但如果认同亨廷顿，就会觉得，这种悲剧才呈现了这个世界的本质。

但很可能，世界的真相是在两者之间。

思考题

你觉得文化传统是可以改变的吗？你能想到哪些文化被改变或者保持不变的现象吗？

43 | 结语
现在是新的历史转折点吗

经过这些天的长途跋涉，我们走过一个多世纪的现代思想历程，到达了旅程的终点。这篇结语就像电影结尾时的镜头，应该用一个大全景，将一切尽收眼底。可我却发现，我拍不出一个从容不迫的大全景，因为镜头收不住眼前的复杂景象。

这里说的"镜头"就是当今西方思想的认知框架，而景象就是眼前纷乱骚动的世界。镜头收不住景象，就是说这个认知框架似乎无法有效地解释当下的世界了。

在这篇结语中，我想和你谈谈西方现代思想在今天面临的来自现实世界的挑战。

人类的故事要怎么讲

我们知道，思想的一个重要功用在于深入地理解现实，去"讲通"现实世界的故事。但现在我们发现，人类的故事越来越难讲了。

有一位以色列历史学家尤瓦尔·赫拉利，他的大历史三部曲非常有名。在《今日简史》中，他写下了这么一段话：

1938 年，人类有三种全球性的故事可以选择；1968 年只剩下两个；1998 年，似乎只有一个故事胜出；2018 年，这个数字降到了 0。

赫拉利的意思是，在 20 世纪 30 年代，世界上有三种故事：法西斯主义、自由主义和共产主义。在二战结束之后，法西斯主义被淘汰了，只剩下两种故事，就是苏联模式的社会主义和欧美的自由主义。而到冷战结束之后，似乎只剩下了一种故事，就是西方的自由主义。但在今天，自由主义这个故事似乎也讲不下去了。

赫拉利关注的焦点是人工智能和生物技术造成的困境。但我想跟你说的不是技术领域的问题，而是自由主义的思想论述——它在西方国家内部和国际领域都遭遇了挑战。

故事还是要从全球化说起。

国家内部："精神内战"？

本章前面的小节，我们讲了福山和亨廷顿的思想。但这两位思想家当时都没有料到全球化造成的一个后果：当今重要的冲突之一，不是发生在国家之间，而是来自国家内部。

同一个国家内部在很多大问题上存在着针锋相对的两极对立。比如在美国，对于特朗普，有人恨之入骨，有人爱得要死。在英国，民众对于脱欧问题分裂为高度对立的两派。在德国，对于移民问题的态度也同样分裂。这种现象在今天非常普遍，我把它叫作"精神内战"。

为什么全球化的时代会出现普遍的"精神内战"现象呢？这有经济和文化

两方面的原因。

在经济层面上，有一位研究平等问题的权威经济学家米兰诺维奇，他在研究中发现，新一轮的全球化带来了两个消息：好消息是国家与国家之间的贫富差距缩小了；但坏消息是大部分国家内部阶层不平等加剧了。

就拿美国来说，硅谷的大公司在全球化中获得了巨大收益，而传统制造业地区却走向衰落。硅谷的程序员和底特律的蓝领工人，他们的经济差距就拉得更大了。

而在文化层面上，全球化带来了大量的人口、资本、信息和物资的跨国界流动，这导致各国本土的传统价值、生活方式和文化认同都遭到了全球主义的强烈冲击。尤其是近年来，移民和难民的涌入，恐怖袭击时有发生，这让欧美国家感受到文化冲击，激发了它们更为敏感和尖锐的反应。而主流的多元文化主义和全球主义，却没有能够提出有效的方案来回应这种冲击。

21世纪新一波的全球化造成了一条深刻的"断层线"。这条断层线不是出现在国家与国家之间，而是出现在每个国家的内部，出现在全球化的受益者和因为全球化而受挫的人群之间。

这条断层线的两侧，就形成了"精神内战"，在政治上表现为两极对立。自由主义民主鼓励多元化的立场和观点，但也需要最低限度的政治共识。而极端分裂的民意会让自由民主政治陷入严重的困境。政治学家最近几年发现，欧美国家出现了"民主衰退"，这在过去都是在那些刚刚完成民主转型的国家才会发生的事情。到了现在，哪怕在西方国家内部，自由主义的故事也越来越难讲通了。

国际领域：秩序的衰落？

我们再来看国际问题。

现在地球上还没有一个世界政府，但并非完全没有秩序。西方主流意见曾相信，存在一个叫作"自由国际秩序"的机制。但现在有不少学者指出，这并不是真正的全球秩序或国际秩序，而是一个区域秩序。它实际上是二战结束后，在美国主导下建立的主导北美和西欧国家的秩序，可以叫作"大西洋秩序"。

按照"大西洋秩序"，这些国家都采取非常相似的制度，就是自由主义民主和自由市场经济。但西方一些政治家和思想家曾经相信，这个秩序可以不断扩展，最终会成为覆盖整个世界的全球性秩序。有一些历史事件，比如"亚洲四小龙"的崛起，以及"第三波民主化"的成就，当然还有冷战最后以苏联解体而告终，都鼓舞了自由秩序扩展的信心。

这造成一种错觉，以为这种自由秩序很容易"普遍化"。许多西方思想家过高估计了这个自由秩序的普遍有效性，认为这是全球适用的国际秩序，却忽视了这种秩序的建立和维持实际上依赖于许多特定的历史文化条件。

最近二十几年来，这个秩序的扩张在带动新兴国家经济发展的同时，也引起了广泛的不满与冲突。

为什么呢？刚开始在"大西洋秩序"下的主要是西欧和北美，加起来只有近10亿人口。然后它不断扩容，要把新兴经济体国家（包括中国、印度和一些拉美国家，大约有30亿人口）全部纳入。这么大的体量，就像一艘原来只能乘坐10个人的船只又上来了30多个人，因为过载而事故频发。并且，这四五十人在船上并不能完全齐心协力。亨廷顿看到，这个"自由秩序"不只是单纯的制度，它其实带有自己的价值观念和规范原则。在向外扩展的过程中，自由秩序会深度介入非西方国家的内部秩序。有不少非西方国家在文化、政治和经济方面表现出了"抵制西方化"的各种反弹。

文化有差异，利益有纷争，协调机制还不完善；如果遇到什么大风浪，船身就会猛烈摇晃，甚至还有翻船的危险。

西方自由秩序的过度扩张，引起了越来越多学者，包括自由派学者的质疑和反思。比如英国政治理论家约翰·格雷，他将向外输出西方体制的企图称作"愚蠢的进军"。在国际问题上，自由主义的故事也很难顺利地讲下去了。

那么，自然有人会做出另一种选择：既然这是"愚蠢的进军"，西方就应当停止进军，甚至终止全球化，不再去关心什么国际局势，一切问题以"本国优先"为目标。

但这样做就行得通吗？全球化已经造就了一个高度相互依赖的世界，任何国家都需要和其它国家打交道；既然要打交道，就需要有规则和秩序。没有基本的国际秩序，就会步履维艰、险象环生。有时候，一个不够好的秩序可能胜过完全没秩序。

而在今天，美国的"退守"，英国的脱欧，WTO的失灵，贸易争端的加剧，各种分离主义、反移民和排外的浪潮汹涌而起……人类进入了新一个年代，曾经的"历史的目标"和"宏大历史的故事"似乎消失了，人们现在都在讲述各自不同的小故事。当下，似乎只有中国仍然在积极推进全球化，畅想人类的共同命运。

汇聚还是分离

那么，人类的未来究竟会有怎样的前景？是走向汇聚还是分离呢？

早在1964年，加拿大传媒理论家麦克卢汉曾经提出一个概念叫"地球村"

（global village），现在大家都很熟悉。但我觉得这个比喻只说对了一半。全球化造就的不是地球村，而更像是一个"地球城"（global city）。汇聚到这个"城"里的人们来自不同的"村庄"，带着千差万别的方言、习俗与信仰。差异让城市的生活变得丰富多彩，但差异中也埋伏着冲突的隐患。

过去大家各自住在自己的村庄里，最多是听说外面还有一些别的村庄。疏远的人们可以漠视差异，在遥遥相望中和平共存。但生活在同一个地球城之中，甚至就住在楼上楼下，低头不见抬头见，彼此之间迂回和缓冲的灰色地带大大收缩，差异更可能引起分歧，矛盾难以调和，冲突容易加剧。于是，难免有人会想，干脆散伙，不要一起过了吧。"脱钩"似乎就成了一个现成的选项。

可是，我们真的能相互分离吗？我们能够承受离开地球城的代价吗？就像你"逃离"了大城市，就能回到梦中的故乡吗？并没有这么简单。不少厌恶城市的人们在踏上返乡之路后很快会发现，记忆中的乡村已面目全非，他们已经深深地被织入了城市之网。

是的，我们已经成为世界城市的居民，无论在积极或消极的意义上，相互依赖的进程仍然在不断加深。这个"地球城"是我们唯一的世界。

分离的渴望，恰恰是由于我们正在彼此靠近。因此，分离并不是汇聚的根本反转，只是汇聚不良的应急症候，是因为靠得太近而产生的阵痛与焦虑。

在我们通常的感知中，人们是因为冲突才会出现分裂，是因为有共通之处才会走到一起。但如果把视角拉得更远，你会看到，人类的历史恰恰是一部"因为冲突而汇聚到一起"的故事，更确切地说，是经过冲突、达到共通、最终汇聚到一起。比如美国从建国到南北战争，再到战后的重建；比如欧洲经过了世界大战、战后的和平进程，再走向欧盟。而且，让我们走到一起的原因有时并不是彼此喜欢，而是我们面临共同的威胁和挑战：气候和环境的危机，极端主义对安全的威胁，新技术带来的挑战，全球疫情传播的冲击，还有世界范围内贫富差距的扩大。所有这些都不是一个国家在内部能够单独解决的问题。所以，即使在负面的意义上，人类也分享着共同的命运。面对着无法独自应对的共同问题，各个国家需要在竞争中保持对话与合作。

人类的未来究竟会怎样？中国古话说，"天下大势，分久必合合久必分"。但这种看法，就好像在一场旅途中只是关注眼下的路面。如果我们抬起头，观察更多长远而缓慢发生作用的变量，你就会明白赫拉利在《人类简史》中说的一句话："合久必分只是一时，分久必合才是不变的大趋势。"

给你的寄语

到这里，我们探访西方现代思想的旅程就要告终了。感谢你的陪伴，希望你在这个学习思考的旅程中有所收获。

西方的现代始于理性主义的勃兴，人类创造了空前的成就，也带来了崭新的挑战。在本书中，我们阐述了 20 世纪一些卓越的思想家对现代性问题的探索与反思。而在今天，理性主义主导的现代性仍然在全球扩展，同时又遇到多种困境与危机。这些思想家的真知灼见以及他们未竟的难题，都会对我们自己的处境和选择带来丰富的启发意义。

如果多年之后，你还能记住这本书中的一句话，那么我希望是这一句：人类因为理性而伟大，因为知道理性的局限而成熟。是的，请记住：人类因为理性而伟大，因为知道理性的局限而成熟。

我的朋友们，再见。

补充讲解 1

（相关篇目 09 路标：现代人的"精神危机"）

我们都知道，人生意义是人类永恒的问题，没有确定唯一的答案。从古希腊苏格拉底开始，人们就在追问生命的意义。他说过"未经反省的人生是不值得过的"。西方思想史 2000 多年来都没有解决这个问题。

面对这种局面，人们很自然会提出一种怀疑：这个问题真的有价值吗？这是一种回应问题的方式——通过否定它的真实性或意义来摆脱它的纠缠——不是回答了它，而是把问题本身取消了。这是一个绝妙的办法！而且操作很简单。但我个人认为，取消问题的办法，它本身可能也靠不住。

世界上有许多问题并不紧迫，却是重要的。人生意义就是典型的"重要而非紧迫"的问题。它一般没有紧迫性，你不用天天去思考它，甚至可以忘了它。但它很重要，日常生活中你的许多选择、判断和行动，实际上都取决于你对这个问题的回答（包括"人生问题是一个假问题"这种回答），只是你不自知罢了。

人生意义问题并不总是显露的，但它如影随形，会在人生的某些时刻，比如生老病死，比如失业和失恋，或者在太多的机会之间做出选择的时刻突显出来。在这种深度反思的时刻，取消人生问题的办法就变得不那么可靠了。

当然，有些人就是在面临重大抉择的时候，仍然能够坚持"就事论事"，不去考虑根本性的所谓人生意义问题。这样的人在某种意义上是幸运的。但他们的经验无法作为普遍通用的范例。我们就是想学也学不来的。

深度反思的时刻往往不期而遇。比如说，新型冠状病毒疫情突如其来的时候，我们的日常生活好像一下子"停摆"了，很多人跟平时忙忙碌碌的节奏拉开了距离，思考我们忙碌的这一切到底是为了什么，从而进入或者接近那种深度反思的时刻。

我认为，永恒的问题可能没有令人满意的答案，但并不能由此推论说这个问题没有价值。数学史上还有一些伟大的"猜想"，至今还没有被证明，但它们仍然激励着一代代伟大的数学天才前仆后继，那些猜想本身有重要价值。

人生意义没有令人满意的回答，那么历史上的所谓大思想家在干什么啊？40年前，当我还是理工男的时候，经常这样嘲笑学文科的同学：我们学的科学技术领域，几百年来获得了多么巨大的进步，简直就是日新月异啊。你们"文科生"在干什么呢？忙了2000多年，到现在还是在引用孔子、孟子、苏格拉底、亚里士多德，还是在研究那些老问题，不觉得丢人吗？这当然是"too young, too simple"（太年轻，太单纯）。

对人生意义问题至今没有令人满意的回答，完全不等于没有思想进展。比如，我们在第二章讨论的三位思想家，尼采、弗洛伊德和萨特，他们对人生意义的问题提出了自己的分析，甚至给出了自己的回答。这些回答不是唯一正确或者能被普遍接受的，但他们对思考这个问题本身提供了非常有价值的线索。

人生意义是一个"终极关怀"问题，对终极性的问题，我们并没有终极性的答案，我们都是一直"在路上"的。这是人之为人的"存在性特征"。

补充讲解 2

（相关篇目 11 尼采 II："超人"究竟是什么人）

读完尼采之后，大家可能会有不同的感受。有人会感到喜悦，"积极的虚无主义"打开了无限广阔的空间，拓展了自我创造的可能性，可以大有作为。也有人会感到悲凉，毕竟，我们原本以为能够依赖的信念和学说都被瓦解颠覆，至少遭到了严厉的挑战。当然还有很多人可能是既喜悦又忧虑。

而我想说的要点是，探索人生无须慌张，更不用将探索变成一桩"苦大仇深"的事情。我们曾说过，人生意义是一个"重要而非紧迫"的问题，它不会要求我们限时限刻地交出一份答卷。我们可以从容面对它、探究它，用自己的一生去尝试、努力、修改甚至推翻再来，把它书写成自己喜欢的样子。

除此之外，因为人生意义没有一个标准答案，它就不能彻底难倒我们——每个人多多少少都能做出一些自己的回应，就算旁边有个"学霸"，也不能把我们吓住。

你看，思考人生，探索终极价值、终极关怀和意义，这样的问题伴随着我们一生，是一件非常幸运而有趣的事情。如果没有这样一个"难不倒"、也做不完的题目，人生会是多么乏味啊。

在这个意义上，我们一面铭记苏格拉底的教诲，"未经反省的人生是不值得过的"（The unexamined life is not worth living），另一面也不要陷入"过度省察的人生"（over-examined life）。

有一次和朋友聊天谈起这个问题，他说的一句话很精彩："未经考察的人生是不值得过的人生，过度考察的人生是没法过的人生！"这位朋友是在中国人民大学教哲学的周濂老师（他比我年轻很多，我会亲昵地叫他"周濂同学"）。我说这可以算是"金句"，他后来就把这句话变成了他的"微博签名"。

是的，我们不必以"过度省察"的方式来应对人生意义问题。这个观点在我看来有两点启示。

第一，人生不是一个先要制定完美蓝图，再去施工的工程项目，人生也不是一场先要确定剧本，再去表演的电影。

我自己20岁左右的时候有一个"执念"，觉得对于生命的终极目标，必须先有一个正确可靠的答案，才能开始真正的生活，否则就是虚度生命。其实不然，我们的人生都是"边想边做"的，而且想和做是分不开的。

如果说人生是电影，那它在很大程度上像是王家卫导演的电影：有一个大概的纲要，在此基础上不断修改、充实，除此之外还必定有许多即兴的成分。美国哲学家麦金泰尔说过，"美好的人生就是一生都在追求美好人生的人生"。

第二，对于人生意义的问题，什么样的回答算是一个"回答"呢？其实，真正的回答不必（其实是不能，也不应该）采取一种哲学的、理论的或体系学说的形态。我们每个人的思考和心得，更可能表达为一个叙事（narrative），是不断讲述一个关于自己的故事。

补充讲解 3

（相关篇目 12 尼采 III：我们还有共同的真相吗）

尼采在生前反复不安地问道："我已被人理解了吗？"

想想今天尼采名下有多少五花八门的流派：尼采派素食主义、尼采派性解放主义、尼采派犹太复国主义，以及尼采派社会主义，当然还有尼采派的（纳粹）国家社会主义。整个后现代主义思潮都有尼采的深刻印记。最有趣的是，尼采不是（据说）敌基督、反女权吗？可是，还存在尼采派的基督教徒，以及尼采派的女权主义者。

有些学者不满于这种混乱，他们认为尼采被滥用和误解了，想要正本清源，恢复尼采的真实寓意。但我认为，这种混乱本身并不是对"真实的尼采"的背叛，而恰恰是他思想特质的体现，或者说，他的"自食其果"。

总有人自称"正宗的尼采阐释"，但马上会有别人援用尼采的视角主义，"秒杀"这种自我宣称：没有什么"尼采的真相"，只有对尼采的不同阐释。

那么，我们真的完全无法谈论和分辨人们对尼采的"理解"和"误解"吗？如果一切都是视角、是阐释、是主观任意的，那么，它正如"庸俗的"后现代主义的口号一样：怎么样都行（everything goes）！

这是一个"濒临悬崖"的时刻。在走向另一个悬崖之前，让我们先稳住脚步。我想给出以下 4 个陈述，但我不展开解释和论证（因为对尼采的 4 个解释必定会引起 40 个新问题）。

第一，尼采的视角主义可以用于尼采本身（尼采并不反对这一点）。也就是说，视角主义本身也是一种视角主义的产物。你当然可以不接受它，但再仔细想一想，这种"不接受"的理由还是依据了视角主义，所以你还是接受了它。

有没有可能站在尼采的外部呢？尼采无疑是西方思想的一个转折点，但并不是现代思想的全部。所以这是有可能的。特别是尼采与柏拉图的争论并没有终结，也还没有定论。

第二，尼采是横空出世的天才，但他仍然是"在人间的"，他并不是外星人！虽然他初见莎乐美时说了一句矫情话（"我们两个是从哪个星球上一起掉落到地球上来的呢？"），但尼采必须使用语言，也不可能摆脱推理和证据，虽然他的逻辑推论常常和诗性的修辞混合在一起。

但是，逻辑推论、融贯性、自洽性，等等，这一切思维工具（依据尼采）仍然是视角主义的结果。那就意味着，如果一切都是视角的产物，视角就是我们唯一拥有的、可依赖的思维工具。尼采必须用，我们也可以用。视角主义并不等于人们的思想就不可靠、不可信。这些基本的思维工具是普遍共享的视角，这带来了最低限度的确定性和稳定性。尼采没有颠覆这一点。

第三，尼采可能是一个多元主义者，但他并不是"相对主义"者。多元主义和相对主义的区别是什么？简单比喻一下，老师发下来一张卷子，告诉你"最后一道题的答案是开放的"。这不是说"你无论怎么回答都是对的"（这是相对主义），而是说"可能存在多种正确答案，但一定有些答案是错的"（这是多元主义）。

尼采并不是说所有基于视角的阐释都是等价的，无所谓高低优劣，都具有同等的正确性。否则，他以生命本能来贬低基督教道德（视其为"弱者的怨恨"）就完全不可理喻了。他自己明确地赞成和倡导一些阐释，也明确地贬低和反对另一些阐释。

第四，尼采有许多极端的论断，但这种极端的反叛有特定的针对性，是在特定的语境之中的——主要针对所谓柏拉图的形而上学传统，以及"大众版的柏拉图主义"（基督教道德）。如果脱离语境，把他的极端论断逻辑地贯彻到底，很可能是自我颠覆的。

比如，尼采著名的论断"重估一切价值"，这是根本不可能的。你要评估一个价值，必须依据某个价值尺度，无法从空白之处去做评判。尼采本人就是依据他的价值标准——强者与弱者、酒神精神、生命本能的创生力等——做出评判的。所以，我们只可能根据某个价值来重估"一些"价值，但不可能从零开始，重估"一切"价值。

当然，我们还可以走向另外一个悬崖，就是视角主义的极端性。

我在前文提到过，视角主义不同于所谓"庐山真面目"的说法。有的人不是太理解，认为视角主义其实等同于"盲人摸象"的故事。但这不是尼采真正的洞见。

盲人摸象是什么？前提是有一个事物（大象）实实在在客观地存在，它在那里，然后我们去认识它。虽然我们带着自己的视角，有许多片面性，但是我们能够不断去接近对这个事物的全面客观认识。

但这不是尼采的看法，因为尼采首先不同意那个前提：大象客观地在那里。也就是说，他反对实在论。

实在论的观点——坚持认为世界就在那里，不以人的意志为转移。这个词的英文"realism"主要被翻译为"现实主义"，但在哲学领域中一般译作"实在论"——听上去非常符合我们的直觉，怎么还会有人反对啊？

哈佛大学哲学家希拉里·普特南提出过一个思想实验"缸中的大脑"：想象你的大脑被人从你的身体内取出，放在一个缸中，其中有能够维持大脑生理功能的液体。大脑上插着电极，把你大脑的神经感知系统接到一些电脑上，电脑给你一些模拟日常生活的感官刺激，那么你完全会以为自己生活在现实世界中，有各种活动，而不会知道自己实际上是一个"缸中的大脑"。

"缸中的大脑"质疑了我们的直觉或常识，因为我们总是要通过感官来感知现实。那么，我们如何能保证自己的感知反映了客观的存在，又如何区分幻觉与实在？我们常常陷入幻觉而不自知，将幻觉误以为真。幻觉可能是梦境所致，或者是"邪恶的魔鬼"对我们施加的魔法，制造了我们的幻觉。

因此，与实在论相左的观点就出现了。比如相信怀疑论和不可知论的人认为我们永远无法知道世界是否实际存在。还有认同"反实在论"的观点的人相信世界其实并不实际存在，"世界"只是我们自己大脑的主观想象。因为我们不是上帝，无法直接知晓或"看到"世界的本质，我们对世界的感知和理解就不一定可靠。

那么，实在论和反实在论最后分出胜负了吗？没有。现在有相当多的哲学家是持怀疑或者不可知论的立场。如果一定要用盲人摸象的故事来比喻，那么在尼采的版本里，就从来不存在一个"明眼人"看到过大象存在。

尼采是著名的反实在论者，这是主流的看法。我自己的理解是，更准确地说，他至少是实在论的怀疑者。因为，宣称彻底的反实在论，也就是说"不存在客观实实在在的事物"，这个陈述本身过强了；它仍然要求一个"上帝之眼"，来确认"不存在"。如果没有全知的上帝之眼，我们只能做一个怀疑论（不可知论或者弱版本的反实在论）的判断。

尼采认为，实在论本身是一个视角主义的产物，但是他认为这是一个坏的视角主义阐释，起源于我们寻求世界的稳定性和确定性的弱者的心理。

我们在思考题部分提出的那个问题——怎么看待观点的分歧和事实认知的分歧——其实藏着一个陷阱。这个问题的提法已经预设了我们能够区别观点和事实，能够把认知和立场分开。但是尼采并没有接受这一点，尼采的极端性在于，不只价值判断和立场是特定视角的结果，事实本身也是视角"创生"或"建构"的。

但同时，我们这个"陷阱"又是有意义的。因为在和事实相关的问题上，我们更有可能具有共享的视角；而在和价值立场判断相关的问题上，我们的视角分歧更明显。

的确，我在前文试图用"共享视角"来驯化尼采的"野性"。这是因为，尼采自己确实谈到了多种不同视角之间的交流融合，以及形成共享视角和达成"客观性"的可能（注意，他在用"客观性"的时候打了引号）。

但是不要怕引号，如果视角主义是正确的，那么带引号的"客观性"，就是我们唯一可能有的客观性。其实我们并不需要（实在论者主张的）那种坚如磐石的客观性。这甚至不妨碍科学家的客观科学研究。在科学家中间就有不少反实在论者，比如物理学家霍金。

我们试图学习和理解尼采，不是为了找一个天才来崇拜，不是要受到他的惊吓，也不是为了屈从他、做他的信徒。如果这样，就与尼采的根本精神相悖。让我们记着尼采说的，"现在我要你们丢开我去发现自己，只有当你们全部否定我的时候，我才会回到你们身边。"

事实上，你不是要像尼采一样思考，而是要和他一起思考：把自己想象为他的对话者，这种对话包含着保留、质疑和批评。这当然是很高的要求、很高的境界。但用尼采的话来说"我们难道连想象一下都不行吗？"

补充讲解 4

（相关篇目 13 弗洛伊德 I：为什么说他宣告了"理性人"的死亡）

在这部分补充讲解，我们来谈谈弗洛伊德与尼采的关系。虽然他们并不直接认识，但学术界有不少研究发现，弗洛伊德在许多关键问题上受到了尼采的启发，只是他在表达的时候使用了不同的术语和概念。

比如，弗洛伊德对于人的"本能"的看法，在相当大程度上受惠于尼采关于"酒神"以及强力意志的概念。弗洛伊德对"压抑"的看法，也可能受到尼采阐述的"怨恨"等概念的启示。可以说，尼采在思想方面是弗洛伊德的先驱。

弗洛伊德一开始对于承认自己受到尼采的影响表现得相当勉强。他在 1908 年的时候曾说自己没有读过尼采的著作，但后来有研究者认为这不属实。到晚年，他更坦诚地引用尼采，也坦言尼采对自己的影响。感兴趣的学友可以到彼得·沃森的《思想史：从火到弗洛伊德》一书中发掘线索。

除了思想上的渊源关系，他们之间还有一位共同的朋友，那就是奇女子莎乐美。

莎乐美出生在俄国的贵族家庭，后来她到德国生活。她天资聪慧、博学而美丽，结交了许多有名的知识分子和学者。莎乐美在 20 岁的时候认识了尼采。

尼采第一次见到她就惊为天人。在和莎乐美直接交往的一两年当中，尼采曾两次向她求婚，却都被莎乐美拒绝了，据说这对尼采造成很大的打击。但是，二人一直保持着书信来往。莎乐美曾在信中对尼采说，"我无法拯救自己，假如你获取了我，除了摧毁你还能做什么呢？"

莎乐美有太过纷乱迷离的感情经历，期待自我拯救，也格外需要澄清自己的内心。很自然地，她被精神分析学说吸引了。

在 1911 年的一次会议上，50 岁的莎乐美终于遇到了她仰慕已久的弗洛伊德。那时候她特别渴望通过学习精神分析学来理解自己的生活。第二年，她专程拜访弗洛伊德，恳求拜他为师，终于成为弗洛伊德的学生和助手。她出版过一本研究弗洛伊德的专著；在她生命最后的 25 年中，莎乐美和弗洛伊德一直保持着深厚的友谊，把他视为兄长和老师。

让尼采深深迷恋的莎乐美，为什么会仰慕弗洛伊德？我想，她肯定比别人更早明白，弗洛伊德没有达到尼采的思想原创性。但是，弗洛伊德的学说具有系统性和科学性的特征，这是尼采所缺乏的（或者说不屑一顾的）。虽然尼采也宣称自己是"心理学家"，但他那种玄妙的"心理学"似乎太过诗意了。

我猜测，渴望"自我拯救"的莎乐美希望拜弗洛伊德为师，就是被他貌似冷峻的科学魅力吸引。莎乐美经历了那么多年感性、诗意、戏剧性的人生，也许，她最终难以抗拒精神分析学的科学面貌带来的思想魅力，期望以科学来安抚自己吧。

补充讲解 5

（相关篇目 14 弗洛伊德 II：精神分析学说真的是科学吗）

我们在讲弗洛伊德最后一节留下的那道思考题———一旦我们掌握了无意识理论，它是不是还能在黑暗中支配我们的行动呢——实际上是一个开放的问题，在心灵哲学和认知科学等领域有丰富的学术性研究。我不是这方面的专家，但知道一些研究成果，想和你分享一些不成熟的想法。

我先从自己得到的结论说起。我认为，如果弗洛伊德的理论是正确的，一旦我们掌握了无意识理论，那么它必定会改变我们的行为方式。确切地说，它会改变本能对我们的驱动机制。而这个结果会反过来（反讽地）使得他的学说变得不那么正确。

首先，弗洛伊德并没有说人的行为完全被自己的本能欲望决定。他强调，本能具有非常强大的力量，我们被欲望驱动（driven），但并不是以决定论的方式。否则，本我、自我和超我的人格三重结构就坍塌了；我们只剩下本能，沦为纯粹生物性的存在，也就成了低级动物。

其次，这个冰山之下的黑暗区域，我们一直是有感知的，否则自我和本我的关系就不存在了，只是过去我们对它知之甚少。弗洛伊德勘探了这个区域；如果这种勘探是可能的，并且是有效的，就说明"黑暗区域"并不是绝对黑暗，无意识并不是绝对的无意识，否则，任何揭示无意识的努力都是徒劳的，是人不可为的。

再次，对无意识区域中本能的揭示，一旦成为明述的（articulated）知识，它就会被"意识化"，像是知识之光照射到这片黑暗区域。于是，我们就有了更大的可能或能力来驾驭本能欲望：包括有意识地（自觉地、主动地）疏导、克制、升华以及放纵。是的，我认为主动地"放纵"也是一种驾驭形式，它和被动地（不自知地）被欲望驱动而"失控"是有差别的。

最后，本我与自我的关系被改变了，弗洛伊德原初的解释（有部分）失效了，这使得它原本正确的理论不那么正确，甚至成为谬误。这是一种奇妙的反讽。

这个思考题能带给我们什么宽泛意义上的启发（broad implications）吗？

我们区分两类存在。一类是纯粹的"物理存在"，完全没有"自我意识"，比如一块石头。另一类存在就是人，人的存在有物理（或者生物性的）部分，但不止如此，人是具有发达自我意识的存在。

人有自我意识，而人对于自身的知识（普遍的和个体的知识，包括对自己的认知，自我理解等），就是一个人自我的"构成性部分"。

"构成性的"和"工具性的"是两个重要的认知概念，可以应用在广泛的领域。两者的区别在于，构成性部分关乎一个存在"是其所是"的属性；而工具性部分只涉及这个存在的功能。比如，对于一个家庭而言，住什么样的房子只是其工具性部分，而有没有孩子就是其构成性部分。如果一个人关于自我的知识是其构成性部分，那么你的自我认知改变了，你这个人也就改变了。

在此基础上我们来看"you are what you read"（人如其阅）这个表述：你读什么，会改变你的想法，而你的想法就是你这个人的构成性部分，关乎你是什么样的人。

再比如,抽烟上瘾本身与生理基因有关,当我们理解了抽烟上瘾的原理,以及这种嗜好对健康的危害以后,被改变的不是我们的生理结构(那需要做基因手术才行),而是我们对待欲望的方式。而如何对待自己的欲望,就是自我的构成性部分。构成性部分的改变,当然会引起行为方式的改变。在全世界(包括中国),在短短一两代人之后,吸烟行为已经从社会"常态"变成少数人的"劣习"。这是很大的变化,也是一个强有力的证据。

一块石头无法知晓物理学定律,因此它永远"是其所是"。但人的存在有所不同。弗洛伊德的学说一旦被普及,就会改变人的自我理解,也就改变了人本身。

思想观念是人的构成性要素,这就是我们为什么要探索思想的缘由。

那么知识会使我们自由吗?会让我们摆脱本能欲望对我们的驱使吗?我想不能完全摆脱,至少凡人不能。佛家高僧的境界,或者苏格拉底的那种境界(在《会饮篇》最后,苏格拉底就是完全可以不为欲望所动的那种形象),我们大部分人是达不到的,只能想象和敬仰。很多人知道,弗洛伊德的弟子荣格,后来跟他闹翻了。荣格后来非常向往东方的思想。

但我们每个人都具有一定程度的自主性,可以自己掌控自己(包括对于自己的欲望)。我们的行为中有被驱动的部分,也有自己驱使的部分。我们永远在被驱动和驱动自己之间。所以,人并不屈从于决定论,至少不服从生物决定论,虽然我们不可能完全自由。而在认知科学、脑科学、神经科学、实验心理学等领域,近期有许多新的研究进展在挑战自由意志。对此,我们可以保持关注。

我相信,决定论和自由意志的问题,无论在哲学上还是在经验科学上,都还远没有达到可以下定论的程度。而且,即便决定论是真的,如果我们都相信有"自由意志"存在,那么这种共同信念会建构一种"社会现实",我们仍然会"假装"按照人有"自由意志"来行动的,因为"社会现实"总是建构的……

上面段话非常烧脑,我不去解释,请你忽略,就当没看过好了。

补充讲解 6

（相关篇目 15 萨特 I：为什么如此特立独行）

我们为什么要在补充讲解部分谈论萨特和波伏娃的关系，是因为这个八卦精彩有趣，对吧？不是的！因为他们的关系是一个罕见的样本，代表了现代亲密关系的极致状态——我称之为"唯意愿论"。

个人自由的提升是现代性的重要特征之一。而对个人自由的理解和实践，突出体现为"个体意愿"（individual willingness）的正当化。比如，对于许多哪怕善意的质疑劝告——这样通宵打游戏不好吧，吃这么多薯片还加可乐多不健康啊，到这么偏僻的地方去旅游不安全吧，怎么会做这么没前途的工作啊，自己还养不活呢居然要养宠物，这种看上去就是靠不住的人怎么还和他/她交往啊——你都可以统一回复："你管我呢，我愿意！"

在不妨碍、不危害他人的前提下，个体意愿的主张，不必解释来由，无须论证理由，个人主观肯认成为其正当性的最重要甚至唯一的依据。"有钱难买我愿意"。这在个人生活领域，尤其是亲密关系中体现得最为突出。

现代人赞赏一见钟情、两情相悦。彼此喜欢这件事，对于长久的亲密关系是重要的。但现实也告诉我们，维护持久的伴侣关系要考虑许多因素，彼此喜欢的意愿是重要的，但只是其中之一。

萨特和波伏娃关系的奇特之处在哪里？在于他们决定排除任何其它因素的干扰，把彼此喜欢的意愿作为至上的原则。

可是他们为什么不结婚呢？如果两个人感情好，结婚又有什么妨碍呢？萨特有一个说法：如果结婚了，我们会无法分辨究竟是什么让我们相守在一起——是因为相互的爱恋，还是因为婚姻制度施加的约束。如果没有婚姻的制约，我们仍然是伴侣，那就一定是我们自由的意愿所致，是纯粹出于爱情。

这听上去像是科学家要做一个"变量控制"的实验。但无论如何，波伏娃接受了这个说法。他们的关系是一个"唯意愿论"的样本，而且竟然维持了半个世纪。这种完全依靠意愿的关系大多不可能如此长久，所以说他们是罕见的样本。

如何看待这个样本呢？一些学友表示难以接受，更多的人表达了钦佩，但觉得不适合自己。意愿会改变，两情相悦是美好的，但常常抵不过岁月的风霜。平淡了、厌倦了，最后不喜欢了，这大概是通则，天长地久的钟情或许只是特例。

我们在前文介绍，这是个人自由的重要性在现代世界大幅提高之后出现的现象。那么古代人难道没有浪漫的爱情吗？事实上，惊涛骇浪、波澜起伏、连绵不绝的爱情遍布整个人类历史。亲密关系中许多被认为是"现代现象"的内容——婚外性关系、非婚生子女、家庭重组，等等——也都是古已有之，在"传统社会"中都不罕见。现代人真正的创造，是"为爱成婚"这种特殊的观念。因为古代人不把爱情和婚姻紧密关联在一起，前者更不是后者的必要条件。

所以，爱情是婚姻的基础与核心，这才是"现代婚姻"的界定性特征。主张爱情应当是婚姻最根本的理由，并提倡年轻人以此自由选择他们的伴侣——这是两百年前才开始在欧洲和北美流行的"激进新观念"。当然，传统婚姻并不排斥、也未必缺乏两情相悦，但那只是幸运的"副产品"。

传统的婚姻是一种人际关系、经济财产和人口再生产的合作体制。这是一项制度安排，具有重要的经济、社会甚至是政治功能。从传统的观念来看，如此重要的制度安排，怎么可以托付给"爱情"——如此捉摸不定、不可理喻、又昙花一现的爱情呢？现代人简直太不理性了吧！

亲密关系中的"意愿论"倾向是危险的，更不用说"唯意愿论"了。现代婚姻在两百年前是一场革命，当时就有人警告：爱情主导的婚姻将会颠覆婚姻制度的稳定性。

可是，"为爱成婚"居然存活了，而且维持至今。中国从五四时期的新文化运动开始，也有一个世纪了。这简直是奇迹啊！但这个奇迹是怎么维系的呢？探究一下原因就不那么让人乐观了。

实际上，维系现代婚姻的要素是其中许多（未被清除干净的）"传统"因素，这些非感情因素保护了婚姻的稳定。但是20世纪的社会发展正在瓦解这些稳定机制。

美国历史学家斯蒂芬妮·孔茨在2005年出版了一本著作《为爱成婚》。她的研究发现：有四种重要的社会变化进一步打破了传统的束缚，削弱了现代婚姻的稳定性。哪四种变化呢？在此摘录一段我15年前的书评文章：

首先，对女性的性欲望的否定是传统的"男女差异论"中的一个重要观念，但这逐渐被实验心理学的发展以及男女平等观的兴起所打破。

其次，工业化和城市化进程，使人们的经济与社会地位不再被其婚姻状态所决定，因此离异或独身也就更少地受到亲属、邻居、朋友和雇主的干预压力。

再次，科学技术发展所带来的安全避孕措施，以及司法改革对非婚生子女的公平待遇，都大大降低了"性自由"的代价。

最后，传统婚姻中女人对丈夫的经济依赖，以及男人对妻子的家务依赖都被大大缓解。现代社会不只是女性的经济独立，诸如洗衣机和快餐服务等现代服务技术也使那些"不会自理"的男人获得了"生活独立"。

这些变化都打破了"保护"婚姻稳定的"非感情限制因素"。于是，到了20世纪晚期，越来越多的人开始惶恐于婚姻革命对婚姻制度本身的瓦解。

近几十年，婚姻制度出现了全球性的危机。中国也不可避免地卷入了这个婚姻危机的全球化浪潮，离婚率的急剧攀升以及各种非婚生活方式的"正常化"在大都市尤为显著。有人心灰意冷，有人铤而走险，也有人特立独行。无论如何，现代人都在以自己的方式享受现代性的成果，也承担现代性的代价。

那么，现代性的成果抵得上人们为它付出的代价吗？要如何计算和权衡它的成果与代价呢？

无论如何，"你管我呢，我愿意！"或"我命由我不由天"，给现代人高度自主、特立独行的生活方式开拓了前所未有的自由空间，但这是 A 面，还存在着 B 面，就是永远有"自食其果、咎由自取"的可能，每个人必须承担自由选择的后果。

而萨特的存在主义哲学（及其生活实践）就是这种现代精神文化的标本。我们探究他的思想，是为了澄清主导我们行动逻辑的一部分观念由何而来，然后才可能做出自己的判断，以及无可逃避的选择。

补充讲解 7

（相关篇目 17 萨特 III：为什么自由是一种沉重的负担）

听到"他人就是地狱"的说法之后，我们会思考：主体之间的合作、尊重和友爱是可能的吗？

对此，萨特认为是不可能的（而我相信是可能的）。在萨特看来，面对陌生人的注视，你和他会为"争夺主体性"而斗争，你会反抗自己沦为一个对象、一个"自在"之物。彼此之间只有永恒的斗争。

实践主体性的"自为"存在，也可能瞬间变成一个客体。萨特在《存在与虚无》中举过一个例子。一个男子正在偷窥一位女生（这个女生正被他对象化，变成一个物）。但他突然发现背后有人经过，目睹了他的偷窥，顿时羞愧万分。因为，此刻他从注视的主体瞬间沦为一个被注视的客体。

个人的主体性必须以他人的对象化为代价吗？有没有可能形成"我们"的共同主体性呢？在 600 多页的《存在与虚无》中，萨特只在 10 页左右的篇幅里，探讨了形成"我们"的可能性，但那是一种消极的"我们"。

比如，你和同伴一起走在街上，对面过来一个人，注视了你们俩，同时把你们俩都当作客体。这时候你们俩就会形成一个"我们的"意识，它是共同作为对象化的集体意识，萨特称之为"同他的存在"。萨特认为，无产阶级的阶级意识也是如此，起源于这种共同受压迫的消极体验。

萨特说，我们会渴望一种理想，就是同时拥有"人的自由"和"人的对象性"。但他认为这是不可能的，是一种幻想。因为我们永远无法"把自己摆平"，无法既承认别人的自由、也让别人承认我们的自由。彼此尊重自由是不可能的。而宽容呢？其实对别人宽容就是"把别人强行抛入一个被宽容的位置"，这也是一种对象化，在原则上不容许他们自由选择。

的确，萨特揭示了我们生活中的这些体验，但这类消极体验并不是我们生活的全部。我相信，我们确实有共同的积极体验，伴侣、友人以及团队，这一切并不只是表象，也不都是过眼云烟。这些经验是让我们感受"人间值得"的源泉之一。而这些积极的共同体验，也有哲学家来做理论阐释，称之为"主体间性"。在论述"主体间性"的思想家当中，最有名的是德国哲学家哈贝马斯。

萨特的思想具有一种"深刻的片面"，我们不要因为他的深刻而陷入一种极端的片面；但也不必因为他的片面而忽视了他的深刻洞见。学习而成为自觉，就是这个意思吧。

补充讲解 8

（相关篇目 20 阿伦特 I：大屠杀真的是"平庸之恶"吗）

阿伦特的思想很广阔也很复杂（她使用的包括"政治""权力""权威""自由"等在内的概念都不同寻常）。为写阿伦特的这两小节内容，我用了暑假的整整两个月。期间，我重读了阿伦特的大部分作品，还有许多相关的专业研究，完全是一次再学习的过程。但最终，我仍然没有把握。

阿伦特洞察到一个极为重要的现象，这是现代政治"病理学"的一个样本，她试图破解这个"病毒"的基因，开始了一段长达十多年的思考。她反复地尝试，发现了一些有意义的线索，提出了许多洞见，却仍然是暂时的、不完整的，直到临终时刻仍然如此。我相信，阿伦特自己并没有给出彻底清晰的结论，这也是为什么"平庸之恶"这个问题仍然在争议之中。

2012 年电影《汉娜·阿伦特》上映。我熟悉的一位朋友，哥伦比亚大学的马克·里拉教授在《纽约书评》上发表两篇评论，引起一些争论。我在 2013 年的"西方思想年度述评"（"西方知识界回顾"）中，在"重访《耶路撒冷的艾希曼》"小节介绍了这次争论。就把这段文字摘录在后面，也推荐大家去看这部电影。

2012年上映的传记片《汉娜·阿伦特》，由德国著名独立制片人冯·特洛塔导演（她也是1986年传记电影《罗莎·卢森堡》的导演），以阿伦特对艾希曼审判的报道风波为主线，在艺术院线获得相当好的票房并受到许多评论者的赞誉，也激发知识分子重新回顾半个世纪前的那场激烈争论。

焦点问题仍然是：阿伦特在《耶路撒冷的艾希曼》中的判断是正确的吗？以所谓"恶之平庸"来把握这名纳粹高级军官的暴行是恰当的吗？

哥伦比亚大学人文教授里拉在《纽约书评》上连续发表两篇长文，评论了多部与纳粹大屠杀相关的电影和书籍。

在《阿伦特与艾希曼：新的真相》一文中，里拉对这部传记片的某些艺术品质予以赞赏，但批评它的情感性叙事基调不适宜大屠杀这样的主题，随后指出了影片"最严重的问题"：关于真相。表面上这部电影是关于寻求真相（真理）的，但它实际的主题并不是忠实于真相本身，而是"忠实于你自己"。

如导演阐释所言，阿伦特是一个"对自己关于世界的独特视野保持忠实的"典范。但里拉认为，这个故事赞颂了一个思想家为自己立场辩护的勇气，但"我们现在知道，这个立场是完全站不住脚的——阿伦特若还健在也会不得不承认"。里拉的批评很明确，阿伦特当初的判断是错误的。最近十多年以来的相关研究和文献表明，艾希曼并不是一个罪恶机器上平凡的"齿轮"，或者简单服从、无力思考的官僚，而是主动、积极和自觉地参与并影响了纳粹的种族灭绝战略。

艾希曼在1960年被捕之前匿藏于阿根廷，期间他写了长达500页的回忆录，并接受了一名纳粹同情者的长篇采访（原始的采访录音被挖掘出来，转录文本长达几百页）。艾希曼在大段的独白中骄傲地谈论自己"为了我的血液和我的人民"去消灭"这个世界上最狡诈的人群",责备自己"应当做得更多",并为"总体灭绝的想法未能全部实现"而感到遗憾。由此可见,艾希曼是一个"狂热的纳粹",而"恶之平庸"只是外表和掩饰。

里拉认为,阿伦特写作《耶路撒冷的艾希曼》有两个不同动机,一是公允地处理所有造成"终极解决"的因素和成分,并理解它们如何影响了施暴者和牺牲者。在这个主题上阿伦特是一位先驱,当初她受到攻击的许多观点如今已成为学者的共识。

另一个动机是想要提出一个解释模式,使那场暴行成为可理解的,并使判断成为可能,但阿伦特在这方面是失败的。她被艾希曼的面具所欺骗,因为她的判断受制于自己的思想先见前提,源自海德格尔的影响(本真性、匿名的大众、作为机器的社会和被现代哲学抛弃的"思"),最终使她的判断走向了一种"过度复杂化的简单化"(overly complicated simplification)。

伯科威茨是巴德学院的政治学副教授,担任阿伦特研究中心的学术主任。他致书《纽约书评》,对里拉的文章提出两点批评。

首先,里拉像许多人一样误解了"恶之平庸"的概念,阿伦特的要点是将可怕的暴行与艾希曼的无能力(从他人视角)思考相对照,"平庸"指的是艾希曼其人,是他"无言的浅薄",而不是他犯下的恶。

其次,阿伦特当时已经掌握了部分(大约80页)艾希曼的回忆录与访谈资料,而这些证据支持了她的判断。我们应当摆脱人云亦云的流行误解,重新认真对待阿伦特的论证。里拉对此作出回应。他指出,阐释"恶之平庸"的概念一直是个难题,但阿伦特主要将艾希曼描述为一个"符码",一个资质平庸(未完成高中学业)的"无目标的人",认为他"完全没有动机",也"从未认识到他的所作所为",这是阿伦特的著作给大多数读者的印象,这与新文献证据所揭示的那个自觉自愿的"狂热纳粹"形象相当抵触。

阿伦特当时掌握的只是相关文献的极小一部分。如果认定阿伦特掌握了充分的证据，而且认定她考虑了这些证据之后才得出艾希曼"从未认识到他的所作所为"的判断，倘若果真如此，那么就会让阿伦特"显得更为愚蠢，甚至超过她最尖刻的批判者所以为的程度"。伯科威茨的这种辩护会适得其反。实际上，每个人都会犯错，连阿伦特钟爱的圣·奥古斯丁也是如此。

补充讲解 9

（相关篇目 28 伯林 III：你想要的是哪种"自由"）

伯林关于"两种自由"的概念其实相当复杂。在正文以外，我还想做以下两点补充。

未被扭曲的积极自由是什么样子呢？就是你能借助反思自觉地认识到一个更好的生活目标，并努力去实现（比如，健康生活，勤奋求知，工作进取，当志愿者，做社会公益，等等）。

那么，其他任何人能够"干涉"你的积极自由吗？他当然可以帮助你：鼓励、启发、劝诫、告诫和批评，都可以。但是，这个好的目标最终还是需要你自己明确意识到、自己真正相信、自觉去努力才行。

无论如何，他人不能把你当"小孩子"来命令你，更不能实施强制，否则就走向了积极自由的扭曲形态。所以，要特别警惕那种"我比你更明白你自己真正想要什么"的话术。

比如，"你以为你不爱我，但其实你在内心深处有一个'真正的你'，是爱我的，只是你还不敢承认，只是因为藏得太深，你自己都还没有察觉。所以和我在一起吧，这其实就是实现了你自己最深的愿望啊"。

对此，你可以有三种回答：

・彪悍版:"滚!"

・温柔版:"那就等我自己察觉了再说,好吗?"

・学术版:"对不起,我已经学习了'两种自由',伯林认为,……(最好讲一个小时,后面提供论文链接援助)。

消极自由是摆脱障碍的自由,但伯林对"障碍"做了四项限定(也就是说,某种因素必须满足这些特别的限定,才称得上是"对消极自由构成了障碍"),它们分别是:外部性限定;人为性限定;机会限定;重要性限定。

对它们稍作解释的话:障碍必须是人所面对的外部障碍,而非其内心的障碍;障碍必须是人为(有意或无意)造成的,而不是自然或偶然存在的;障碍不必是对人的实际行动构成了实际的阻碍,只要剥夺或限制了人的行动可能或机会,就构成了障碍;被剥夺或严重限制的那些机会或可能性应当是重要的,不仅对个人的特定偏好而言,在其所处的文化或社会环境中也被视为是重要的。

从这四项限定来看,许多让人感到"不自由"的状态,与伯林所界定的消极自由无关。

比如,我想要戒酒但缺乏坚定的意志力;我向往纯洁的宗教生活,但我沉湎于声色犬马的诱惑,于是处在内心的冲突和挣扎之中;我想要独立行走,但我身体有残疾;我想要成为钢琴家,但我缺乏特殊的音乐才能……这些障碍都阻碍了我实现自己的愿望,但没有满足"外部性限定",从而与(消极)自由无关。

再比如,我要出门散步,但正好遇到大暴雨;或者我想要和恋人随时相聚,但我们身处两地远隔千山万水;我想要周游世界,但却没有足够的财富……这些障碍虽然是外部的,但不是他人"人为"制造的结果,因此也与(消极)自由无关。

当然,所有这些不利因素都会妨碍我们追求美好的生活,或对我们造成严重的挫折,我们甚至会在日常语言中用"不自由"来形容这些挫折的处境。伯林从未否认这些问题的重要性和真实性,但除非这些障碍是外在的和人为造成的,否则在他看来就都不是与自由,尤其不是与政治自由相关的问题。

伯林对(消极)自由概念附加了各种限定,这显示了他在哲学上格外敏感于概念的特定性。他相信唯其如此,理论才有助于澄清和把握经验世界。人类生活会面对各种各样的挫折,但将所有这些不可欲的挫折状态都视为"不自由"或"缺乏自由",则会在概念上导致笼统化的混乱。这既无益于我们理解何为自由,也无法帮助我们克服这些挫折。

缺乏自由只是各种各样不可欲状态中的一种,它并不是唯一的(有时也不是最重要的)挫折。而只有当我们澄清了自由(尤其是政治自由)的特定含义,我们才可能理解争取自由意味着什么,也才能更有效地追求自由。

对于学有余力的学友,还可以阅读我的一篇研究论文《自由及其滥用:伯林自由论述的再考察》(载《中国人民大学学报》2015 年第 4 期,修改后的版本收入了周濂主编的《西方政治哲学史》第三卷)。

答学友问 1

学友： 针对您提到的圣诞老人传说破灭的问题，我想提出的问题是：虽然像圣诞这种宗教信仰的丧失，可能会让人感受到自己与传统和广大的世界失去连接，但在理性化的世俗世界，人们可以了解历史和其它众多民族的风俗，甚至亲身体验全世界。这种丰富的体验，难道不比幻想式的、单调且无法触及的信仰更具吸引力吗？进一步说，如果所有信仰和精神需求都可以还原成体验，那么，追求最大化良好体验的体验主义，是否有可能成为理性化时代的信仰呢？

刘擎： 这个问题很有意思。你的想法，许多世俗化的理性主义者都会赞同。在他们看来，现代社会告别了传统的或者超验宗教的信仰，并没有造成多大的损失，这种立场有一定的依据，也可以得到某种论证。但这种论证未必能说服传统主义者或宗教保守派。他们反驳的理由有很多，其中一点就针对你说的"体验"。

在他们看来，从理性主导的观察和观察中所获得的体验，无法取代传统的或者宗教性的体验，这两种体验的感受模式是完全不同的。世俗主义的体验是从观察者、鉴赏者的外部视角开始的，通过理性的认知和理解才能逐渐深入，一旦遇到理性认知无法把握的感受模式，就会无法深入其内部。

而传统或宗教的信仰也可能诉诸理性,但不依赖理性,能够让人获得"沉浸式的"、更为内在的体验,这是理性主导的感受模式无法抵达的。

我自己并不完全同意这种观点,但是我觉得这是一个需要认真面对的反驳。

此外,你在"进一步说"之后的描述可能更有问题:"所有信仰和精神需求都可以还原成体验"。"还原"在这里是什么意思呢?能够还原为同一种类型的体验吗?参观教堂的"体验"与在教堂中信徒做弥撒的"体验"是相同的吗?彼此是可以比较、可以"公度"(commensurable)的吗?如果彼此无法公度,你就无法从中得到一个"最大化的良好体验"。

在宗教保守主义者看来,世俗主义者预先否定了超验存在和神秘启示,就无法抵达信仰的最深处,必定会有所损失。而世俗主义者不同意这一点。这仍然是争议不断的难题。

答学友问 2

学友： 美国政治辩论中，关于决定堕胎的权利在谁的手上的问题，不是应该由谁是未来的抚养人来决定吗？如果在宇宙中一切事物都平等的前提下，父母是新人类生命通往地球的窗口（而不是传统意义上的所属关系），每个独立个体都是平等的存在，没有什么谁可以决定谁的权利。在这样完全平等的状态下，一个"半个体"（小孩）需要另一个完整的个体（无论是母亲还是另一个完整个体）帮助它成为一个完整的个体。

这样的话，不是应该由未来会抚养那个小孩的人来决定吗？因为是未来的那个人需要承担抚养小孩到成年的义务。又或者，完全没有任何人会承担，那就应该让母亲来决定，因为这关乎她的身体。

老师您怎么看呢？

刘擎： 尝试探索这样的困难问题是有意义的，像是一种"思想体操"，有助于训练自己的思维品质。但同时要意识到，对于这样持久争论的问题，很难（或者基本不可能）找到一个能够终结争论的、看似有理的论证。

就你提出的论证来说，瑕疵还是挺明显的。母亲对于一个胎儿的生命和成长承担了义务，义务也同时赋予她权利，这是正确的。但这个权利足以达到决定"生死存亡"的水平吗？未必。有无是一回事，多少是另一回事，对权利

（以及权力）也是如此。

另外，反驳方也很容易提出反驳理由。比如，如果胎儿一生下来就有人收养，母亲不必承担孩子成长的责任和义务，收养人甚至愿意承担所有怀孕期间的相关费用，这样是否就可以否定母亲对于堕胎的决定权呢？当然不是。因此，这不是支持堕胎权最好的论证。

我个人倾向于支持母亲的堕胎权。但我意识到，哪怕最强的理由对于有些反对者也是无效的。比如，来自某些基督徒的反驳，他们对基督教义有自己特定的阐释，认为生命是超越凡人的神的旨意。生命是上帝赋予的。并且，胎儿从受孕一刻开始，就已经是生命了。那么任何凡人都没有决定胎儿生死的权利。谁自以为拥有这种权利，就是僭越。

思维训练总是有意义的，但如果想要进入更高层次的训练，甚至想要对这个辩论提出具有独创性又有说服力的论证，我认为有一个前提——就是要熟悉目前已经存在的论证，包括支持和反对的理由。这当然需要阅读文献，至少查一下维基百科的相关词条。

答学友问 3

学友： 人有可能既做社会中的一枚好零件，又探索自己灵魂的自由吗？如果社会机器的高效运转是自由发展的必要条件，而越好的机器越要求人放弃自己的个性，那么，人的自由发展岂不是永远无法实现了？

我想到马克思说的一句话："每个人的自由发展是一切人的自由发展的条件"。这一理想是有可能实现的吗？

另外，您援引罗曼·罗兰的观点，看清生活的真相是一种英雄主义。"英雄"的定义是什么，英雄有特定的标准或门槛吗？英雄是一定要被除自己以外的人认同吗（不管是当代还是后代）？

刘擎： 你的提问其实包含了 4 个问题。

第一，人要在成为一枚"好零件"的同时，探索灵魂的自由——这在原则上是可能的。因为人的生活不是铁板一块，而是有不同的"频道"。比如，人每天下班就可以转换到不同的"频道"，进入另一套规则。用哈贝马斯的术语，就是从"系统"转换到"生活世界"。

第二，关于社会机器的高效运转和自由发展，这个提问的前提是错误的，因为社会机器的高效运转不是自由发展的必要条件（更不是充分条件）；并且，如果机器越是要求人放弃自己的个性，就越有可能被高科技 AI 机器人取代。

第三，当你问一个理想是否有可能实现，这种提问往往不会得到富有启发性的回答。因为提问方式本身过于笼统（general），也只能得到一个笼统的回答。我可以说，理想的价值并不在于真正实现（really be attained），而在于提出一个方向或目标，让我们去努力接近这个理想。这就是理想或者乌托邦目标的意义，所有的理想都是如此。中国人说"取法乎上，仅得其中"。我这个回答可能正确，但没有什么启发性。

第四，当我们用"定义"的方式去思考问题时，总是有利有弊的。因为定义往往是试图赋予一个日常用语以确切明晰的内涵，清除其含混与暧昧之处。但这往往不太有效。就像维特根斯坦指出的那样，日常生活中（不是科学专业中）的概念或语词，它的实际含义依赖于人们在"语言游戏"中的用法，而人们的用法有多样性，也有含混之处，无法用"定义"来清除。

如果回到日常生活，英雄是存在某种标准的。因为如果没有标准的话，所有的人都是英雄或者都不是英雄，那么"英雄"这个词就失去了其特指性，就没有意义了。

"英雄"在日常用法中总是暗示着某种"非凡"（extraordinary 或者 outstanding）的意思，可能还暗示着"牺牲"的意思。

但是，有时候人们也会说，某人是一个"平凡的英雄"。这一表述在字面意思上是相互矛盾的。但说这句话的人，可能试图在一个平凡的生命中去发掘非凡的闪光点，而并不是说平凡就是英雄。

最后，我之所以选择回答这个问题，是想由此向大家打开一个视野，为大家引介一种接近"日常语用学"的思考方式。许多人认为，思维品质就是逻辑思维，甚至就是形式逻辑水平。这是非常片面的看法。思想品质的提高，需要多种知识，需要视野和多方面的锤炼。形式逻辑是重要的，但只是思维方式的一种，而不是全部。

答学友问 4

学友： 大部分非基督教人士不信仰上帝，是因为他们不确定天堂是否真实存在。"天堂"是否客观存在，以目前的技术手段既无法证实，亦无法证伪。

但倘若随着科技的发展，有朝一日我们能够通过工具判断，给出"灵魂是否存在""天堂是否存在"和"灵魂去往天堂是否能永恒"这些问题的答案，真实和信仰之间的鸿沟就缩小成了"我想不想永恒"的问题。

换句话说，人们可以通过发展科技，增强工具判断的能力；待到工具判断的能力能够帮我们辨明一些关键问题的真伪后，真实和信仰之间的鸿沟就会缩小。那么，是否存在一个量变到质变的阈值，帮我们越过这道鸿沟呢？

刘擎： 我觉得不能。说"觉得"是因为没有确切的把握。科学技术是针对"经验世界"，微观和宏观的可观察的经验世界。但上帝、灵魂和天堂等神学概念，属于"超验世界"（transcendental world），超出了科学探索的有效边界。有些神学家试图用科学的最新发现来论证上帝存在，比如用"宇宙大爆炸"理论支持"神创论"。但这种"论证"是一种阐释（interpretation）。所以，你无法把信仰安放在绝对可靠的"超验事实"之上。

试图通过工具理性的判断来越过"鸿沟"的努力，历史上也有过，但都不太成功。最著名的尝试大概是 17 世纪法国思想家帕斯卡尔，他提出过一个思想实验,叫作"与上帝打赌"。上帝可能存在,也可能不存在,我们无法知道。那么,无论如何选择,都没有确定性的担保,都像是在打赌。

第一种选择是你信奉上帝。你可能会去教堂做礼拜,多花一些工夫理解《圣经》,而且在生活中尽量按照《圣经》的教义为人处事。那么,假如上帝真的存在,你就得到永生。假如上帝不存在,你按照一个信徒的要求生活,无非是麻烦了一些,没有付出多大的代价。

第二种选择是你不信上帝,不按照教徒的要求生活。那么,如果上帝不存在,你就"幸运"地免去了教徒生活的许多麻烦,不过也仅此而已。但如果上帝存在,你的麻烦就大了,你将付出下地狱的代价!那么你权衡一下,你到底要做何种选择?

这个思想实验的逻辑是,你选择不信仰上帝,实际上就是和上帝打赌,赌上帝不存在。那么,如果你赢了,你并没有赢得什么,至多是一些方便而已;但如果你输了,你就输得很惨,你会下地狱。所以,和上帝打赌,你是输不起的。那么结论就是,你应该选择信奉上帝。这个逻辑论证是不是很强大,你被说服了吗?

帕斯卡尔的《思想录》写在 1658 年,此后的 300 多年,恰恰是人类走向世俗化的时代。这个和上帝打赌的逻辑,似乎并没有解决"鸿沟"问题。

这是为什么呢?留给你自己思考吧。

答学友问 5

学友： 有这样一幅图，您肯定是看过。图中的第一个人没读什么书，他看到的是一个美好，但显然是虚假的世界。第二个人读了一些书，当他站在自己读过的书之上，看到的却是漆黑一片的世界。而第三个人进行海量的阅读以后，终于看到了象征着希望的朝阳。

如果有这么一个人，他读了一些书，刚刚对人生意义有了懵懂的思索，是图片中"第二个人"的状态。并且，他的思考能力决定了他只能止步于这种状态。那么，他在某种意义上是不是没有那些没读什么书的人幸福？如果是的话，那么思考本身还有什么意义？如果不是的话，这个人为什么会感到痛苦呢？

刘擎： 谢谢提问！选择这个问题来回应，是因为它触及相当普遍的忧虑或疑惑，那就是我们的求知和思考，特别是对人生意义的追问，真能带给我们幸福的人生吗？这是一个非常真实的问题，也和许多人的直觉相吻合。实际上，我自己也曾为此而困惑。

人生意义的问题之所以困难，不是因为它没有答案，恰恰在于有太多的答案。听过何勇唱的《钟鼓楼》吗？这首歌里有句歌词，"是谁出的题这么的难？到处都是正确答案！"我想这也是人生意义这个问题的难点所在。

有很多正确的答案，还有什么困难呢？因为你找到了一个答案，仍然会不安心、不确信，你会忍不住去偷看别人的答案，然后就永远有挥之不去的怀疑：我的答案正确吗？

你当然可以说，我才不会管别人如何呢，我自己觉得正确就好啊（"不要你觉得，而要我觉得"，不是吗）。可是，只要稍微有点人生阅历的人就知道，"我觉得"常常在变，是靠不住的。甚至，在一天之内你的感觉都可能变化。我不知道有多少人经历过那种"理想主义澎湃的深夜"，然后是第二天的"现实主义觉醒的清晨"。反正我年轻的时候，经常如此。

接下来，回到你提到的那幅画，它描述了读书的几个层次。

第一个层次是没有读书（或读得很少）；第二个层次是读了有限的书；第三个层次是读了许多书。

那么，这幅画对现实状况的刻画是准确的吗？我觉得不太准确。事实上，读书很难清楚地划分这三个层次。每一个阶段的阅读和思考，都会给我们带来一些希望和光明，也同时会造成困惑和灰暗的感受。我认识的读书人不少，还有自己的学生，一路读书思考的过程都是悲喜交加、明暗交错的。

这幅画对现实的表现可能有点失真，但这不是要点所在。它确实提出了一个尖锐而真实的问题：求知和思考有没有可能让我们变得更加痛苦？（即使成为博学通达之人可能会摆脱痛苦，但那个境界"太难了"，对大多数人来说高不可攀啊）那么求知思考又有什么意义呢？

这个问题厉害了！我当然可以做一个简洁明了的回答：那你就不要读书好了！（如果你喜欢这个答案，就不必往下读了）。但这是一个轻佻的、没有营养的、不负责任的回答。以下，我试图给出一个力所能及的认真的回应。

首先，你的提问中，有三个关键词：幸福、痛苦和意义，而且其中暗示或默认了这样的逻辑等价式：幸福约等于不痛苦，而痛苦约等于没有意义。所以才会问:"思考本身还有什么意义?"

但问题在,这个逻辑等价式成立吗?仔细推敲的话,这是非常可疑的。我们一般把"痛苦"看成是"快乐"(pleasure)的反义词,但是痛苦和幸福(happiness)的关系就复杂得多。

让我们做一个思想实验:我现在发明了一种"快乐药丸",吃了以后你再也不会感到痛苦,生活中所有的事情或者绝大部分事情都会让你感到快乐。并且,这个药是安全的,没有任何副作用。你愿意服用这个药吗?

肯定有人会说"我愿意啊,那多爽啊"。日常生活所有的点点滴滴,都能让你快乐让你爽,生活就是从爽、到爽、到更爽。

但一定也会有人怀疑,很爽的人生是幸福的人生吗?至少,积极心理学的研究不支持这一点。至少,生命的体验需要对比才有意义。如果从未感受过寒冷,就无法体会"温暖"的意义。痛苦和快乐、光明和黑暗等,也同样如此。如果没有体验过困难,你无法真正享受成就带来的满足。因此,幸福的人生不可能等于单纯的快乐。更何况,现实生活中不存在这种虚拟的"快乐药丸"。

幸福当然不等于痛苦,但必定包含某种痛苦,而痛苦的类型和程度又是非常复杂的,在这里无法做详尽的展开。简单地说,我们需要意识到,幸福是丰富的体验,不能简单地等同于快乐。所以,不能将"不痛苦"当作幸福的必要条件,或者把痛苦等同于没有意义,这可能是一个认知谬误。

但这个问题的意义还不止如此。大家可能知道,英国自由主义的思想大师约翰·密尔在《效益主义》(也译为《功利主义》)一书中,说过一句名言,"宁愿做一个痛苦的苏格拉底,也不愿意做一头快乐的猪"。

密尔的这个表达,有许多可以展开讨论的余地,我先按下不表。但我想提出一个要点:我们不只有这两个选项,除了"痛苦的苏格拉底"和"快乐的小猪",可能有更好的选项,就是成为一个"幸福的苏格拉底";也可能有更惨的结局，就是成为一只"痛苦的小猪"。

选择积极地去求知和思考，这是一个高风险的历程。你可能有很多深刻的满足，但也会有许多不满和痛苦。更可能的情况是：在你的生活中，痛苦和满足是交织在一起的。

但人们往往忘记了，不去积极主动地求知和思考，同样具有巨大风险。没有人能保证你能成为一头快乐的小猪，你也可能陷入最糟糕的境遇：一只痛苦的小猪。所谓"庸人自扰"的故事，不是比比皆是吗？

那么，在这两种都具有风险的选择中，我自己宁愿选择求知和思考的风险，这并不是因为这样做免除痛苦的机会更大（谁都没法确保这一点），而是因为这使得我们更接近"充分而完整的人"。求知与思考是内在于人性的愿望和能力。你是更积极主动地发展和提升、还是去压制和忽视这种愿望及能力，当然会给你非常不同的人生历程。选择什么，在根本上取决于"你是什么样的人"，以及更重要的，"你想要成为什么样的人"。

这个回应已经不简短了，虽然还有许多未尽之言，就此打住。谢谢！

答学友问 6

学友： 现实生活中有这样一些"老实人"：他们遵循世俗的观念，日复一日地干同一件事，精益求精，也乐在其中。他们不知道尼采，一辈子也没进行过深刻的反省和自觉。应该如何评价这种现实中的"西西弗斯"与经过反省和自觉的"超人"呢？

刘擎： 如果真有这样的人，一生能保持自己的观念（无论是什么），做着乐在其中的工作（前提当然是不伤害他人，如果有助于人和社会则更好），这就是一种好的生活。那么，他就根本不需要进行"反省"，或者展开哲学思考。

这是一种质朴的"岁月静好"的人生。对于这样的生活，我们恰当的态度是尊重，而且注意不要去打扰。如若是"唤醒"他，告诫他的生活是"不值得过的"，敦促他展开反思，甚至让他阅读尼采，这在我看来是一种冒犯。说得轻一点，是"贩卖焦虑"；说得重一点，是"知识权力"的施暴。

但他并不是西西弗斯（西西弗斯是明知人生的荒谬、人生本无意义，而"荒谬地"为自己创生意义），他的人生并不荒谬，他会感到自己的生活是有目标有意义的，虽然未必明述出来。但我相信，他能够讲出自己生命的故事，或许朴素，但很可能是有趣动人的故事。

在前现代的传统社会，有很多人能够维系这种质朴的生活。在这种生活里，不是没有艰辛和磨难，但它的"意义框架"是确定的和稳定的；并且，人们的世界观、道德观和人生观大约不会经历巨大的挑战。

可是我怀疑，在现代社会，还有多少人能够维系这种朴素的岁月静好的生活。我知道一位木匠，他做了一辈子的家具，为自己的手艺而骄傲。但在他快60岁的时候遇到了重大变故：因为他居住的城市有了宜家这样的大公司，他赖以生存的生产方式和经营方式被淘汰出局了。这位木匠的生活里掀起了一场波澜，他感觉"自己怎么会变成一个无用的人"。后来他找了一个门卫的工作，但再也找不回往昔的"精气神"。同时期，他开始读一些"鸡汤类的文章"，被它们打动，也开始关心人生意义的问题。

这则事例是现代性的后果。因为有了现代工业，以及现代化几乎无法避免的全球化，原先那种岁月静好的生活方式越来越难以维系了。许多人需要重新认识自己，需要重建自己与他人以及这个变动社会的关系。这个时候，我们不得不去观察和发掘另一种生活方式的可能：别人是怎么过的？为什么有些人仍然能存活下来，还有些人甚至能过得很好？

于是，别人的生活方式及其背后的逻辑、价值和意义才变得与自己相关。只有当"他者"出现并与"我"相关的时候，"我的世界"才成为问题。也只有当问题出现了，反思才成为必要。无论自觉与否，这是避不开的。

这就是现代性问题，包括现代人心灵秩序问题的由来。这个过程已经开始很久了，它现在正在占领最后"尚未被打扰的"角落。

你看，并不是对哲学的爱好、对高深的思考情有独钟，促使人们探究所谓人生意义。这种探究的必要性来自生活的波澜，以及在波澜中生命的体验。

当然，即使历经波澜，许多人未必愿意在求知与探索的路上走下去，走向自觉反思的生活。毕竟，没有多少人愿意做"痛苦的苏格拉底"。但对于另一些人来说，既然已经启程，已经远至如今，不如再走一程吧。

答学友问 7

学友： 一位出生在中世纪，一生被教导信仰上帝，没有机会知道萨特，甚至没机会了解新教的牧师，他的思想和人生选择真的是自由的吗？萨特对自由的定义到底是什么？

刘擎： 在牛顿发现万有引力定律之前，引力存在吗？我们的生活受到引力的影响吗？如果萨特的存在主义确实揭示了人类存在的真实境况，那么这位中世纪的牧师，的确拥有"思想和人生选择的自由"，哪怕他自己对此并不自知和自觉。

萨特所说的自由并不是"本人感受到的自由"，也不是说你感到有多大的选择空间和机会，而是对人类存在境况的描述——因为人没有固定的本质，所以就是自由的。

萨特对自由的定义，简单地说就是"你不必非如此不可"。在这个意义上，人被判定为自由。不管你自己是否意识到了、不管你自己是否承认，你就是自由的。牧师总有可能改变自己的身份——即便在中世纪，神职人员放弃自己职业生涯的事例也并不罕见。中世纪的牧师不了解萨特，完全不影响他（在存在论的意义上）是自由的。

当然，你会觉得萨特对自由的定义太奇怪了，和我们通常的感知不一样。

比如，如果一个人被关在监狱里，你能说他还是自由的吗？

萨特会说，是的。一个人的处境与他（存在论意义上的）自由没有关系。他可能会承认，在经验意义上你自由选择的余地有多大，这个问题仍然有意义，他并没有否认这一点。但是萨特可以坚持说，即便在监狱里，你也无法摆脱人的自由——你可以在监狱里绝食，可以想办法自杀，可以保持沉默。或者，你可以坦白一切罪错，可以诚心忏悔，可以老老实实服从，好好改造自己。无论如何，你的存在不会像一块石头，也不会像一个墨水瓶；你是"自为的存在"，而不是"自在的存在"。

最后，牛顿的万有引力定律可以与萨特的存在主义相提并论吗？这里也许需要对它们做一个资质判断（qualification），牛顿的定律是客观真理（基本上是），而萨特的存在主义理论是客观真理吗？这是有争议的。所以，以上的说法，只是萨特本人（或者认同萨特理论的人）可能做出的回答。

答学友问 8

学友：在纳粹庞大的官僚体制之下，每个人都是微小的零部件，都在做自己分内的事，而这最终导致悲剧的发生。那么，是谁按下了按钮，让这个官僚系统运转起来呢？

刘擎：这个问题涉及"结构与行动者"之间的关系，这是社会理论中的经典问题。如果官僚系统是一个结构，而你相信"结构决定论"，那么"谁按下按钮"这个问题就不重要。因为，就算没有 A 也有 B，没有 B 也有 C，总会有人按下这个按钮。"按下按钮"这个动作本身是这个官僚系统的结构逻辑决定的。甚至，这个系统没有什么"开始"按钮，它是一个庞大的网络，每个节点都是某种意义上的"开始"。

但另一方面，如果你不是一个结构决定论者，你相信个体的主观能动性，认为个体即便处在结构的约束之中，仍然有一定自由选择和行动的可能，那么就需要追问：是谁？为什么会按下那个按钮？这种追问在道德上和法律上就是有意义的。

你看，这里有对立的两极观点：在"结构决定论"的一端，我们认为个体完全没有主观能动性、没有选择的可能，一切都是系统逻辑的结果。那么就没有什么个体责任可言。而在特别相信主观能动性的一端（比如萨特），我们认为无论有什么结构性的约束，个人的能动性不可能荡然无存；人总是可以选择，因此也总是需要负责。

在一般的意义上，我们可以说，任何行动者"按下按钮"的动作，总是在一个结构下做出的，是在约束下发生的。那么这个行动者到底能有多大的主观能动性呢？这既取决于结构约束性的强弱，又取决于个体的具体特征。

但像我们这样讨论这个问题，只能是在原则意义上泛泛而论，没有多大意义。更好的做法是，置于具体的时代和制度的背景下，在特定的具体文化条件中来讨论这个问题，分析个人发挥能动性的空间和局限，以及个人应当担负怎样的责任。这才会是更有启发性的讨论。

答学友问 9

学友：我们真的有正当的理由去谴责艾希曼吗？如果有的话，这个理由到底是什么呢？

刘擎：我尝试着对许多学友关注的这个问题做出回应：艾希曼丧失了道德感，阿伦特探究其原因，认为他丧失了思考，没有能力做出独立判断。再深入一步，他失去了独立判断所要求的"你与自己相处"的基本立场，最终回避面对自己的良知（conscience）。

艾希曼能为自己辩护吗？让我们想象一下，他可能有的最强的辩护理由会是什么？艾希曼可以说，我思考了、我判断了，我也面对了自己的良知——我的良知就是服从命令、服从法律。

阿伦特完全知道这一点。她在《艾希曼在耶路撒冷》中说过，艾希曼如果不服从命令，就会感到"良心不安"。那么，她怎么反驳上面说的这种辩护呢？

如果"独立判断"意味着，每个人都可以"任意"决定什么是自己的最高良知标准，那么"缺乏独立判断"就根本无法成为指责艾希曼的理由，因为他"独立"判断的结果就是，把服从命令当作最高的道德。

除非阿伦特能够告诉我们，什么是真正的独立（independent）判断？独立判断与个人的"任意"（arbitrary）判断有何不同？并且为辨析两者的区别做出有意义的论证，否则她说的一切都不过是某种"修辞"，不值得认真对待。

阿伦特知道这是困难的，因为她自己也明确说过，"道德思考没有通则可循"，这似乎接近尼采的立场。阿伦特对尼采的思想有非常透彻的理解，但她不是道德虚无主义者。她如何做到这一点呢？

这里有两条不同的路径：一个是诉诸"道德"，一个是诉诸"良知"。在日常语言中，道德和良知几乎是同义词。但阿伦特区别了这两条道路。在《责任与判断》一书中，阿伦特做出词源学的考证。无论是道德"morality"（源自拉丁文 mores）还是伦理"ethics"（源自希腊词 ethos），原初的含义都是指"习俗"（customs）。而"良知"（conscience）则不同，它在词源学上与"意识"相同，而意识（consciousness）的字面含义是"和自己一起知道"。此时，我就会意识到自己，"我必然二合一"（two-in-one）。

阿伦特分析指出，传统习俗已经衰败了，而德国出现了新的习俗（道德）——服从命令杀人。于是"道德"崩溃了。我理解，这是说"习俗"淹没了"良知"，导致了"总体性的道德崩溃"。

艾希曼声称的"良知"是屈从于习俗的。他把时下的标准当作道德律令（对康德的误用），当作衡量道德的尺度。他真正面对的不是良知，而是迎合他人的期待，并从中获利（晋升加薪）。

恢复真正的良知，必须独立于习俗——这在当时的德国尤为紧迫。因此，独立判断也就尤为重要。

那么，良知如果失去了习俗的标准，甚至失去了任何外在的标准，会变得任意武断吗？"和自己在一起"能够成为一个标准吗？

大家知道，阿伦特有一位（或许是唯一的）"闺蜜"叫玛丽·麦卡锡。有一次阿伦特问她："一个人难道能和作为杀人犯的自己共处吗？"据说麦肯锡曾反问道:"为什么不能?"

阿伦特相信,不能,只要你真正面对自己,不回避自己,只要你坚持自身的同一性,自己的气节(moral integrity),你就无法接受作为杀人犯的自己。

那么,什么是良知呢?阿伦特提出了良知的标准吗?没有。个中缘由,她没有说,或者来不及说了。

以下就是我自己的思考或者说推测。

一种方便的回答是,因为阿伦特认为不存在任何标准。但这就变成了虚无主义者,或者非道德主义者,然而阿伦特明确说过她不是。

那么,她就应该提出一个标准,对吗?可是,让我们这样想,假设她对良知提出了一个标准,会怎么样?你会追问,这个标准为什么是对的呢?这个标准又依据什么标准呢?这样她就必须再找一个更高的,用哲学术语说就是"更后设"的标准。这就是道德判断(以及所有价值判断)的难题,叫作"自我指涉"的困境。它是指一个人在思想意义上陷入了"自己当运动员,同时又当自己的裁判员"的处境。

我们知道,反思判断必须有一个"立足点",而立足点本身也可能转变为"更高阶"反思的对象。于是,反思的自我指涉可能会导致无穷后退。所以,亚里士多德说,所有的思考必须有一个"始点或本原","是一种在其充分显现之后,就不须再问为什么的东西"。维特根斯坦也说过,"我们必须从起点开始,而不是从更早开始"。

那么我的答案是:阿伦特没有提出良知的标准,因为良知不需要标准,良知本身就是标准,它是自明的道德真理。这样我们才能理解阿伦特的一个看上去很奇怪的想法:"思考是在体验了真理之后开始的。"

这是她在给闺蜜麦卡锡的信中说的。阿伦特认为存在一种流行的谬论,就是"相信真理是经历了思考过程之后的结果"。阿伦特认为:"相反,真理一直是思考的开端，思考一直是没有结果的。这是'哲学'和科学之间的差别。科学是有结果的，而哲学从来没有。思考是在体验了真理之后开始的……真理不存在于思考中，用康德的话来说，真理是使思考成为可能的条件。它既是思考的开端，又是先验的。"

现代性的麻烦是我们失去了价值标准的普遍性。但我相信，某些最低限度的标准仍然是存在的。是的，现代世界关于许多问题都存在着"合理的分歧"，这就是所谓价值多元主义。但还有些分歧是不合理的。以赛亚·伯林说，人类的价值不是无数的，是有限的，你不能说世界上有几十亿人，就存在着几十亿种价值，更可能的是有十几种或几十种价值。把有些东西称为"价值"必定是错误的。他举了个例子，比如，你说杀死一个人和踢开一块石头没什么区别。这并不是另类的"价值"，因为对于人类而言，这不可理喻。

虽然伯林是不喜欢阿伦特的少数同代思想家之一，但在这个问题上，我相信他们是一致的。这个世界上存在一些根本的良知，阿伦特意义上的良知，依据良知这个标准，我们未必能裁决某些价值之间的分歧，但我们能够以此判断人与非人的区别。所以，我们有理由说，纳粹的罪行是"反人类罪"。

给你推荐一本书，就是阿伦特的《责任与判断》（再版的书名是《反抗"平庸之恶"》），这部文集呈现了阿伦特最后的思考历程。

答学友问 10

学友： 我深刻赞同价值是多元的。但我不明白的是，价值最低限度的共通性在哪里，又是如何确定的呢？在不同时代，最低限度的共通性是不是有高低的区分呢？

另有一个问题想请教老师：政府能不能对公众进行价值的引导？价值培育和引导和伯林的价值多元是不是冲突的呢？

刘擎： 伯林主张价值多元论，同时相信人类具有最低限度的共通性，但他对此没有给出严格的哲学论证。有许多人从不同角度对共通性做过阐释或论证，比如，依据"人性论"的自然天性，或者"道德演化论"，等等。

伯林大概知道这些理论，但他没有去做类似的工作；他的洞见更多来自经验主义的传统。比如，所有文化中的所有成员都不会主张"杀死一个人就和踢一块石头是一回事"（除了精神疾病患者），我们都会觉得这个主张不可理喻——这里就存在着共通性。

但与此同时，人类最低限度的共通性并不能解决大多数冲突。最低限度也是随时代变化的，对于女性平等权利的态度就是一个显著的例子。从长远的历史来看，人类"观念的水位"是在不断提高的。

那么，人类基本的共通性从何而来呢？我想，这是因为人具有相同的生物性和相似的社会环境。你可能会吃惊,人们的直觉经验是:不同的国家和社会,生活环境变化很大,非常不一样啊。

这种直觉经验是对的。因为我们在比较不同社会的时候,着眼点往往是彼此的差异。然而,这种对差异性的聚焦也产生了盲点——所有社会的"最低配置"具有重要而根本的相似性:它们都需要共同的语言,都要求基本秩序,都具备生产和分配机制,都拥有道德信条和戒律,等等。这些构成了人类存在的基本设置。

至于你的另一个问题,政府是否应当对公众进行价值引导呢?实际上,所有政府都在做"价值引导"。有一种"引导"与伯林的价值多元论是兼容的,那就是政治自由主义主张的"国家中立性"原则:国家在面对各种"合理争议"的生活理想(价值)观念时,要保持"一视同仁"。

另外,有些理论支持国家倡导明确的价值或信仰,理由是其所支持的价值是正确的或崇高的。这类理论在政治哲学中被称为"至善论"(perfectionism)。最强的至善论国家,就是"政教合一"的国家,这当然会与伯林的价值多元论相抵触。

但至善论有多种形态,一些温和版本的至善论与价值多元论的冲突就不大。也有学者认为,温和的至善论可以与政治自由主义相兼容。我认识的一位学者,香港大学的陈祖为教授,就在这方面做了出色的研究。他认为,中国的儒家思想具有悠久的至善论传统,通过改良,可以和政治自由主义相兼容。[1]

---

[1] 参见陈祖为的论文《正当性、全体一致与至善论》,发表在应奇主编的《自由主义中立性及其批评者》(江苏人民出版社,2000年)一书。

答学友问 11

学友： 对物质的追求和改善生活条件是人工作劳动的动力，有一种自下而上的意味。在资本主义没有出现之前，人也是在通过劳动换取生存资源，而且人的平均寿命和幸福指数并没有比现在更高。很难说服我相信现在的劳作辛苦就是异化的、与人性对立的。我们的祖先通过劳动和改造世界换取生存资源，也不是因为享受劳动而劳动的。这是否意味着，"异化"从来都存在呢？

刘擎： 你说得对，人类在前现代社会的劳动并不是"为享受劳动而劳动"，因此也存在普遍的异化。但指出这一点并没有构成对马尔库塞的反驳，因为他的观点并不是"过去好、现在坏"。他的问题意识在于：当人类已经取得了如此卓越的技术文明进步之后，为什么人们还无法摆脱（始终没有减少）劳动的异化状态，而是陷入了一种新的异化形态？

就你的提问方式而言，问题在于对"生存资源"这个概念的理解。

如果尝试模拟一场你与马尔库塞之间的辩论，可能会是这样的：

什么是"生存资源"呢？马尔库塞可能会说：真正的温饱和居住需要，是真实的物质需求，可以被视为"生存资源"。但（比如）几百种品牌的化妆品也是"生存资源"吗？

你可以争辩说，化妆品是"生存资源"啊，因为人类对"生存基本水平"

的理解是不断上升的。

但他会反驳说,你误用了"生存"这个词。几百种品牌的化妆品并不是人们"真实的需求",而是由资本逻辑驱动的、通过广告等手段植入人们意识的"虚假需求"。

你可能回应说:"真实"还是"虚假"凭什么由你说了算?难道不是应该由消费者自己说了算吗?

……

这个辩论还可以持续很久。"你"与"马尔库塞"之间的争论并不是没有意义的,但它也不会草草了断,决出一名"胜利者"。

我们也可以再想一想:凡是自己感到的需求就都是真实需求吗?我们自身的需求的形成,在多大程度上受到他人、时尚以及社会媒体的塑造?或者,我们是否应当在根本上取消所谓"真实需求"和"虚假需求"之间的区别?这种区别完全没有意义吗?

答学友问 12

学友： 您在准备这本讲义时会参考哪些资料呢？

刘擎： 古人虽说"鸳鸯绣了从教看，莫把金针度与人"。但我还是"要把金针度与人"。这个"金针"就是"斯坦福哲学百科全书"（Stanford Encyclopedia of Philosophy）：https://plato.stanford.edu/。

它完全免费，每一个主题"词条"（entry）都是由这个主题领域一流的专家学者撰写。绝大多数词条的文字清晰晓畅，提供了这个主题的背景、要点、相关争议、参考文献清单，还会不定期更新。

你要深入学习和研究一个主题，这是再好不过的起始资源。

它有局限吗？有的：

· 它要求你有比较好的英语阅读能力；

· 它需要你有一定的专业知识基础；

· 它的词条主要在哲学领域，虽然是宽泛意义上的哲学。

现在，我来公布准备这本讲义时阅读的相关词条。有些思想家没有专门的人物词条，因为他们不是严格意义上的哲学家（比如弗洛伊德、鲍曼、福山、亨廷顿）；一般在世的哲学家也没有专门的人物词条（比如桑德尔、沃尔泽、泰勒），唯一的例外是哈贝马斯。

你如果想深入学习、给自己一点挑战，那么，从这些资源开始，是我能想到的最好的捷径。

韦伯

https://plato.stanford.edu/entries/weber/

https://plato.stanford.edu/entries/legitimacy/

https://plato.stanford.edu/entries/scientific-objectivity/

尼采

https://plato.stanford.edu/entries/nietzsche/

https://plato.stanford.edu/entries/nietzsche-life-works/

弗洛伊德

https://plato.stanford.edu/entries/conscience/

https://plato.stanford.edu/entries/sex-sexuality/

萨特

https://plato.stanford.edu/entries/sartre/

https://plato.stanford.edu/entries/existentialism/

https://plato.stanford.edu/entries/beauvoir/

阿伦特

https://plato.stanford.edu/entries/arendt/

https://plato.stanford.edu/entries/concept-evil/

波普尔

https://plato.stanford.edu/entries/popper/

https://plato.stanford.edu/entries/pseudo-science/

哈耶克

https://plato.stanford.edu/entries/friedrich-hayek/

https://plato.stanford.edu/entries/libertarianism/

伯林

https://plato.stanford.edu/entries/berlin/

https://plato.stanford.edu/entries/liberty-positive-negative/

马尔库塞

https://plato.stanford.edu/entries/marcuse/

https://plato.stanford.edu/entries/critical-theory/

罗尔斯

https://plato.stanford.edu/entries/rawls/

https://plato.stanford.edu/entries/original-position/

https://plato.stanford.edu/entries/liberalism/

https://plato.stanford.edu/entries/justice/

诺齐克

https://plato.stanford.edu/entries/nozick-political/

https://plato.stanford.edu/entries/libertarianism/

https://plato.stanford.edu/entries/justice-distributive/

德沃金

https://plato.stanford.edu/entries/justice-bad-luck/

https://plato.stanford.edu/entries/egalitarianism/

桑德尔

https://plato.stanford.edu/entries/communitarianism/

https://plato.stanford.edu/entries/special-obligations/

沃尔泽

https://plato.stanford.edu/entries/communitarianism/

https://plato.stanford.edu/entries/equality/

泰勒

https://plato.stanford.edu/entries/authenticity/

https://plato.stanford.edu/entries/recognition/

https://plato.stanford.edu/entries/multiculturalism/

哈贝马斯

https://plato.stanford.edu/entries/habermas/

https://plato.stanford.edu/entries/critical-theory/

https://plato.stanford.edu/entries/pragmatics/

福山

https://plato.stanford.edu/entries/progress/

https://plato.stanford.edu/entries/pacifism/

亨廷顿

https://plato.stanford.edu/entries/global-democracy/

推荐阅读书单

1. 彼得·沃森:《20世纪思想史：从弗洛伊德到互联网》,译林出版社,2019年。

2. 布莱恩·麦基(编):《思想家：与十五位杰出哲学家的对话》(第二版),生活·读书·新知三联书店,2004年。

3. 威尔·金里卡:《当代政治哲学》,上海译文出版社,2015年。

4. 迈克尔·莱斯诺夫:《二十世纪的政治哲学家》,商务印书馆,2015年。

5. 迈克尔·坦纳:《尼采》,译林出版社,2013年。

6. 詹姆斯·戈登·芬利森:《哈贝马斯》,译林出版社,2015年。

7. 卡尔·波普尔:《二十世纪的教训：卡尔·波普尔访谈演讲录》,上海三联书店,2012年。

8. 查尔斯·泰勒:《本真性的伦理》,上海三联书店,2012年。

9. 迈克尔·桑德尔:《公正》,中信出版社,2012年。

10. 石元康:《当代西方自由主义理论》,上海三联书店,2000年。

11. 周保松:《自由人的平等政治》(增订版),生活·读书·新知三联书店,2013年。

12. 钱永祥:《纵欲与虚无之上：现代情境里的政治伦理》,中央编译出版社,2016年。

13. 周濂:《打开：周濂的100堂西方哲学课》,上海三联书店,2019年。

后记：感想与致谢

这部讲义源自"得到"App 的音频课程《西方现代思想 40 讲》，以课程稿为蓝本，扩充修改而成。

讲义的主体部分删减或调整了少数过于口语的表达，恢复了初稿中一些由于每讲篇幅限制而删去的段落，也补充了一些较为理论性的论述。同时，讲义包含了补充讲解和答学友问部分，取自与课程学友的交流互动。

因此，这部讲义大致保留了课程讲稿的原貌，同时在内容的完整性与理论深度这两方面有所增进。

讲义修订完毕之时，距离课程完整上线已有半年之久。

记得那是在 2020 年 4 月 1 日的零点，"得到"App 上传了课程的最后一讲"结语"，我随即写下一篇感言，表达了自己开课过程中的一些思考和体会，也介绍了课程制作的幕后花絮。当时发布在"得到"App 的社区"知识城邦"上，今天读来觉得仍然适宜。因而就选编了其中的大部分文字，做少许补充，当作本书的后记。

我们的课程在 4 月 1 日就结束了。

可是结语发布在"愚人节"藏了一个暗语："说结束只是一个玩笑"，其实并没有。课程的主编裘德同学，很快就发了一段音频通知。是的，我将继续在

"知识城邦"和大家交流讨论，还会做在线直播和线下讲座。

结课当天的下午出门，去赴约聚会。朋友们谈论着天下大事，海阔天空，聊到很晚，很久没有这样说话了。从新年开始，忙着写"西方思想年度述评"（最后写了近4万字），到1月下旬完成。但疫情开始了，约好的几个聚会就取消了。然后，就一直忙着课程的上线、写作、修改、录音，一直忙着。最后的"结语"是在上线更新前不到12小时才录制的。

那天晚上快8点的时候，看见裘德同学发来微信，告知订阅用户过了2万，心里高兴了一下。我知道，在"得到"App的课程中，这个订阅数真算不上什么，但还是开心的。当时朋友们正在热烈讨论着，关于公共言说的品质，那么多"极端化"的观点和言说方式，很让人忧心。

我在想，听过我们这类课程的朋友，以后和人说话，甚至争论，会不一样吗？大约会吧。这样想着，就觉得自己的劳作还是有意义的，虽然目前只有两万多人。

出门之前，在清华大学刘瑜老师的微信朋友圈中，读到她写的一段讨论"极端化"现象的文字，深有同感。刘瑜老师说：

极端太有诱惑力了，它的确定性以及确定性带来的自信，它的简单以及简单带来的省心，它的易辨识以及因辨识度所迅速集结的情感群体，真的是太有诱惑力了。从此不用在不同的观念之间颠沛流离，不用根据路况不断调整航向，不用经受自我怀疑的折磨，不用被渺小感经年累月地审判，这种人可能的确很幸福吧。

我相信，这种极端的观念和思维方式，以及由此廉价兑现的"确定性""简单"和"易辨识"及其"幸福感"，是一种病理性的症候，标志着文化品质的败坏。这对于私人生活和公共生活，都是腐蚀。在这个问题上的判断，古今中外的大思想家几乎没有分歧。

所以，我讲这门课程，还有其他许多朋友各自做出的一些努力，虽然微不足道，但汇聚起来，可能成为一种"慢变量"，一起来抵挡和改变那种看似势不可挡的极端的"快变量"。

"慢变量"对耐心不太友善，却是"时间的朋友"。而文化的演进，从来就是滴水穿石、聚沙成塔。两万多人，就是两万多粒沙子。也可能，会是两万多粒种子吧。这样想着，感觉有些欣慰。

回家的路上，久违的夜色中，有斑斓的灯火。

在学友中，有过许多有趣的、令人感动和惊奇的事情。

"知识城邦"中有许多非常出色的提问和评论，虽然我没能一一回应。有时候学友之间的讨论也非常精彩，我从中受益良多。裴德发现了一位同学的"笔记卡片"，内容精到不说，而且设计精良得像艺术品。这让人很是动容。更不用说还有持续不断的问候和勉励。谢谢各位学友！

我还意外地发现，听课的学友中有自己曾经的学生（居然在学校还没受够我），有失散多年的友人，有年轻优秀的同行学者，竟然还有多位"得到"App 的课程名师。王立铭老师（声称）听过四遍，刘润老师说听过三遍，香帅老师发来过她听课完毕的"证书"，还有陈海贤、仇子龙、董梅、王颖、王雨豪、马徐骏和傅骏等老师。他们在各自的专业领域都是备受尊敬的专家，其中有几位至今尚未谋面，他们俯身垂听，让我感到荣幸而惶恐。

还有一件趣事。顾衡老师的课程上线的时候，我一时起兴，在他课程第一讲后面发过一条调侃挑剔的留言（顾老师说波兹曼坚持不用电脑，而我说自己曾经和波兹曼有过电邮往来）。但当时并不知道，这条留言会成为我在"知识城邦"中的第一条笔记。在我的课上线之后，许多同学看到了那条留言，然后就传到了顾衡老师那里。他会感到冒犯而不悦吗？并没有。

相反，他多次热情地推荐了我的这门课。我至今还没有机会与顾衡老师直接交谈，不曾表达歉意，也没有为他的推荐而致谢。对于顾老师这样博学通达的人，这些大约是多余。我相信，读书会塑造品格，这里有一种默契。

这门课程的缘起和过程中，有些幕后的"花絮"（八卦）。

2017年11月23日晚上，罗振宇和脱不花两位老师，还有"得到"App的主力编辑一起，请几位学者晚餐，商定了几门课程的选题。一个星期后，我提交的课程提纲就通过了，在12月1日签订协议。当时以为，三个月或者至多半年，就能完成这门课程。现在大家知道，我用了两年多的时间。

当初是过于自负吗？也许吧，但并不是没有理由。比如，对自己的专业有一点信心。而且，"得到"App课程可能要求的各种技能才艺——公共写作、戏剧电影写作、演讲朗读能力等——我在年轻的时候就准备好了。

还有一个直接的理由，这门课我在学校已经讲过10多年。曾经有教育平台拍摄过一版视频课，起初是在教室里拍的，因为受欢迎，又在演播室拍过一版。我想，"得到"App要求的不过是一个更精致的版本。

最后还有一个奇怪的理由：这是连施展都能做好的事情。

然而我错了。不是我高估了自己，而是低估了、大大低估了"得到"App课程的难度（当然也低估了施展同学）。多么痛的领悟……

开始，课程的编辑是我自己挑选的，一位极为聪明干练又格外礼貌的小帅哥，林飞扬同学。他用了差不多一年时间和我磨合，其实是纠正我对"得到"App课程的错误认知。但他可能太过礼貌，而我太过固执和善辩了。飞扬已经成功了一半，他其实已经转变了我的谬见（这是我后来才意识到的），但他在公司还有其它更重要的工作。

人类，成功的时候倾向于"内归因"，而失败的时候往往倾向于"外归因"。我是学者，很清楚这个心理学常识。但我是人类，我准备放弃了。

2019年3月15日晚上，罗振宇和脱不花两位老师在上海请我晚餐，同席的还有施展同学（带着温柔的怜悯，以及旁人难以察觉的鄙视）。罗老师重新启动了这个项目，他亲自担任课程讲稿的监制。还有"得到"App总编室的老师，负责社科类课程的陆晶靖老师，这些"得到"App的公司决策层和骨干，组成了一个"梦之队"，建立了微信群。

当然还有"花姐"（我这样称呼脱不花老师，是在陷害她的青春，但觉得这样更亲切些吧）。花姐的直觉判断极好，但不仅如此，她还有一个特异功能：总是能让你感到你是全世界最棒的，那些表扬和赞美好像夸张到无以复加，却又能让人信以为真。我不知道花姐是怎么做到的，但在你挫败沮丧的时候（哪个老师没有啊？），她就是"可卡因"。

我们还需要一位课程的编辑，选定了裘德同学。可那时候，她还是刚刚进入"得到"公司三个月的"菜鸟"。但罗老师和花姐会精心培训她。她的那种天资聪慧大概不需要独具慧眼来发现。

选择裘德的另一个理由是，她是施展的本科生，我指导的研究生，她学过这个专业。当初是施展向我推荐她来读我的研究生。她的专业知识、表达能力、英语水平都出类拔萃，但她有一个致命的弱点："完美主义"（这是拖延症的昵称）。

但裘德同学当时并不知道，老师也有拖延症。过去在学校，老师占据优势地位，反复催促鞭策（我甚至威胁说，"你可以选择肄业"）。可是现在情势翻转了，学生开始催促老师。还有，我在学校里鼓励她的"独立思考不盲从"（亚里士多德更爱真理啊），现在开始对老师起作用了。偶尔和裘德同学起争论，我会问自己：是我教得太好而"自食其果"吗？但更多时候，我们有一种默契，那种一百句话只要说出两三句就能彼此精确理解的默契。

当然，不知道罗振宇老师用了什么秘籍或者魔鬼训练，让裘德同学的编辑技艺有了迅速惊人的提高。她不是简单地"编辑"我写的初稿，她做的是"翻译"和剪裁，常常能把讲稿中一些过于艰涩的专业表述，转化为通俗易懂又引人入胜的样子。

课程上线的时候，只录制好了 14 讲。我们一直在和更新的节奏赛跑，每天都有进展，但仍然太缓慢了。我们需要另一个人，能让两个拖延爱好者同时心悦诚服的权威，这只有米雪（裘德同学的师母）才能胜任。在 2 月底，三个人组了微信群。我们领受了真正的鞭策，包括罚款措施……

但我们最终成功了，虽然最后一讲格外惊险，离上线只差 11 个小时。

最后是一份致谢名单。

首先是在以上花絮中提到过的名字：罗振宇、脱不花、林飞扬、陆晶靖、裘德和米雪。

其次，要特别感谢"得到图书"负责人白丽丽和讲义书稿的责任编辑翁慕涵。

还有，"得到"的"声音导演"徐昆鹏。感谢他在录音棚那两天的指导，以及他一直用过誉的方式鼓励我。后来改在家里录音，米雪取代了昆鹏的职责，她改换了另一种不同的鼓励方式。

在课程上线之初，热心推荐课程的八位"得到"老师：施展、李筠、刘苏里、许纪霖、包刚升、徐瑾、王烁和徐弃郁。

另外，在备课过程中曾指教和帮助过我的学人师友：童世骏、应奇和郁振华（我们"哲学四重奏"群的成员），以及陈嘉映、孙周兴、钱永祥、周濂、葛四友、周保松和林垚等。

当然，还有每一位学友，感谢你和我一起完成了一次难忘的思想探索之旅。

参考文献

导论

1. 以赛亚·伯林：《观念的力量》，胡自信、魏钊凌译，译林出版社，2019年。

2. 马歇尔·伯曼：《一切坚固的东西都烟消云散了：现代性体验》，徐大健、张辑译，商务印书馆，2013年。

3. 尤尔根·哈贝马斯：《现代性的哲学话语》，曹卫东译，译林出版社，2011年。

4. 安东尼·吉登斯：《现代性与自我认同：现代晚期的自我与社会》，赵旭东等译，生活·读书·新知三联书店，1998年。

5. 詹姆斯·施密特：《启蒙运动与现代性：18世纪与20世纪的对话》，徐向东、卢华萍译，上海人民出版社，2005年。

第一章

1. 马克斯·韦伯：《学术与政治》，钱永祥等译，上海三联书店，2019年。

2. 马克斯·韦伯：《马克斯·韦伯社会学文集》，格特、米尔斯编，阎克文译，人民出版社，2010 年。

3. 斯威德伯格：《马克斯·韦伯与经济社会学思想》，何蓉译，商务印书馆，2007 年。

4. 施路赫特：《理性化与官僚化：对韦伯之研究与诠释》，顾忠华译，广西师范大学出版社，2004 年。

5. 迪尔克·克斯勒：《马克斯·韦伯的生平、著述及影响》，郭锋译，法律出版社，2004 年。

6. 莱因哈特·本迪克斯：《马克斯·韦伯思想肖像》，刘北成等译，上海人民出版社，2020 年。

7. 沃尔夫冈·蒙森：《马克斯·韦伯与德国政治：1890—1920》，阎克文译，中信出版社，2016 年。

第二章

1. 索伦·克尔凯郭尔：《恐惧与颤栗》，一谌等译，华夏出版社，1999 年。

2. 弗里德里希·尼采：《重估一切价值》，维茨巴赫编，林笳译，华东师范大学出版社，2013 年。

3. 弗里德里希·尼采：《权力意志：1885－1889 年遗稿》，孙周兴译，商务印书馆，2007 年。

4. 弗里德里希·尼采：《善恶的彼岸》，赵千帆译，商务印书馆，2015 年。

5. 弗里德里希·尼采：《扎拉图斯特拉如是说：一本为所有人又不为任何人所写之书》，黄明嘉、娄林译，华东师范大学出版社，2009 年。

6. 迈克尔·坦纳：《尼采》，于洋译，译林出版社，2013 年。

7. 西格蒙德·弗洛伊德：《精神分析引论》，高觉敷译，商务印书馆，1984年。

8. 西格蒙德·弗洛伊德：《自我与本我》，林尘等译，上海译文出版社，2011年。

9. 史蒂芬·米切尔、玛格丽特·布莱克：《弗洛伊德及其后继者：现代精神分析思想史》，陈祉妍等译，商务印书馆，2007年。

10. 米歇尔·翁福雷：《一个偶像的黄昏：弗洛伊德的谎言》，王甦译，社会科学文献出版社，2020年。

11. 让－保罗·萨特：《存在与虚无》（修订译本），陈宣良等译，杜小真校，生活·读书·新知三联书店，2007年。

12. 让－保罗·萨特：《存在主义是一种人道主义》，周煦良、汤永宽译，上海译文出版社，2012年。

13. 弗朗西斯·让松：《萨特》，徐梦瑶、刘成富译，上海人民出版社，2009年。

14. 阿尔贝·加缪：《西西弗神话》，沈志明译，上海译文出版社，2013年。

第三章

1. 齐格蒙·鲍曼：《现代性与大屠杀》，杨渝东、史建华译，译林出版社，2002年。

2. 齐格蒙特·鲍曼：《现代性与矛盾性》，邵迎生译，商务印书馆，2013年。

3. 汉娜·阿伦特：《艾希曼在耶路撒冷：一份关于平庸的恶的报告》，安尼译，译林出版社，2017年。

4. 汉娜·阿伦特：《反抗"平庸之恶"》，陈联营译，上海人民出版社，2014年。

5. 理查德·伯恩斯坦：《根本恶》，王钦、朱康译，译林出版社，2015年。

6. 汉娜·阿伦特：《人的境况》，王寅丽译，上海人民出版社，2009年。

7. 汉娜·阿伦特、玛丽·麦卡锡、卡罗尔·布莱曼：《朋友之间：汉娜·阿伦特、玛丽·麦卡锡书信集，1949—1975》，章艳译，中信出版社，2016年。

8. 沃尔夫冈·霍尔等：《阿伦特手册：生平·著作·影响》，王旭、寇瑛译，社会科学文献出版社，2015年。

9. 达纳·维拉：《剑桥阿伦特指南》，张笑宇、陈伟译，译林出版社，2018年。

10. 阿洛伊斯·普林茨：《爱这个世界：汉娜·阿伦特传》，焦洱译，社会科学文献出版社，2001年。

11. 卡尔·波普尔：《猜想与反驳：科学知识的增长》，傅季重等译，上海译文出版社，2005年。

12. 卡尔·波普尔：《开放社会及其敌人》（全二卷），陆衡等译，中国社会科学出版社，1999年。

13. 卡尔·波普尔：《历史决定论的贫困》，杜汝楫、邱仁宗译，上海人民出版社，2009年。

14. 卡尔·波普尔：《二十世纪的教训》，王凌霄译，广西师范大学出版社，2004年。

15. 弗里德利希·哈耶克：《致命的自负》，冯克利、胡晋华译，中国社会科学出版社，2000年。

16. 弗里德利希·哈耶克：《通往奴役之路》，王明毅等译，中国社会科学出版社，1997年。

17. 弗里德利希·哈耶克：《哈耶克文选：哈耶克论文演讲集》，冯克利译，江苏人民出版社，2000 年。

18. 弗里德利希·哈耶克：《科学的反革命：理性滥用之研究》，冯克利译，译林出版社，2003 年。

19. 弗里德利希·哈耶克：《自由秩序原理》（上下册），邓正来译，生活·读书·新知三联书店，1997 年。

20. 布鲁斯·考德威尔：《哈耶克评传》，冯克利译，商务印书馆，2007 年。

21. 弗里德利希·哈耶克：《邓正来选译哈耶克论文集》（全三册），邓正来译，首都经济贸易大学出版社，2014 年。

22. 伊格纳季耶夫：《伯林传》，罗妍莉译，译林出版社，2001 年。

23. 以赛亚·伯林：《自由论》，胡传胜译，译林出版社，2003 年。

24. 以赛亚·伯林：《扭曲的人性之材》，岳秀坤译，译林出版社，2009 年。

25. 以赛亚·伯林、贝阿塔·波兰诺夫斯卡-塞古尔斯卡：《未完的对话》，杨德友译，译林出版社，2014 年。

26. 马克·里拉、罗纳德·德沃金、罗伯特·西尔维：《以赛亚·伯林的遗产》，刘擎、殷莹译，新星出版社，2006 年。

27. 赫伯特·马尔库塞：《单向度的人：发达工业社会意识形态研究》，刘继译，上海译文出版社，2008 年。

28. 赫伯特·马尔库塞：《爱欲与文明》，黄勇、薛民译，上海译文出版社，2012 年。

29. 弗洛姆、马尔库塞、列斐伏尔、阿尔都塞、卢卡奇：《一八四四年经济学—哲学手稿》，复旦大学哲学系现代西方哲学研究室编译，复旦大学出版社，1983 年。

30. 魏格豪斯：《法兰克福学派：历史、理论及政治影响》，孟登迎等译，上海人民出版社，2010 年。

第四章

1. 弗里德里希·沃特金斯：《西方政治传统：近代自由主义之发展》，李丰斌译，广西师范大学出版社，2016 年。

2. 约翰·罗尔斯：《正义论》(修订版)，何怀宏等译，中国社会科学出版社，2009 年。

3. 约翰·罗尔斯：《作为公平的正义：正义新论》，姚大志译，上海三联书店，2003 年。

4. 涛慕思·博格：《罗尔斯：生平与正义理论》，顾肃、刘雪梅译，中国人民大学出版社，2010 年。

5. 萨缪尔·弗雷曼：《罗尔斯》，张国清译，华夏出版社，2013 年。

6. 约翰·罗尔斯、托马斯·斯凯伦等：《当代社会契约论》，包利民译，江苏人民出版社，2008 年。

7. 罗伯特·诺齐克：《无政府、国家与乌托邦》，何怀宏译，中国社会科学出版社，1991 年。

8. 罗伯特·诺齐克：《苏格拉底的困惑》，郭建玲、程郁华译，三辉图书、商务印书馆，2015 年。

9. 乔纳森·沃尔夫：《诺齐克》，王天成、张颖译，黑龙江人民出版社，1999 年。

10. 大卫·施密茨：《罗伯特·诺齐克》，宋宽锋、庄振华译，复旦大学出版社，2013 年。

11. 罗纳德·德沃金：《认真对待权利》，信春鹰、吴玉章译，上海三联书店，2008 年。

12. 罗纳德·德沃金：《原则问题》，张国清译，江苏人民出版社，2008 年。

13. 罗纳德·德沃金、布鲁斯·阿克曼等：《自由主义中立性及其批评者》，应奇等译，江苏人民出版社，2008 年。

14. 迈克尔·桑德尔：《公正》，朱慧玲译，中信出版社，2012 年。

15. 迈克尔·桑德尔：《自由主义与正义的局限》，万俊人等译，译林出版社，2001 年。

16. 迈克尔·桑德尔：《公共哲学：政治中的道德问题》，朱东华等译，中国人民大学出版社，2013 年。

17. 迈克尔·沃尔泽：《正义诸领域：为多元主义与平等一辩》，褚松燕译，译林出版社，2009 年。

18. 史蒂芬·缪哈尔：《自由主义者与社群主义者》，孙晓春译，吉林人民出版社，2011 年。

19. 应奇、刘训练（编）：《共和的黄昏：自由主义、社群主义和共和主义》，吉林出版集团有限责任公司，2007 年。

20. 查尔斯·泰勒：《本真性的伦理》，程炼译，上海三联书店，2012 年。

21. 查尔斯·泰勒：《现代社会想象》，林曼红译，译林出版社，2014 年。

22. 查尔斯·泰勒：《自我的根源：现代认同的形成》，韩震译，译林出版社，2012 年。

23. 詹姆斯·芬利森：《哈贝马斯》，邵志军译，译林出版社，2010 年。

24. 斯蒂芬·穆勒-多姆：《于尔根·哈贝马斯：知识分子与公共生活》，刘风译，社会科学文献出版社，2019 年。

25. 尤尔根·哈贝马斯：《交往行为理论（第一卷）：行为合理性与社会合理化》，曹卫东译，上海人民出版社，2004 年。

26. 托马斯·麦卡锡：《哈贝马斯的批判理论》，王江涛译，华东师范大学出版社，2010 年。

27. 童世骏：《批判与实践：论哈贝马斯的批判理论》，广西师范大学出版社，2015 年。

尾声

1. 弗朗西斯·福山：《历史的终结与最后的人》，陈高华译，孟凡礼校，广西师范大学出版社，2014 年。

2. 弗朗西斯·福山：《政治秩序的起源：从前人类时代到法国大革命》，毛俊杰译，广西师范大学出版社，2014 年。

3. 弗朗西斯·福山：《政治秩序与政治衰败：从工业革命到民主全球化》，毛俊杰译，广西师范大学出版社，2015 年。

4. 陈家刚（编）：《危机与未来：福山中国讲演录》，中央编译出版社，2012 年。

5. 塞缪尔·亨廷顿：《文明的冲突与世界秩序的重建》，周琪译，新华出版社，2010 年。

6. 塞缪尔·亨廷顿：《我们是谁：美国国家特性面临的挑战》，程克雄译，新华出版社，2005 年。

7. 塞缪尔·亨廷顿：《变化社会中的政治秩序》，王冠华、刘为译，上海人民出版社，2015 年。

8. 劳伦斯·哈里森、塞缪尔·亨廷顿：《文化的重要作用》，程克雄译，新华出版社，2010 年。

9. 马歇尔·麦克卢汉：《理解媒介：论人的延伸》，何道宽译，译林出版社，

2011年。

10. 尤瓦尔·赫拉利：《人类简史：从动物到上帝》，林俊宏译，中信出版社，2014年。

11. 尤瓦尔·赫拉利：《未来简史：从智人到智神》，林俊宏译，中信出版社，2017年。

补充讲解

1. 彼得·沃森：《20世纪思想史：从弗洛伊德到互联网》，张凤、杨阳译，译林出版社，2019年。

2. 卡尔·雅斯贝斯等：《哲学与人：20世纪西方哲学精选》，上海译文出版社，2019年。

3. 布莱恩·麦基（编）：《思想家：与十五位杰出哲学家的对话》（第二版），周穗明等译，生活·读书·新知三联书店，2004年。

4. 威尔·金里卡：《当代政治哲学》，刘莘译，上海译文出版社，2015年。

5. 迈克尔·莱斯诺夫：《二十世纪的政治哲学家》，冯克利译，商务印书馆，2001年。

6. 查尔斯·拉莫尔：《现代性的教训》，刘擎、应奇译，东方出版社，2010年。

7. 钱永祥：《纵欲与虚无之上：现代情境里的政治伦理》，中央编译出版社，2016年。

8. 刘擎：《悬而未决的时刻：现代性论域中的西方思想》，新星出版社，2006年。

人名索引[①]

A

阿波罗（Apollo） /073

阿德勒，阿尔弗雷德（Adler, Alfred） /139

阿尔基洛科斯（Archilochus） /161

阿赫玛托娃，安娜（Akhmatova, Anna） /164

阿隆，雷蒙（Aron, Raymond） /099，166

阿伦特，汉娜（Hannah, Arendt） /001，003，126-138，310-313，336-339

爱德华一世（Edward I） /033

艾森克，汉斯（Eysenck, Hans） /091

艾希曼，阿道夫（Eichmann, Adolf） /104，127，129-134，136，311-313，336，337

爱因斯坦，阿尔伯特（Einstein, Albert） /139-141，148，163，234

奥古斯丁（Saint Augustine） /245，313

奥克肖特，迈克尔（Oakeshott, Michael） /160

[①] 收录有本书正文、补充讲解和答学友问部分出现的人名，以人名汉语拼音字母顺序排列。

B

巴格沃蒂，贾格迪什（Bhagwati, Jagdish） /261

巴赫，约翰（Bach, Johann） /121

鲍曼，齐格蒙（Bauman, Zygmunt） /001，003，120-127

贝多芬，路德维希（Beethoven, Ludwig） /121

本雅明，瓦尔特（Benjamin, Walter） /195

波德莱尔，夏尔（Baudelaire, Charles） /044

波伏娃，西蒙娜（Beauvoir, Simone） /97-99，304，305

波普尔，卡尔（Popper, Karl） /001，003，092，138-150，153，154，157，160，161，272

柏拉图（Plato） /024，090，092，168，294，295

伯科威茨，罗格（Berkowitz, Roger） /312，313

伯林，以赛亚（Berlin, Isaiah） /001，003，119，161-167，169-173，176-179，242，243，245，246，314-316，339-341

C

查韦斯，乌戈（Chávez, Hugo） /272

D

戴安娜王妃（Diana, Princess of Wales） /261，265

戴高乐，夏尔（Gaulle, Charles） /098

德斯坦，瓦莱里（d'Estaing, Valéry） /099

德沃金，罗纳德（Dworkin, Ronald） /001，003，204，221-226，250

狄俄尼索斯（Dionysus） /073

E

恩格斯，弗里德里希（Engels, Friedrich） /016，020，186

F

伏尔泰（Voltaire） /098，153

福柯，米歇尔（Foucault, Michel） /098

福楼拜，居斯塔夫（Flaubert, Gustave） /096

弗洛伊德，西格蒙德（Freud, Sigmund） /001，003，058，060，065，084-095，290，298-302

福山，弗朗西斯（Francis, Fukuyama） /001，003，260，262-275，277，280，281，283

G

哥白尼，尼古拉（Kopernik, Mikolaj） /093

歌德，约翰（Goethe, Johann） /121

格雷，约翰（Gray, John） /286

H

哈贝马斯，尤尔根（Habermas, Jürgen） /001，003，046，204，242，250-258，309，321

哈耶克，弗里德里希（Hayek, Friedrich） /001，003，150-161，166，220

海德格尔，马丁（Heidegger, Martin） /003，180，312

海涅，海因里希（Heine, Heinrich） /119

赫拉利，尤瓦尔（Harari, Yuval） /282，283，288

赫鲁晓夫，尼基塔（Khrushchev, Nikita） /198

赫尔德，约翰（Herder, Johann） /163

黑格尔，格奥尔格（Hegel, Georg） /186，187，268，269

亨廷顿，萨缪尔（Huntington, Samuel） /001，260，262-267，275-281，283，285

胡塞尔，埃德蒙德（Husserl, Edmund） /101

霍布斯，托马斯（Hobbes, Thomas） /116，236

霍华德，约翰（Howard, John） /228

霍金，斯蒂芬（Hawking, Stephen） /297

J

加缪，阿尔贝（Camus, Albert） /075，099

贾宝玉 /067

K

凯恩斯，约翰（Keynes, John） /150，159，273

康德，伊曼努尔（Kant, Immanuel） /25，121，128，129，133，134，160，202，220，236，339

克尔凯郭尔，索伦（Kierkegaard, Soren） /061，064

克林顿，比尔（Clinton, Bill） /206

孔茨，斯蒂芬妮（Coontz, Stephanie） /306

孔子 /032，062，290

昆德拉，米兰（Kundera, Milan） /108

L

雷锋 /063

理查三世（Richard III） /130

里根，罗纳德（Reagan, Ronald） /159，196，201，220

里拉，马克（Lilla, Mark） /310-312

李叔同 /012

利玛窦（Ricci, Matteo） /038

卢卡斯，弗朗兹（Lukas, Franz） /135，136

卢森堡，罗莎（Luxemburg, Rosa） /311

卢梭，让 - 雅克（Rousseau, Jean-Jacques） /116，153，202，245

鲁登道夫，埃里希（Ludendorff, Erich） /031

鲁迅 /070，071

罗尔斯，约翰（Rawls, John）　　/001，003，204-216，219，220，222，225-229，231，232，236

罗兰，罗曼（Rolland, Romain）　　/058，321

罗素，伯特兰（Russell, Bertrand）　　/098，141

罗振宇　　/140

洛克，约翰（Locke, John）　　/116，200，202，236

M

马克思，卡尔（Marx, Karl）　　/016，030，067，147，179，180，186-189，191，194，201，267-269，321

马尔库塞，赫伯特（Marcuse, Herbert）　　/001，003，179-183，185，186，188-196，342，343

麦迪逊，詹姆斯（Madison, James）　　/114

麦金泰尔，阿拉斯代尔（MacIntyre, Alasdair）　　/230，292

麦卡锡，玛丽（McCarthy, Mary）　　/337，338

麦克卢汉，马歇尔（McLuhan, Marshall）　　/286

麦克白（Macbeth）　　/130

迈斯特，约瑟夫（Maistre, Joseph）　　/163

毛泽东　　/179，180

孟德尔，格雷戈尔（Mendel, Gregor）　　/038

孟子　　/232，290

米兰诺维奇，布兰科（Milanovic, Branko）　　/284

密尔，约翰（Mill, John）　　/200，202，205，214，328

莫奈，克劳德（Monet, Claude） /081

墨索里尼，贝尼托（Mussolini, Benito） /066

N

纳皮尔，查尔斯（Napier, Charles） /280

内夫，约翰（Nef, John） /150

内格尔，托马斯（Nagel, Thomas） /214

尼采，弗里德里希（Nietzsche, Friedrich） /001，003，038，058，060，065-082，084，085，095，107，110，111，135，244，246，290，291，293-299，330，337

牛顿，艾萨克（Newton, Isaac） /038，087，169，332，333

诺齐克，罗伯特（Nozick, Robert） /001，003，204，213-220，222，231，234

P

帕斯卡尔，布莱兹（Pascal, Blaise） /324，325

普特南，希拉里（Putnam, Hilary） /296

普希金，亚历山大（Pushkin, Alexander） /162，164，165

Q

齐美尔，格奥尔格（Simmel, Georg） /048，053

R

荣格，卡尔（Jung, Carl） /302

S

撒切尔，玛格丽特（Thatcher, Margaret） /159，196，201，220
萨特，让-保罗（Sartre, Jean-Paul） /001，003，058，060，065，095-111，244，290，304，305，307-309，332-334
桑德尔，迈克尔（Sandel, Michael） /001，003，204，227-234，242
莎乐美，露（Andreas-Salomé, Lou） /294，298，299
莎士比亚，威廉（Shakespeare, William） /130，223
沈志华 /052
施莱辛格，亚瑟（Schlesinger, Arthur） /166
施密特，安东（Schmidt, Anton） /136
叔本华，亚瑟（Schopenhauer, Arthur） /090
斯大林，约瑟夫（Stalin, Joseph） /164
斯密，亚当（Smith, Adam） /153
苏格拉底（Socrates） /073，136，137，289，291，302，328，331
苏东坡 /079，080
孙周兴 /072

T

塔科夫，纳坦（Tarcov, Nathan） /267

泰勒，查尔斯（Taylor, Charles） /001，003，204，242-249

汤若望（Schall von Bell, Johann Adam） /038

陶渊明 /232

特朗普，唐纳德（Trump, Donald） /283

特洛塔，冯（Trotta, Von） /310，311

涂尔干，埃米尔（Durkheim, Émile） /030

屠格涅夫，伊万（Turgenev, Ivan） /162

托尔斯泰，列夫（Tolstoy, Lev） /162，165

陀思妥耶夫斯基，费奥多尔（Destoevsky, Fyodor） /107

W

王家卫 /292

维特根斯坦，路德维希（Wittgenstein, Ludwig） /003，164，322，338

韦伯，马克斯（Weber, Maximilian） /001-003，028，030-036，039-042，044-048，050，052-058，064，067，068，095，122，189，251，252，255，257

魏茨曼，哈依姆（Weizmann, Chaim） /163

沃尔泽，迈克尔（Walzer, Michael） /001，003，204，234-240

沃森，彼得（Peter, Watson） /298

X

希特勒,阿道夫(Hitler, Adolf) /066,119

西西弗斯(Sisyphus) /075-077,099,111,330

休谟,大卫(Hume, David) /044,090,141,153,202

Y

雅思贝尔斯,卡尔(Jaspers, Karl) /129

亚里士多德(Aristotle) /021,290,338

亚历山大大帝(Alexander the Great) /033

伊阿古(Iago) /130

伊壁鸠鲁(Epicurus) /062

雨果,维克多(Hugo, Victor) /099

Z

周濂 /292,316

宙斯(Zeus) /075

朱特,托尼(Judt, Tony) /099

图书在版编目（CIP）数据

刘擎西方现代思想讲义 / 刘擎著. -- 北京：新星出版社，2021.1
（2025.7重印）
ISBN 978-7-5133-4291-9

Ⅰ.①刘… Ⅱ.①刘… Ⅲ.①思想史-研究-西方国家-现代 Ⅳ.①B5

中国版本图书馆CIP数据核字（2020）第269245号

刘擎西方现代思想讲义

刘擎 著

策划编辑：翁慕涵
特约编辑：裘 德
责任编辑：白华昭
营销编辑：龙立恒 longliheng@luojilab.com
　　　　　　吴 思 wusi1@luojilab.com
封面设计：李 岩
版式设计：祁晓茵

出版发行：新星出版社
出 版 人：马汝军
社　　址：北京市西城区车公庄大街丙3号楼　100044
网　　址：www.newstarpress.com
电　　话：010-88310888
传　　真：010-65270449
法律顾问：北京市岳成律师事务所

读者服务：400-0526000　service@luojilab.com
邮购地址：北京市朝阳区温特莱中心A座5层　100025

印　　刷：北京盛通印刷股份有限公司
开　　本：880mm×1230mm　1/32
印　　张：12
字　　数：280千字
版　　次：2021年1月第一版 2025年7月第二十三次印刷
书　　号：ISBN 978-7-5133-4291-9
定　　价：79.00元

版权专有，侵权必究；如有质量问题，请与印刷厂联系更换。